"十二五"经济管理类课程系列规划教材

统计学基础(第二版)

主 编：刘美荣
副主编：吕 慧 李文强

Fundamental statistics

图书在版编目（CIP）数据

统计学基础/刘美荣主编.2 版.—北京：经济管理出版社，2014.12
ISBN 978 - 7 - 5096 - 3043 - 3

Ⅰ.①统… Ⅱ.①刘… Ⅲ.①统计学—高等职业教育—教材 Ⅳ.①C8

中国版本图书馆 CIP 数据核字（2014）第 067949 号

组稿编辑：王光艳
责任编辑：许　兵
责任印制：黄章平
责任校对：张　青

出版发行：经济管理出版社
　　　　　（北京市海淀区北蜂窝 8 号中雅大厦 A 座 11 层　100038）
网　　址：www.E - mp.com.cn
电　　话：(010) 51915602
印　　刷：三河市延风印装厂
经　　销：新华书店
开　　本：720mm×1000mm/16
印　　张：18
字　　数：323 千字
版　　次：2014 年 12 月第 2 版　2014 年 12 月第 1 次印刷
书　　号：ISBN 978 - 7 - 5096 - 3043 - 3
定　　价：39.80 元

·版权所有　翻印必究·
凡购本社图书，如有印装错误，由本社读者服务部负责调换。
联系地址：北京阜外月坛北小街 2 号
　　电话：(010) 68022974　邮编：100836

第二版说明

本书主要适用于高职高专院校的教学，同时也是为了满足普通高等院校和经济管理人员的需要而编写的。本书自2006年问世以来受到了广大读者的欢迎，也多次重新印刷。这次再版充分吸纳了广大读者的意见和建议，增加了一些实用性的训练和最新的统计资料，以及前沿的统计研究成果，简化了一些深奥的理论阐述。例证更具体实用，技术更先进科学，语言更通俗易懂，适用范围更广泛。

本书由大连职业技术学院刘美荣教授任主编（同时设计了本书框架，拟订了编写大纲，并在最后对全书进行了总纂和统稿），由大连职业技术学院吕慧老师和李文强老师任副主编。具体分工如下：刘美荣教授编写第一章、第六章、第七章，吕慧老师编写第二章、第五章、第八章，李文强老师编写第三章、第四章。

本书在编写、修订过程中，特聘李长坤同志（辽宁省统计局）担任本书主审。李长坤同志对全书进行了审阅，并予以肯定，同时本书还得到有关院校的支持，在此一并表示感谢。

限于水平和经验，时间又比较紧张，书中难免有疏漏和不当之处，恳请广大教师和学员斧正。

编者
2014年11月

前　言

当今，统计几乎天天伴随着我们的生活和工作。在电视中、广播里、报纸上，人们经常遇到各种统计资料、统计图表、统计报告。统计的应用涉及天文、地理、政治、经济、文化、军事等各个领域。诸如，人口普查涉及的人口各方面的数据，经济普查涉及的第二产业、第三产业乃至整个国民经济各方面的数据，等等。在自然科学和社会科学的各个领域，统计学都是认识问题和分析问题必不可少的工具。在世界经济迅速发展的今天，要依据已有的信息做出科学的判断与决策，利用统计的知识和技巧显得尤为重要。

本书根据国家教育部高职高专院校专业基础课程教学的基本要求，广泛吸收了国内外研究的优秀成果，总结了编者多年的统计教学实践经验，结合高等职业教学特点，在编写讲义、课堂试用、专题立项研究的基础上编写而成。

本书以设计新颖、观念新、案例新、应用性强、互动效果明显为主要特色。设计新颖，表现为内容上包括本章要点、正文、正文中穿插小思考、小测试、典型案例分析、习题与实践能力训练，既方便了教师讲授又有助于学生对内容的理解、消化和吸收。观念新，表现为全书既避开了纯数理性的统计公式的推导，又系统、完整地阐明了统计学的科学思想和方法，表达通俗易懂，举例生动实用，时效性强，尽可能采用最新的正式发布的统计数据，在描述原理时配合图表解释，便于教学和自学。案例新，表现在全书以培养学生实践应用能力为主线，收集了最新的、具有使用价值的典型案例资料和实践能力训练题，以指导学生进行实质性问题的研究，真正体现高职高专的教育特色。应用性强，表现在范例贴切，各章后附有能够满足应用能力培养需要的各种类型的自测练习与实训练习，有助于学生较好地掌握统计学的基本原理和方法。互动效果明显，表现在教材中穿插了有助于提高学生学习兴趣与主动精神的小思考题，这些提示性插入具有启发性和趣味性,有助于教材使用者对整体教学目标的理解与把握。

本书作为高职高专的特色教材,定位明确、理论适中、知识面宽、贴近实际、操作性强、适用范围广,既适用于高职高专及成教院校经济管理类专业学生的学历教育,又适用于广大工商企业人员及管理人员的短期培训,还适用于广大自学者自学。

本书由大连职业技术学院刘美荣教授主编,并设计本书框架、拟订编写大纲,最后对全书进行了总纂和统稿。由于编者本身的水平和经验有限,加之时间仓促,因而本书难免存在疏漏与不妥之处,敬请有关专家、学者及广大读者不吝赐教,以便进一步修改与提高。

编者
2014 年 11 月

目 录

第一章　统计概述 ······ 1

第一节　统计的研究对象、方法和职能 ······ 1
第二节　统计的基本概念 ······ 8
第三节　国民经济主要总量指标 ······ 14
【本章小结】 ······ 15
【学习重点和难点】 ······ 15
【本章主要概念】 ······ 16
【本章主要思考题与简答题】 ······ 16
【习题与实践训练】 ······ 16

第二章　统计调查 ······ 21

第一节　统计调查的种类和方法 ······ 21
第二节　统计调查方案的设计 ······ 27
第三节　调查问卷的设计 ······ 32
第四节　统计调查的组织方式 ······ 36
【本章小结】 ······ 44
【学习重点和难点】 ······ 44
【本章主要概念】 ······ 44
【本章主要思考题与简答题】 ······ 44
【习题与实践训练】 ······ 45

第三章　统计整理 ······ 52

第一节　统计整理的意义和步骤 ······ 52
第二节　统计分组 ······ 54

第三节　分配数列 …………………………………… 60
　　第四节　统计表和统计图 …………………………… 67
　【本章小结】……………………………………………… 75
　【学习重点和难点】……………………………………… 75
　【本章主要概念】………………………………………… 75
　【本章主要思考题与简答题】…………………………… 75
　【习题与实践训练】……………………………………… 76

第四章　综合指标 ………………………………………… 82
　　第一节　总量指标 …………………………………… 82
　　第二节　相对指标 …………………………………… 87
　　第三节　平均指标 …………………………………… 93
　　第四节　标志变异指标 ……………………………… 112
　【本章小结】……………………………………………… 121
　【学习重点和难点】……………………………………… 121
　【本章主要概念】………………………………………… 121
　【本章主要思考题与简答题】…………………………… 121
　【习题与实践训练】……………………………………… 122

第五章　动态数列分析 …………………………………… 138
　　第一节　动态数列的种类和编制原则 ……………… 138
　　第二节　动态数列的水平指标 ……………………… 142
　　第三节　动态数列的速度指标 ……………………… 150
　　第四节　动态数列的趋势分析 ……………………… 155
　【本章小结】……………………………………………… 164
　【学习重点和难点】……………………………………… 164
　【本章主要概念】………………………………………… 165
　【本章主要思考题与简答题】…………………………… 165
　【习题与实践训练】……………………………………… 165

第六章　指数 ……………………………………………… 174
　　第一节　指数的种类和作用 ………………………… 174
　　第二节　综合指数 …………………………………… 177
　　第三节　平均数指数 ………………………………… 180

第四节　指数体系与因素分析 ·················· 185
　　第五节　现实中的几种经济指数 ················ 193
　【本章小结】················ 196
　【学习重点和难点】················ 196
　【本章主要概念】················ 196
　【本章主要思考题与简答题】················ 197
　【习题与实践训练】················ 197

第七章　抽样推断 ················ 203
　　第一节　抽样推断的一般问题 ················ 203
　　第二节　抽样误差 ················ 212
　　第三节　抽样估计方法 ················ 222
　　第四节　必要样本单位数的确定 ················ 228
　　第五节　抽样的组织形式 ················ 231
　【本章小结】················ 239
　【学习重点和难点】················ 239
　【本章主要概念】················ 239
　【本章主要思考题与简答题】················ 240
　【习题与实践训练】················ 240

第八章　相关分析与回归分析 ················ 247
　　第一节　相关分析的意义、种类和作用 ················ 247
　　第二节　相关系数 ················ 252
　　第三节　回归分析 ················ 261
　【本章小结】················ 271
　【学习重点和难点】················ 271
　【本章主要概念】················ 271
　【本章主要思考题与简答题】················ 271
　【习题与实践训练】················ 272

附　录 ················ 276

第一章　统计概述

教学目的和要求

本章的目的在于从总体上认识统计学的基本知识。通过对本章的学习，要求初步了解社会经济统计学的学科性质、研究对象和国家统计的职能、统计研究的基本方法，重点掌握统计学中的几个基本概念。

教学内容

1. 统计的含义
2. 统计的研究对象
3. 统计研究的基本方法
4. 统计学中的几个基本概念及相互关系
5. 国家统计的职能

第一节　统计的研究对象、方法和职能

一、统计的含义

在现实生活中，"统计"一词我们并不陌生，大家都曾听说过，也都实践过。大至宏观社会的整体研究，小至微观事物的观察分析，涉及社会政治、经济文化和科技等各个领域、部门、单位乃至具体的人和事。可以说，上至天文、下至地理，都离不开统计，而且社会越发展，统计越重

要。我们来看一组统计资料：

据核算，2013年，全年国内生产总值568845亿元，比上年增长7.7%。其中，第一产业增加值56957亿元，增长4.0%；第二产业增加值249684亿元，增长7.8%；第三产业增加值262204亿元，增长8.3%。第一产业增加值占国内生产总值的比重为10.1%，第二产业增加值比重为43.9%，第三产业增加值比重为46.1%。

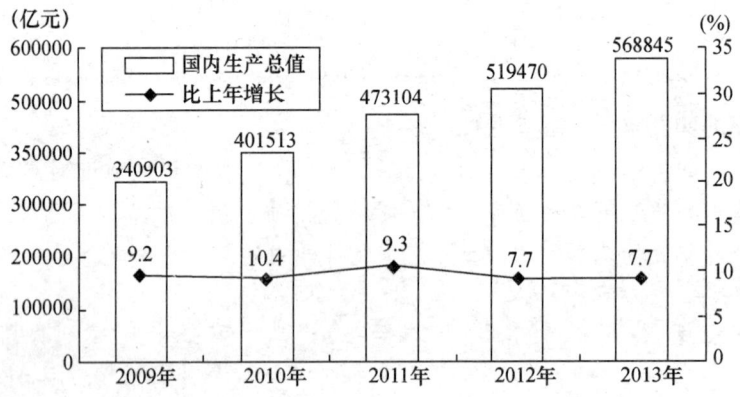

图1-1　2009~2013年国内生产总值及其增长速度

2013年居民消费价格比上年上涨2.6%，其中，食品价格上涨4.7%，固定资产投资价格上涨0.3%，工业生产者出厂价格下降1.9%，工业生产者购进价格下降2.0%，农产品生产者价格上涨3.2%。

年末国家外汇储备38213亿美元，比上年末增加5097亿美元。年末人民币汇率为1美元兑6.0969元人民币，比上年末升值0.25%。

全年全国公共财政收入129143亿元，比上年增加11889亿元，增长10.1%；其中，税收收入110497亿元，增加9883亿元，增长9.8%。

这些都是统计提供信息的基本表现形式。

那么，到底什么是统计呢？在现实经济生活中，"统计"一词具有三种含义：统计工作、统计资料和统计学。

统计工作，即统计实践，是指根据科学的方法从事统计设计、搜集、整理、分析研究和提供各种统计资料的实践活动的总称，称为统计工作，其工作过程包括统计设计、统计调查、统计整理与统计分析，其成果表现为统计资料。

统计资料，是指在统计工作过程中所获得的以统计数据表现的反映社会经济现象的信息资料，称为统计资料。包括统计年鉴、统计公报、统计报告及其他有关统计信息资料。

统计学，即统计理论，是统计活动经验的总结和理论概括，并用来指导统计实践的统计理论体系。

三者之间的关系比较密切，统计资料是统计工作的成果，统计学与统计工作是理论与实践的辩证关系。了解和掌握统计学的基本理论和方法，是做好统计工作、取得有效统计资料的基础。

二、统计学的研究对象

统计学和统计工作是一种理论与实践的关系，统计学来源于实践，反过来又为实践服务。因此，统计学和统计工作的研究对象具有基本一致性。

1. 统计学研究对象的内容

社会经济统计的研究对象是指社会经济现象总体的数量方面。即以统计资料为依据，具体说明社会经济现象总体的数量特征、数量关系及数量界限，通过这些数量方面反映社会经济现象规律性的表现。

社会经济现象包括自然现象以外的社会政治、经济、文化、人民生活等领域的各种现象。比如，国民财富与资产、人口与劳动力资源、生产与消费、财政与金融、教育与科技发展状况、城乡人民物质文化生活水平等。通过对这些基本的社会经济现象的数量方面的认识，达到对整个社会的基本认识。下面举例说明如何根据统计资料说明社会经济现象的数量特征、数量关系及数量界限。

例 1-1　表 1-1 是我国历次人口普查的总人口情况。

表 1-1　　　　　　我国历次人口普查的总人口情况

时　间	总人口（亿人）
1953 年 7 月 1 日	5.82
1964 年 7 月 1 日	6.95
1982 年 7 月 1 日	10.08
1990 年 7 月 1 日	11.34
2000 年 11 月 1 日	12.66
2010 年 11 月 1 日	13.40

— 3 —

表1-1描述的统计资料，反映了不同时间我国总人口的规模，显示了我国人口基数过大、人口增长速度较快的基本国情，所以，控制人口增长、提高全民文化水平、提高人口素质，就成了我国自改革开放以来的一项基本国策。

例1-2 2013全年国内出游人数32.6亿人次，比上年增长10.3%；国内旅游收入26276亿元，增长15.7%。入境旅游人数12908万人次，下降2.5%。国际旅游外汇收入517亿美元，增长3.3%。国内居民出境人数9819万人次，增长18%。

这些统计资料具体描述了我国旅游业的发展情况，说明我国旅游业作为国民经济的重要增长点，正进入全面加速时期，尽管受到经济危机影响，发展势头依然非常强劲。

利用各种统计资料说明社会经济现象的发展状况，预测未来，生动、具体、形象，具有较强的说服力。

？请思考

下列资料中"统计"一词的含义是什么？
1. 小张是学统计的。
2. 他已经搞了十几年统计了。
3. 据统计，今年一季度某种商品物价增长了2.5%。
4. 请统计一下今天的销售量。

---

2. 统计学研究对象的特点

统计是对社会经济现象数量方面进行的一种认识活动，这种认识活动具有四个主要特点。

（1）**数量性**。由于社会经济统计的研究对象是社会经济现象的总体数量方面，因而，数量性就成为社会经济统计的首要特点。数量性特点具体包含三个方面的内容：①数量的多少。即社会经济现象的规模、大小、水平等。例如，某校在校生人数为12000人，某商场年销售额为10亿元。数量的多少可以使我们了解现象的规模和水平。②数量关系。即社会经济现象的内部结构、比例关系、相关关系等。例如，工人的劳动生产率和工人工资之间、产量和成本之间的关系。③数量界限。即引起社会经济现象质量互变的数量界限。例如，完成计划与未完成计划有质的差别，计划完成程度100%就是质与量互变的界限。又如，要统计国民生产总值，首先要确定国民生产总值的质,在认识国民生产总值的质的基础上,来统计国民生产总值的数量。

统计的数量性与会计学反映的数量也有区别。会计学主要研究现象的价值量,而统计不但研究价值量,还要研究实物量和劳动量。另外,统计与其他学科也有关系,统计可以帮助其他学科探索其学科内在的数量规律性,而对这种规律性解释的深入研究则由各学科完成。

(2)总体性。统计的研究对象不是个体现象的数量方面,而是社会经济现象总体的数量方面。统计的结果都是描述总体特征的,但总体又是由个体构成的,所以要认识总体必须由个体入手进行调查研究。例如,2013年我国居民消费价格总水平比上年上涨2.6%,这个数量反映的是550多种消费商品及服务项目价格总的平均水平上涨了,不是指哪一种具体消费商品或服务项目的价格上涨水平。但是要对这550多种消费商品及服务项目的价格上涨情况进行调查,就必须先对每一种个别消费商品及服务项目的价格情况进行调查研究,从而达到对550多种消费商品及服务项目价格的总体认识。只有把大量的个体数量资料加以科学汇总,才能表现出总体的数量特征。"研究个体"是过程和手段,"反映总体"才是结果和目的。

(3)具体性。社会经济统计的研究对象是具体事物的数量方面,不是抽象的量,这是社会经济统计和数学的重要区别,因此,社会经济统计具有具体性的特点。统计研究的量是在具体时间、地点、条件下的量,如2012年社会消费品零售总额210307亿元,比上年增长14.3%,扣除价格因素,实际增长12.1%。按经营地统计,城镇消费品零售额182414亿元,增长14.3%;乡村消费品零售额27893亿元,增长14.5%,这都是很具体的。而数学所研究的量是抽象的量,如"圆的面积$S=\pi r^2$"就是抽象的数量关系,不受时间、地点、条件的限制。两者有着明显的区别,但统计方法中往往借鉴数学的方法。

(4)客观性。统计资料是人们有意识地对社会经济现象进行调查、整理、分析的结果,但在统计工作中必须遵循实事求是的原则,反映事物的本来面目,保证统计资料真实、可靠,维护统计资料的客观性。

请思考

1. 统计的总体性排斥对个别事物的深入研究吗?
2. 统计数据与数学中的数字有什么区别?

三、统计研究的基本方法

1. 统计工作的过程

统计工作是运用各种统计特有的方法对社会经济现象进行调查研究以认识其本质和规律性的一种认识活动,就一次统计活动来讲,一个完整的统计工作过程一般分为统计设计、统计调查、统计整理、统计分析四个阶段。

统计设计就是对统计活动的各个方面和各个环节加以通盘考虑和安排。统计设计的结果就是形成设计方案,如指标体系、分类目录、调查方案、整理方案以及保管和提供制度等。这是统一统计行动的依据。

统计调查即统计资料的搜集,就是根据统计方案的要求,采用各种调查组织形式和调查方法,有组织、有计划地开展对所研究总体的各个单位进行观察、登记,准确、及时、完整、系统地搜集原始资料的工作过程。这一阶段是认识事物的起点,也是进一步进行统计资料整理和分析的基础环节。

统计整理就是对统计调查所搜集到的统计资料加以科学汇总,按一定标志进行分组归类,使个体的、零散的资料系统化、条理化,从而得出能反映总体数量特征的综合数字资料的工作过程,所以,这一阶段是统计研究的中间阶段。统计整理的结果表现为各种统计表、统计图。

统计分析是对已经经过加工汇总整理的资料加以分析研究,对各项分组和总计资料从动态和静态两方面计算各种分析指标,认识和揭示所研究现象的本质和规律性,得出科学的结论,进而提出建议和意见并进行科学的统计预测的工作过程。这一阶段是统计工作的最后阶段,也是统计发挥信息、咨询和监督职能的关键阶段。

统计工作过程的四个阶段是相互联系不可分割的,一般情况下是依序进行的,但某些情况下各阶段也相互交叉和渗透。在实际工作中,只有做好每一阶段的工作,才能保证优质、高效地完成整个统计工作。

2. 统计学的研究方法

统计的研究方法很多,但归纳起来,其最基本的方法有大量观察法、统计分组法和综合指标法,准确地把握这些方法的基本思想和精神实质,对于搞好统计工作具有十分重要的意义。

(1) 大量观察法。大量观察法是指对所要研究的现象总体中的全部或足够多的单位进行观察并加以综合研究的方法。统计研究要运用大量观察法是由研究对象的大量性和复杂性决定的。大量的、复杂的客观现象是在诸多因素的错综作用下形成的,各单位的特征及其数量表现有很大的差别,我们不能任意抽取个别或少数单位进行观察,必须在对所研究对象进行定性分析的基础上，确定调查对象的明确范围，观察全部或足够多的单位，借以从中认识客观现象的规律性。

大量观察法是统计的基本方法之一，通过大量观察，一方面可以掌握认识事物所必需的各种总量指标；另一方面还可以通过个体离差的相互抵销，在一定范围内排除某些个别现象和偶然因素的影响，从数量上反映出总体的本质特征。在我国统计实践中，广泛地运用了大量观察法，如各种必要的统计报表、普查、重点调查、抽样调查等，这些都是对总体进行大量观察，以保证从整体上认识事物。

（2）统计分组法。统计分组法就是根据所研究现象的特点和研究的目的，按照一定的标志，将所研究的总体划分为不同类型或组的一种统计方法。社会经济现象总体是由具有某种同质性的个体组成的整体，但个体之间又是有差异的，因此有必要进行统计分组，以区分现象的不同类型和形态。例如，在人口这一总体中，就有年龄、职业、文化程度和性别上的种种差别；统计分组就是根据研究目的和人口的特点进行不同的分组，将性质相同的单位归在一个组内，以区分现象的类型，这对于分析总体结构、揭示现象之间的依存关系、确定统计指标体系而言，没有统计分组是不可能做到的，这说明统计分组法在整个统计工作过程中是不可缺少的。

（3）综合指标法。综合指标法是利用各种综合指标对社会经济现象的数量方面进行综合、概括的分析方法，它是统计分析的基本方法之一。在统计分析中，广泛运用总量指标分析法、相对指标分析法、平均指标分析法、变异指标分析法、动态分析法、指数分析法、相关分析法等，可以综合地反映社会经济现象的规模、水平、比例关系、发展速度等，使我们对所观察的事物有一个更为深入的认识。

此外，统计工作中还要运用典型调查法、统计推断法、科学估算法、预测分析和综合评价法等。因此，在运用统计方法时，必须注意根据实际情况，按照需要和可能，分别采用不同的统计方法；还要善于把多种统计方法结合运用，相互补充。

四、统计的基本职能

在我国，国家统计是社会经济统计的主体：国家统计组织既是从事国家统计活动的主体单位，又是全国统计事业的行政管理机关。国家统计系统是国家管理系统的重要组成部分，承担着对国民经济和社会发展情况进行统计调查、统计分析，提供统计资料、提出统计咨询意见，实行统计监督的任务。现代国家管理系统，包括决策系统、执行系统、信息系统、咨询系统、监督系统五个组成部分。国家统计兼有信息、咨询、监督三种职能。

1. 统计信息职能

统计信息职能是指统计具有信息服务的功能，也就是统计通过系统地搜集、整理和分析统计资料，提供大量有价值的、以数量描述为基本特征的统计信息，为社会服务。

2. 统计咨询职能

统计咨询职能是指统计具有提供咨询建议和对策方案的服务功能，也就是统计部门利用所掌握的大量的统计信息资源，经过进一步分析、综合、判断，为宏观决策和微观决策、为科学管理提供咨询建议和对策方案。因此，统计咨询应更多地走向市场。

3. 统计监督职能

统计监督职能是指统计具有揭示社会经济运行中的偏差、促使社会经济运行不偏离正常轨道的功能，也就是统计部门通过定量检查、经济监测、设置预警指标体系等手段，对社会经济实行有效的调控，以保证其正常运行。统计信息职能是统计最基本的职能，是统计咨询和统计监督职能能够发挥作用的保证；反过来说，统计咨询和统计监督职能的强化又会促进统计信息职能的强化。

国家必须设置强有力的统计组织，建立适合我国国情的统计系统和全国统计信息网络，加强统计工作的领导，把国家统计部门建设成为社会经济信息主体部门和国民经济核算中心，以实现信息社会化和信息社会共享的目标，为经济建设服务。

> **请思考**
>
> 从统计职能的角度说明统计的现实意义。

第二节 统计的基本概念

在正式学习统计学之前，我们首先要明确理解统计学中一些常用的基本概念，这些概念贯穿于统计研究的全过程，这些概念的明确理解有利于以后各章的深入学习。

一、统计总体和总体单位

1. 统计总体

我们研究现象总体的数量特征，首先要对统计总体有一个明确的界定。统计总体就是根据一定的目的和要求所确定的研究事物的整体。它是由客观存在的、具有某种共同性质的许多个别事物所构成的整体，简称总体。构成总体的每个个别事物称为总体单位。

例如，我们要研究全国工业企业的发展状况，所有的工业企业就是总体；当我们要研究某公司上半年的彩电销售情况时，则彩电构成总体。总体还可以是由很多事件构成的，如某地区当年6月发生的交通事故构成的总体。而每一个工业企业、每一台彩电、每一起事故就是总体单位。

2. 统计总体的特征

总体具有以下三个特征：

（1）同质性。构成总体的个别事物至少在某一点上必须具有共同的性质，这既是形成总体的必要条件，也是它的重要特征。

例如，工业企业的共同性只有一个，即都是从事工业生产活动的基层单位。当我们要研究全国股份制工业企业发展状况时，总体就是所有的股份制工业企业，而每个股份制工业企业是总体单位。这些个别工业企业的共同性有两个，即不但是工业企业，而且是股份制的工业企业。当我们要研究全国大型股份制工业企业发展状况时，总体就是所有的大型股份制工业企业，而每个大型股份制工业企业是总体单位。这些个别企业的共同性就有三个：工业企业、股份制工业企业、大型的股份制工业企业。由此也可以看出，同质性增加，总体范围越来越小。

（2）大量性。即总体要由许多个别事物来构成，只是少数或个别事物构不成总体。这是因为，统计研究的目的是要揭示现象的规律性，个别单位的现象有很大的偶然性，而总体相对稳定，能表现出现象的规律性和共同性。

（3）差异性。即构成总体的个别事物，除了在某一点上具有相同性质之外，在其他方面是有差异的，差异性是统计的前提条件。

统计总体的范围可大可小。例如，要进行全国范围的人口研究，全国总人口是统计总体，总体范围较大。而要研究某班学生的学习成绩，则该班全体同学是统计总体，总体范围较小。

构成总体的个别事物可以是基层具体单位（企业或学校）、人或家庭、设备、产品，也可以是行为或者事件。

对于总体，根据总体内所包含的单位数多少不同可以分为有限总体和无限总体。有限总体是指总体中包含的单位数是有限的。例如，人口构成的总体、工业企业构成的总体、高等学校构成的总体。无限总体是指总体中包含的单位数是无限的。例如，连续大量生产的小件物品、空气中的氧气、海洋鱼类、宇宙中的星球都可以看做是无限总体。对于有限总体，可以进行全面调查，也可以只调查其中的一部分单位。对于无限总体，只能调查其中的一部分单位，用部分单位的数据推断总体特征。

总体和总体单位的概念是相对而言的，一个事物在一种情况下是总体单位，但在另一种情况下又是总体。例如，研究一个企业的生产情况，则该企业就是总体，构成该企业的每个车间就是总体单位。但当研究一个管理局所属企业的生产情况时，则管理局所属企业是总体，每个企业是总体单位。

> **请思考**
>
> 1. 对2014年5月某市高中生的近视情况进行调查时，该市所有的高中生就是总体，每个高中生就是总体单位，那么同质性是什么？总体的时间和空间范围是什么？设想，如果没有规定总体范围，在总体中会出现什么问题？
> 2. 如果统计研究的目的是了解某校各班学生的上课出勤情况，试指出总体与总体单位。若目的变为：了解某班学生的上课出勤情况，请指出总体与总体单位。
> 3. 确定总体的必要条件是什么？

二、标志和统计指标

标志是说明总体单位特征的名称。每个总体单位都有许多表示其属性和特征的名称。例如，全校学生作为一个总体，每一个学生作为总体单位，反映每个学生特征的名称有性别、年龄、身高、体重、学习成绩等，性别、年龄、身高、体重、学习成绩就是标志。高等院校作为一个总体，每一所院校作为一个总体单位，反映每所院校特征的名称有学生人数、学校类型、固定资产总额等，学生人数、学校类型、固定资产总额就是标志。标志分为品质标志和数量标志，在上述例子中学生的性别、学校的类型都属于反映总体单位属性方面的特征，称为品质标志。品质标志是不能用数值表示的。学生的年龄、身高、体重、学习成绩、学校的学生人数、固定资产总额都属于反映数量特征的名称，称为数量标志。数量标志一般可以用数值表示。

标志表现是指标志在各单位的具体表现。标志表现分为品质标志表现和数量标志表现。例如，性别是品质标志，其特征只能用文字来表现，表现为男或女，男或女是品质标志表现。学校类型是品质标志，其特征具体表现为财经类、医学类或理工类等，也只能用文字来表现类型的归属，财经类、医学类或理工类都是品质标志表现。年龄是数量标志，具体表现为18岁、19岁、20岁等，学习成绩是数量标志，具体表现为50分、78分、90分等，18岁、19岁、20岁、50分、78分、90分都是数量标志表现。由此可见，数量标志是可以用数值来表现的，故又称为标志值。

请思考

请看表1－2，指出下列总体的总体单位、数量标志、品质标志。

表1－2

总体	总体单位	数量标志	品质标志
大学生			
农民			
大学教师			
商店售货员			
汽车			
影片			
计算机			
房屋建筑物			

统计指标简称指标。它是反映总体数量特征的概念和数值。例如，全国农村居民收入有高有低，通过调查计算，2013全年农村居民人均纯收入8896元，比上年增长12.4%，扣除价格因素，实际增长9.3%；这一组指标既明确了全国农村居民这一总体范围，又使我们对农村居民的生活水平有了确切的认识。又如，全国各工业企业增加值有大有小，通过调查计算得知，2013年全年全部工业增加值210689亿元，比上年增长7.6%。这两

个指标既表明所指的总体是工业企业，又表明其数量特征，这样，我们对工业增加值指标也有了确切的认识。可见统计指标既规定了总体范围与性质，又反映了总体的数量水平。

一项完整的统计指标，应该由时间、空间、指标名称、指标数值和计量单位等构成。比如，2013年我国粮食产量60194万吨，这一指标就具体做了时间、空间、指标名称、指标数值和计量单位的规定。但有时也可将指标名称叫做统计指标。例如，国内生产总值、人口总数、粮食总产量也叫做指标。

统计指标按其数值表现形式不同分为总量指标、相对指标和平均指标三种（内容详见本书第四章）；按反映的数量特点不同分为数量指标和质量指标。凡是反映社会经济现象的总规模和总水平的指标称为数量指标。例如，人口总数、企业总数、国内生产总值、销售收入、资产总额、总成本、利润等都属于数量指标，它的表现形式为绝对数。凡是说明社会经济现象的相对水平或平均水平的指标称为质量指标。例如，价格、劳动生产率、单位成本、单位产品原材料消耗量、利润率、人口死亡率等都属于质量指标，它的表现形式为相对数或平均数。质量指标是由数量指标派生出来的，经常用于反映现象间的内在联系、评价工作质量、说明现象发展的规律性等。

统计指标的数值来源于数量标志表现。比如，以全班学生为总体，每个学生是总体单位，每个学生的学习成绩是数量标志，具体成绩的分数是数量标志表现，将全班学生的成绩分数进行汇总得出总成绩，进一步计算得到平均成绩、优秀率、不及格率，总成绩、平均成绩、优秀率、不及格率都是统计指标。总成绩、平均成绩、优秀率、不及格率都是来源于每个学生成绩的具体表现。

综上所述，指标与标志的主要区别在于：标志是说明总体单位的，而指标是说明总体的；标志有不能用数值表现的品质标志及能用数值表现的数量标志两种，而指标都是能用数值表示的。指标与标志的主要联系在于，许多统计指标的数值是由各总体单位的标志值汇总计算而来的。

请思考

举例说明标志与指标的区别与联系。

三、变量和变量值

变量是指可变的数量标志。如何理解"可变"呢？比如，某班学生的数学成绩不可能都一样,那么,成绩这一数量标志就是一个变量。当研究的对象都是成绩为 80 分的学生时,成绩虽然也是数量标志,但因为每个学生的成绩相同,所以,这里的成绩就不是变量。

变量的具体数值表现叫做变量值,又称标志值。比如,某公司职工的月工资有 1800 元、1950 元、2200 元、2500 元、3000 元等,而 1800 元、1950 元、2200 元、2500 元、3000 元就是变量值。

变量按其取值的连续性与否分为离散型变量和连续型变量两种。离散型变量是指变量值只能是整数而不会出现小数,即当取小数的时候,变量就失去了经济含义。例如,各企业的职工人数、机器设备台数、手机用户数等,其取值是不会有小数的,这类变量就属于离散型变量。离散型变量可以用计数的方法取得变量值。连续型变量是指变量在整数之间可以无限的取值,取整数和取小数都具有经济含义。例如,人的身高与体重、粮食亩产量、银行存款额、产品的实际尺寸等,它们的取值可以是小数,取整数也有意义,这类变量属于连续型变量。连续型变量的取值要利用计量工具,通过测量或计算的方法取得。

请思考

1. "三个学生的学习成绩不同,这三个成绩的分数是三个变量",此说法是否正确?

2. 下列各项中,属于连续型变量的有(　　　)。

A. 总人口数　　　B. 学生体重　　　C. 商品销售额
D. 生猪存栏量　　E. 设备台数　　　F. 财政收入
G. 有线电视用户数　H. 汽车产量

四、指标体系

指标体系是由若干个相互联系、相互补充的指标组成的整体。一个统计指标只反映现象的某个特征,说明现象某一方面的情况,要客观、全面地反映现象各方面的联系,必须设立指标体系。例如,为了反映公司的经营状况,只设立利润这一指标是不够的,还必须设立由产量、产值、增加值、工人劳动生产率、职工人数、工资总额、利润、产值利税率、资金成本利润率等构成的指标体系,这样,才能反映公司的经营全貌。又如,为了反映商品流转情况,必须设立由商品购进总额、商品销售总额、期末库存等构成的指标体系；为了反映全国工业经济运行情况，必须设立由产品销售收入、利润总额、税金总额、亏损企业亏损额、应收账款净额、产成品数量等构成的指标体系。

请思考

1. "用一个指标就可以反映总体的全面情况"，此说法是否正确？
2. 用你所熟悉的现象作为统计总体，为其设计相应的指标体系。

第三节 国民经济主要总量指标

总量指标是反映社会经济现象总体的总规模和总水平的指标。一般来说，总量指标主要包括以下几种：

一、国内生产总值（GDP）

国内生产总值（Gross Domestic Product）是一个国家（地区）所有常驻单位在一定时期内生产活动的最终成果。常驻单位是指在一国经济领土内具有经济利益中心的经济单位。经济领土是指由一国政府控制和拥有的地理领土（包括该国驻外使领馆、科研站、援助机构，但不包括外国驻本国的上述机构）。经济利益中心是指某一单位或个人在一国经济领土内拥有一定活动场所，从事一定生产活动和消费活动，并持续经营或居住一年以上的单位或个人。从价值形态看，它是所有常驻单位在一定时期内所生产的全部货物和服务价值超过同期投入的全部非固定资产和服务价值的差额，即所有常驻单位的增加值之和。所以，国内生产总值是一个生产的概念。据统计，2013年我国国内生产总值达568845亿元，比上年增长7.7%。可见，这一指标综合反映我国国民经济活动总量，表明国民经济发展全貌，即不但反映第一产业、第二产业活动情况，还特别反映第三产业发展情况，是各国衡量国民经济发展规模的一个基本指标。

二、国民生产总值（GNP）

国民生产总值（Gross National Product）是指一定时期内国内生产总值

与来自国外的要素净收入之和。

国民生产总值＝国内生产总值＋国外要素收入净额
　　　　　　＝国内生产总值＋来自国外的劳动者报酬和财产收入
　　　　　　　－国外从本国获得的劳动者报酬和财产收入

国民生产总值反映了本国常驻单位原始收入的总和，因此在联合国的新的国民经济核算体系中已将国民生产总值改称为国民总收入。它是一个收入的概念，而不是生产的概念。

三、社会消费品零售额

社会消费品零售额是指一定时期内国民经济各行业不同经济类型的企业、个人售给城乡居民和社会集团的消费品数量及金额。2013年，我国社会消费品零售总额237810亿元，比2012年增长13.1%，扣除价格因素，实际增长11.5%。按经营地统计，城镇消费品零售额205858亿元，增长12.9%；乡村消费品零售额31952亿元，增长14.6%。按消费形态统计，商品零售额212241亿元，增长13.06%；餐饮收入额15569亿元，增长9.0%。

通过上述一系列指标可以反映出我国零售市场的规模巨大，消费者的消费水平受经济形势整体影响，增长速度有所放缓，需采取措施增强信心，拉动消费，促进国内市场商品销售稳定增长。

【本章小结】

本章是统计学基础的开篇章。本章主要阐述统计学的基本理论和基本概念，通过对本章的学习，要求对这门课程有一个初步认识，要正确理解这门课程的研究对象、特点、含义及研究方法，熟练掌握这门课程中最基本的概念，为以后各章学习打下一个扎实的理论基础。

【学习重点和难点】

1. 重点：统计的三个含义及它们之间的关系；统计的特点和统计学的

研究方法；统计学中的基本概念。

2. 难点：统计学中的基本概念及概念之间的区别与联系；统计学科的研究对象。

【本章主要概念】

统计工作　统计资料　统计学　统计总体　总体单位　指标　标志
数量指标　质量指标　变量　连续型变量　离散型变量　指标体系

【本章主要思考题与简答题】

1. 举例说明指标与标志的区别与联系。
2. 简述统计的三个含义及各含义之间的关系。
3. 统计的研究对象及特点是什么？

【习题与实践训练】

一、判断题

1. 社会经济统计的研究对象是社会经济现象总体的各个方面。（　　）
2. 办公室有5位职员，年龄分别是24岁、30岁、32岁、35岁、44岁，这些年龄是5个数量标志或5个变量。（　　）
3. 女性是品质标志。（　　）
4. 人口的平均寿命是数量标志。（　　）
5. 人口普查中，全国总人口数是统计总体。（　　）
6. 数量标志可以用数值表示，质量指标不能用数值表示。（　　）
7. 数量指标的表现形式是绝对数，而质量指标的表现形式是相对数和平均数。（　　）
8. 只有对数量标志的标志表现进行汇总才能形成统计指标。（　　）

9. 某城市每个家庭拥有的汽车数是一个离散型变量。（　　）

10. 假设某地区有800家工业企业，要研究这些企业的生产经营情况，总体单位是每个工业企业。（　　）

11. 统计指标和数量标志都可以用数值表示，所以二者表示的内容是一致的。（　　）

12. 数量指标是由数量标志汇总而来，而质量指标是由品质标志汇总而来。（　　）

二、单项选择题

1. 要了解30名学生的学习情况，则总体单位是（　　）。

   A. 30名学生　　　　　　　B. 每一名学生
   C. 30名学生的学习成绩　　D. 每一名学生的学习成绩

2. 5位同学英语考试成绩分别是60分、81分、64分、87分、70分，则成绩（　　）。

   A. 品质标志　　　　　　　B. 数量指标
   C. 变量值　　　　　　　　D. 数量标志

3. 某学院2013级全部大学生的平均年龄为19.5岁，这是（　　）。

   A. 数量标志　　　　　　　B. 数量指标
   C. 品质标志　　　　　　　D. 质量指标

4. 2013年某市国内生产总值（GDP）7450.27亿元，按可比价格计算，比上年增长10.6%，达到自1996以来的最高水平。则（　　）。

   A. 前者是数量指标，后者是质量指标
   B. 前者是质量指标，后者是数量指标
   C. 两者都是数量指标
   D. 两者都是质量指标

5. 将公司700名员工的工资额加起来除以700，这是（　　）。

   A. 对700个标志求平均数　　B. 对700个变量求平均数
   C. 对700个变量值求平均数　D. 对700个指标求平均数

6. 某旅行社要统计"十一"小长假该旅行社发送的游客人数和获得的净利润，则游客人数和净利润两变量是（　　）。

   A. 二者均为离散变量
   B. 二者均为连续变量
   C. 前者为连续变量，后者为离散变量
   D. 前者为离散变量，后者为连续变量

7. 统计总体的具体特征表现为（　　）。

A. 同质性　大量性　差异性　　B. 同质性　客观性　大量性
C. 数量性　大量性　差异性　　D. 大量性　具体性　差异性

8. 对某市商业企业从业人员的基本情况进行调查，每一位从业人员是总体单位，则文化程度是（　　）。

A. 质量指标　　　　　　　　　B. 品质标志
C. 数量指标　　　　　　　　　D. 数量标志

9. 以某市工业企业为总体，每一个工业企业为总体单位，则全部工业企业的总产值是（　　）。

A. 变量值　　　　　　　　　　B. 标志
C. 指标　　　　　　　　　　　D. 标志值

10. 一个总体（　　）。

A. 只能有一个标志　　　　　　B. 只能有一个指标
C. 可以有多个标志　　　　　　D. 可以有多个指标

11. 若要考核某单位职工的业务能力，总体单位是（　　）。

A. 全部职工　　　　　　　　　B. 全部职工的考核成绩
C. 每一名职工　　　　　　　　D. 每一名职工的考核成绩

12. 某电视机厂要统计该企业的电视机产量和产值，则上述两个变量（　　）。

A. 二者均是离散型变量
B. 二者均是连续型变量
C. 前者为连续型变量，后者为离散型变量
D. 前者为离散型变量，后者为连续型变量

三、多项选择题

1. 在全国人口普查中（　　）。

A. 全国总人口数是统计总体　　B. 年龄是数量标志
C. 性别是品质标志　　　　　　D. 男性人口数是指标
E. 某人职业是教师是品质标志表现

2. 下列指标中属于质量指标的有（　　）。

A. 人均 GDP　　　　　　　　　B. 人口平均寿命
C. 物价指数　　　　　　　　　D. 城镇登记失业率
E. 第三产业增加值

3. 下列变量中是连续型变量的有（　　）。

A. 公司利润　　　　　　　　　B. 网络用户数
C. 存款余额　　　　　　　　　D. 机器设备价值额

E. 学生人数

4. 要了解500个工业企业生产情况，则统计指标是（　　　　）。
A. 500个工业企业的增加值
B. 每一个工人的月工资
C. 某一个工业企业的工资总额
D. 全部工业企业的劳动生产率
E. 500个工业企业在岗职工总数

5. 总体与总体单位之间有下列关系（　　　　）。
A. 总体与总体单位是可以互换的
B. 总体可以转换为总体单位
C. 总体单位可以转换为总体
D. 总体与总体单位是固定不变的
E. 只能是总体转换为总体单位

四、填空题

1. 统计工作与统计资料是_____关系，统计学与统计工作是_____关系。

2. 一个完整的统计工作过程可以分为四个主要阶段，即_____、_____、_____、_____。

3. 在统计的研究方法中，_____法、_____法和_____法是最基本的方法。

4. 统计上把_____叫做变量。

5. 标志是反映_____的特征的，可分为_____和_____；而指标是反映_____的特征的，可分为_____和_____。

五、应用能力训练题

1. 列出下表各总体的总体单位、数量标志（2个）、品质标志（2个）。

表1-3

总体	总体单位	数量标志	品质标志
公司全体员工			
7月份生产的汽车			
暑假销售的计算机			
上年发生的交通事故			
商业网点			
手机			
旅游景点			

2. 2013年某市对所属1200个乡镇企业进行统计调查时得知：工业劳动力人数10万人，总产值25亿元。其中，最大一家企业工业劳动力人数1800人，产值达2亿元。试确定：

（1）总体、总体单位。

（2）标志、指标。

（3）品质标志、数量标志。

（4）连续型变量、离散型变量。

3. 下面是社会经济生活中常用的统计指标：

轿车生产总量、旅游收入、经济发展速度、人口出生率、安置再就业人数、城镇居民人均可支配收入、恩格尔系数。

在这些指标中，哪些是数量指标？哪些是质量指标？如何区分数量指标与质量指标？

4. 阅读以下资料，并回答：

黑龙江省城调队2013年从全省范围内抽取了不同收入、行业、职业、文化程度的5550户城镇居民进行调查。本次调查历时半年之久。结果显示，科研技术服务行业人员对5年来的总体生活质量评价最高，尤其是年龄越低的居民对总体生活水平评价越高。

在生活质量评价方面，调查显示，四成以上的科研技术服务行业从业人员和硕士以上高学历人员认为，总体上水平高于5年前，对总体生活质量评价最高。另外，超过36%的单位或部门负责人由于在收入水平、金融资产、消费水平和社会地位等方面高于其他人，他们对生活质量的总体评价也较高。

在经济收入评价方面，高收入阶层（城镇住户年收入在8万元以上）对5年来经济收入的变化评价最高，四成多的中等收入居民认为5年来的经济收入变化不大，户均年收入在1万元以下的居民半数认为经济收入下降，其中，尤其是户均收入在2000元以下的居民中有43.2%的人认为收入下降很多。

另外，调查显示，年龄越低的居民对总体生活水平评价提高。30岁以下的人认为生活质量提高的为30.2%，60岁以上的仅有17.3%。

分析说明上述案例中什么是总体？什么是变量？

第二章 统计调查

教学目的和要求

本章阐述统计调查的意义、种类、调查方案及调查的各种方法等问题。通过教学,使学生一般了解统计调查的基本任务和要求,重点掌握统计调查的主要方式方法和调查方案的制订。

教学内容

1. 统计调查的基本任务和要求
2. 统计调查的种类
3. 统计调查方案
4. 统计调查方法

第一节 统计调查的种类和方法

统计调查是搜集资料获得感性认识的阶段,它既是对现象总体认识的开始,也是进行资料整理分析的基础环节。

一、统计调查的含义

统计调查,就是按照统计研究的目的和要求,采用科学的方法,有组织、有计划、系统地搜集某种客观事物实际资料的工作过程。例如,要研究国民经济的发展情况,就要搜集构成国民经济的各个行业、各个部门、各个要素的实际资料;要研究某个企业的生产情况,就要搜集反映该企业生产情况的有关实际资料。

搜集的实际资料包括原始资料和次级资料。所谓原始资料,是指那些反映总体单位特征的、尚未进行加工整理的资料。所谓次级资料,是指已经经过一定的加工整理,在一定程度上能够说明总体特征的统计资料。由于次级资料都是从原始资料整理而来的,因而,统计调查的基本任务,主要是准确、及时、全面、系统地搜集与统计研究任务有关的原始资料。而准确性、全面性和及时性又是对整个统计调查工作的基本要求。

统计调查是整个统计工作的基础环节。通过统计调查,取得有关被研究现象的具体资料,为统计整理和统计分析提供依据。统计调查搞得好,就能准确、及时、全面、系统地占有丰富的统计资料,有利于正确认识被研究现象的本质及规律性;反之,如果统计调查搞得不好,所得到的资料不准确、不真实或不及时,即使经过科学的整理和周密的分析,也不可能得到正确的判断,这将直接影响整个统计工作的成果。所以,统计调查阶段,是保证完成统计工作任务、提高统计工作质量的首要环节,是整个统计工作的基础。

请思考

1. 统计调查资料的准确性是统计工作的生命线。你是如何理解的?
2. 列宁说:"统计是认识社会的最有力武器之一",你是如何理解的?

二、统计调查的种类

客观事物的复杂性和统计研究目的的多样性,决定了统计调查方式方法的多样性,进行统计调查,必须根据统计研究的目的和调查对象的特点,选择合适的调查方式、方法。统计调查可以从不同的角度,按不同的标准进行分类。

1. 全面调查和非全面调查

按调查对象所包括的范围不同,统计调查分为全面调查和非全面调查。

全面调查,是指对构成调查对象的所有总体单位,全部进行调查登记的一种调查方法。这是统计调查最基本的分类。在全面调查的情况下,被研究总体的所有单位都要被调查到。例如，2010年为了研究我国人口数量、性别比例、年龄结构、民族构成、受教育程度等人口问题而进行的第六次全国人口普查，就属于全面调查。全面统计报表和普查，都是全面调查。

非全面调查，是指对构成调查对象的一部分总体单位，进行调查登记的一种调查方法。例如，为了了解某地区居民的消费水平情况，并不需要对该地区所有的居民进行调查，只需要搜集各个收入层次的一部分居民消费水平方面的实际资料；对某批产品进行质量鉴定，也不需要对所有产品逐个进行质量检验，只需要抽出一部分产品进行检验即可。这些调查都属于非全面调查。重点调查、典型调查和抽样调查，都是非全面调查。

2. 经常性调查和一次性调查

按调查登记的时间是否连续，统计调查分为经常性调查和一次性调查。

经常性调查，是指随着调查对象的发展变化，连续不断地进行调查登记的方法。例如，要对某个工程的质量水平进行调查，就需要随着工程进度的延伸，连续不断地调查登记此项工程的质量情况和相关情况，直至工程全面竣工、验收。这种调查就属于经常性调查。又如，对社会商品零售价格的调查和监控，是长年累月地进行的，也属于经常性调查。

一次性调查，是指间隔一定时间的不连续调查。例如，人口数、学校数、固定资产原值等指标，因为短时间内的变化不会太大，所以没有必要进行经常性调查。只需间隔一定时间了解现象在一定时点上的状况，可采用一次性调查。调查间隔的时间可以相等也可以不相等。

3. 统计报表和专门调查

按调查的组织方式不同，统计调查分为统计报表和专门调查。

统计报表是按一定的表式和要求，自上而下统一布置、自下而上逐级提供和报送统计资料的一种统计调查方式。我国建立了规范的统计报表制度，所有的企业、事业单位和基层行政机关，都要遵守《统计法》，按照上级部门规定的表式、项目、日期和程序向上级部门提交统计报表。统计报表包括国家的政治、经济、文化生活等各方面的基本统计指标。这种调查组织方式在我国的统计工作中占有重要的地位。负责编制和报送统计报表的组织机构，是常设的或固定的。统计报表属于经常性调查。

专门调查，是指为了研究某些专门问题而专门组织的统计调查。这种调查的组织机构不是常设的,而是根据研究目的和任务临时设置的。专门调查属于一次性调查,包括普查、重点调查、典型调查和抽样调查等。

统计调查还可以从其他的角度分类,并且各种分类也不是相互排斥的。例如,普查,从调查对象所包括的范围来看,属于全面调查;从调查时间的连续性来看,属于一次性调查;从组织方式上来看,又属于专门调查。

4. 统计调查的方法

按搜集资料的方法不同,统计调查可分为直接观察法、访问法、报告法、问卷调查法、卫星遥感法、互联网调查法等。

(1) 直接观察法。直接观察法也称观察法。它是指调查人员亲临现场对调查单位直接进行观察、检验和计量,以取得相关资料的一种调查方法。如农产品产量调查、工业产品质量调查、商品库存盘点等,都是调查人员亲临现场获得第一手资料。所以,观察法能够保证所搜集资料的准确性。但是这种方法需要大量的人力、物力、财力和时间,工作效率不高,在任务紧迫的情况下,不宜采用。特别是对历史资料进行调查的时候,不可能通过直接观察法搜集资料。因此,观察法的应用范围受到一定的限制。

2013年10月20日,某市某科研所组织了一次出入境路口的汽车交通流量调查,当时在该市的20多个出入境路口各安排两名调查人员,从早7点到晚7点,对出入境的各种汽车进行观察、计数,从而获得第一手资料,这种调查方法即属于观察法。

(2) 访问法。访问法也称采访法。它是由调查人员向被调查者提问,根据被调查者的答复来搜集调查资料的方法。它分为口头询问法和被调查者自填法两种。口头询问法又分为个别询问和开调查会两种。个别询问是调查人员对被调查者单独采访询问,将询问结果记入调查表,借以搜集资料。个别询问主要用来搜集涉及个人隐私、道德伦理、政治态度等敏感性问题的资料。开调查会是由调查人员召集了解情况、有经验的有关人员,以开座谈会的形式,按一定的调查提纲进行商讨,搜集资料的一种方法。这种方法适用于搜集与研究课题有密切关系的少数人员的倾向与意见,参加座谈会的人员不宜太多,通常不超过20人,这种方法所搜集到的资料准确度比较高,取得的意见比较广泛。但是,对调查人员的素质要求也较高。被调查者自填法是调查人员把调查表交给被调查者,说明填表的要求和方法,并对有关事项加以解释,由被调查者按实际情况如实填写。例如,要调查某企业材料采购情况,调查人员可以找有关采购人员,询问材料的采购过程、采购数量、材料价格、市场供应情况等,把有关询问结果记录在调查表上,这种方法属于口头询问法。如果是把相关的所有人员都找来,让他们填写一定的调查表,最后把调查表收回,根据填写情况来了解相关业务情况,那么,这种方法属于被调查者自填法。

在上面提到的例子中,在对某市出入境汽车交通流量进行调查的同时,该科研所还组织了对入境旅客出行数目的调查,当时在该市的民航机场、火车站、主要的汽车站,分别安排了数十名调查人员,对到站(到机场)的旅客进行随机询问,了解来本市的目的、交通方式、驻留时间等,这里采用的根据询问结果填写相应的调查表来搜集资料的调查方法,就属于访问法中的口头询问法。

(3)报告法。报告法也称凭证法。它是以各种原始记录和核算资料为基础填写调查表并向有关部门提供统计资料的一种调查方法。统计报表就属于这种调查方法。这种调查方法的特点是,有统一的要求,并以原始记录为依据,可以同时进行大量的调查。如果报告系统健全,原始记录和核算工作完整,则可以保证提供资料的可靠性。

报告法主要用于在客观现象发生之后进行的调查,它依赖于伴随客观现象发生而产生的原始记录或各种文件,主要应用于对无法进行直接观察、访问的历史资料的搜集。例如,对某企业上年度纳税情况进行调查,由于企业纳税活动已经结束,因而无法直接观察;如果找有关人员询问,也不容易获得准确的数字资料,故不宜采用访问法,这时就可以采用报告法,即检查当时的纳税凭据、会计报表等原始凭证和文件资料,以获得该企业纳税情况资料。

(4)问卷调查法。问卷调查法是为特定目的,以问卷形式提问,把问卷发给被调查者,由被调查者自愿回答的一种采集资料的方法。问卷调查法广泛运用于政治、经济、文化、管理、心理等方面的调查。科学地进行问卷调查,必须进行精心设计,问题要简明扼要。在实施上,要尽量避免回答率低或答案质量不高的问题(调查问卷的设计技术详见本章第三节)。

(5)卫星遥感法。卫星遥感法是把现代高科技用于统计调查的一种方法。它是运用现代测量手段,以地理信息系统和全球定位系统为基础,再根据不同的调查对象,加载不同的卫星遥感信息,最后经过计算机处理,得到所需要的图形及调查数据的一种调查方法。

在国际上,卫星遥感对地观测应用技术已经在气象预报、资源调查、灾害检测、环境评估、海洋监测和军事应用领域都有许多成功的经验和丰硕的成果。在我国统计工作中利用卫星遥感技术对地面农作物进行观测来估计农作物产量,已有十多年的历史,取得了一定的成效。

卫星遥感法与其他统计调查方法相比，更具有科学性。具体表现在：①及时性。利用卫星扫描技术，可以对大型突发事件调查，如对森林火灾、大面积水灾、地震灾害的调查，从而获取地面上的信息，再经过计算机的相应处理，就可迅速得到所需图形和数据。②准确性。人工统计在工作量大、时间紧的情况下，准确性难以保证。而卫星遥感技术，可对全球的大地精确测量，精确度可达毫米级。③客观性。在人工调查中，往往因为主观原因（如工作马虎、有意弄虚作假、对统计工作不熟悉）而导致统计数据失真。而卫星遥感统计调查，由于技术线路完全避开了人为因素的干扰，因而它具有绝对的客观性。④卫星遥感统计调查可以满足各级政府部门的需要。因为通过卫星遥感图片，可以按不同大小行政区域进行统计，所以，可以满足各级政府部门的需要。

(6) 互联网调查法。互联网调查法是借助于各种网络技术所提供的各种工具，搜集传输有关数据资料。互联网调查法具有网络数据传输的及时性与共享性、调查的便捷性和低费用、信息形式的多样性与可靠性、发布范围的广泛性等许多优越性，现实中的许多调查和统计报表均采用互联网调查法。它有两种方式：一种是利用互联网直接进行问卷调查等方式搜集第一手资料，这种方式称为网上直接调查；另一种是利用互联网的媒体功能，从互联网搜集第二手资料。由于越来越多的报纸、杂志、电台等媒体，还有政府机构、企业也纷纷上网建立自己的网站，发布大量的各种信息，因而网上成为信息的海洋，信息蕴藏量极其丰富，获取这种成品的有价值的信息，就属于网上间接调查。

1) 网上直接调查。这种调查一般有两种途径，一是将问卷挂在 www 站点上，等待访问者访问时填写问卷。例如，CNNIC 每半年进行一次的"中国互联网发展状况调查"就是采用这种方式。这种方式的优点是填写者是自愿性的，缺点是无法核对填写者的真实情况。二是通过电子信箱 E-mail 方式将问卷发给被调查者，被调查者答完后将结果通过 E-mail 返回。这种方式的优点是可以有选择性地控制被调查者，缺点是容易引起被调查者的反感。

2) 网上间接调查。这种调查一般是先搜索有关站点的网址，然后访问所想查找信息的有关网站或网页。因为它的信息广泛，能满足企业管理决策需要，所以，在现今社会经济生活中，大量采用网上间接调查法。

第二节 统计调查方案的设计

统计调查是一项涉及面广、程序步骤多、要求严格的科学工作。一项全国性的统计调查,往往需要动员成千上万的人协同工作才能完成。为了顺利完成调查任务,在调查之前需要设计一个调查方案,使统计调查工作有计划、有组织地进行。统计调查方案是保证调查工作顺利开展、及时完成搜集统计资料工作的纲领性文件。一个完整的统计方案应该包括以下基本内容。

一、确定调查目的

调查方案首先要解决的问题就是确定调查目的。调查目的就是通过统计调查所要达到的具体目标。只有确定调查目的,才能确定搜集资料的范围和方法,才能有效地组织统计调查工作。

调查目的,主要是根据统计研究的实际需要并结合调查对象的特点来确定的。例如,对某城市工业企业的机械设备利用情况进行调查,任务是准确掌握各个企业拥有的机械设备的数量、价值和使用情况,其目的是分析和探求机械设备在使用过程中其价值、技术性能、工作能力等发生变化的规律,为合理配置机械设备、提高利用率、加强设备技术管理和固定资产管理等提供依据。

二、确定调查对象和调查单位

明确了调查目的后,就可以确定调查对象和调查单位。确定调查对象和调查单位,是为了解决向谁调查、由谁来提供统计资料的问题。调查单位就是调查对象中所包含的具体单位,即总体单位,调查单位是进行调查登记的标志承担者。注意,不要把调查单位理解为从事调查工作的部门或单位。明确调查单位,还要同填报单位区别开来。填报单位是填写调查内容、提供调查资料的单位。调查单位与填报单位有时一致,有时不同,这要根据调查对象的特点和调查任务的要求来确定。比如,对某企业员工经济收入情况进行调查,调查对象就是企业所有员工,调查单位是每一个员工。如果调查表要求每个员工自己填写,则填报单位就是每个员工,这时的调查单位和填报单位是一致的;如果以车间为单位进行填报,填报单位就是车间,这时的填报单位和调查单位是不同的。仍以上述的机械设备利用情况调查为例,确定的调查对象是该市工业企业所有机械设备,调查单位是每一台设备。这个调查是由各企业进行登记来完成的,填报单位就应是每一个企业。

三、确定调查项目和调查表

调查项目就是调查中所要了解的各调查单位的特征,这些特征,在统计上又称标志。它由调查的目的、任务和调查对象的性质所决定,包括一系列数量标志和品质标志。调查项目确定的正确与否,决定了整个调查工作的成败。选择的调查项目是调查目的和任务所需要并且确实能够取得资料的项目。每一个项目应该有确切的含义和统一的解释,不应该设置那些不必要或虽然需要但无法取得资料的项目。对那些逻辑不完善、含义模糊、回答笼统的项目,也应避免使用。例如,在机械设备利用情况调查中,根据调查目的和任务,设备购置价值、出厂日期、日均工作时间、生产能力等标志就应作为调查项目。

调查表是将调查项目按合理顺序排列在表格中,以便于登记调查资料。调查表的内容一般包括三个部分,即表头、表体和表脚。表头在调查表的上方,主要有调查表名称、填报单位名称等;表体是调查表的主要部分,由表格、调查项目等组成;表脚包括调查人员或填表人员签名、审核人员签名、填报日期等。调查表的表格形式有两种:单一表和一览表。单一表是指只登记一个调查单位的调查表,一般可以容纳较多的调查项目;一览表是指可以登记多个调查单位的调查表,一般不宜设置太多调查项目。调查表的设计可以多种多样,以达到调查目的为原则,应尽可能简洁,便于填写,同一调查任务必须统一格式,以便下一步的汇总和整理。例如,根据调查目的,机械设备利用情况调查表适宜选用单一表,以每一台设备为单位,把相应调查项目设置在表格上(见表2-1)。

表2-1 　　　　　机械设备利用情况调查表

企业名称: 　　　　　　　　　　　　　　　　　　　　制表部门:××工业局

设备名称		使用情况	年工作总时间	小时
出厂日期	年　月　日		日均工作时间	小时
使用日期	年　月　日		①年额定工作产量	
			②年实际工作产量	
使用部门			③利用率(③=①/②)	

填表人: 　　　　　　　　　　　　　　　　　　　填表日期: 　　年　月　日

四、确定调查时间和调查期限

调查时间是调查资料所属的时间。调查时间可以是时期，也可以是时点。如果所要调查的是时期现象，调查时间就是资料所反映的起讫日期；如果所要调查的是时点现象，调查时间就是规定的统一的标准时点。调查期限是进行调查工作所要经历的时间，包括搜集资料、登记调查表和报送资料等整个工作过程所需要的时间。调查期限的长短根据任务量的大小以及人力、物力、财力等情况进行确定，应尽可能缩短调查期限，以保证统计信息的时效性。

例如，对某市2012年机械设备利用情况进行调查，即调查机械设备在该年份的使用情况，这个调查时间就是时期，即2012年这一年。从2013年1月1日起开始调查，截至本年1月31日将资料搜集、整理完毕，则调查期限为一个月。任何调查都应尽可能缩短调查时间，提高资料的时效性。

> **请思考**
> 我国第六次人口普查规定标准时点为2010年11月1日零时，资料呈报时间为2010年12月25日，则调查时间为（　　　），调查期限为（　　　）。

五、调查工作的组织实施计划

严密细致的组织工作，是调查工作能够顺利进行的保证。调查的组织工作包括：调查工作领导机构的组建和调查人员的组织、调查方法的确定、人员业务培训等准备工作、调查资料的报送方式、调查经费的预算和筹集、工作进度的安排等。

现在，仍以上述机械设备利用情况调查为例。某市主管工业企业部门首先成立调查工作领导小组，给各个下属企业布置调查任务，各个企业指派专人负责此项调查工作，并要求各企业主管领导对此项工作负领导责任。组织各企业调查人员进行业务培训，规定调查方式和方法，印制统一的调查表，要求对每一台机械设备的利用情况进行如实登记。进行此次调查的经费预算为5000元，主要是用于调查表的印制、人员培训等，经费列入本年业务经费。各企业首先调查登记有关资料，对资料进行核对无误后报送到相关部门，材料报送时间为2013年1月31日。

案 例

以下面案例资料为例,具体理解统计调查方案的设计思路。

根据《全国经济普查条例》的规定,国务院决定于2008年开展第二次全国经济普查。普查方案的主要内容如下:

(一)普查的指导思想和主要目的

指导思想:以邓小平理论和"三个代表"重要思想为指导,深入贯彻落实科学发展观,科学设计、精心组织、依法实施、确保质量,全面、准确地提供基本国情国力数据,为党中央、国务院以及地方各级人民政府宏观管理和科学决策服务。

主要目的:全面调查了解我国第二产业和第三产业的发展规模及布局;了解我国产业组织、产业结构、产业技术的现状以及各生产要素的构成;摸清我国各类企业和单位能源消耗的基本情况;建立健全覆盖国民经济各行业的基本单位名录库、基础信息数据库和统计电子地理信息系统。通过普查,进一步夯实统计基础,完善国民经济核算制度,为加强和改善宏观调控,科学制定中长期发展规划,提供科学准确的统计信息支持。

(二)普查的对象和范围

第二次全国经济普查的对象是在我国境内从事第二产业和第三产业的全部法人单位、产业活动单位和个体经营户。具体范围包括:采矿业,制造业,电力、燃气及水的生产和供应业,建筑业,交通运输、仓储和邮政业,信息传输、计算机服务和软件业,批发和零售业,住宿和餐饮业,金融业,房地产业,租赁和商务服务业,科学研究、技术服务和地质勘查业,水利、环境和公共设施管理业,居民服务和其他服务业,教育,卫生、社会保障和社会福利业,文化、体育和娱乐业,以及公共管理与社会组织等。

(三)普查的项目和时间

普查的主要项目包括单位基本属性、从业人员、财务状况、生产经营情况、生产能力、能源消耗、科技活动情况等。

普查的标准时点是2008年12月31日,时期资料为2008年度。

(四)普查的组织实施

第二次全国经济普查涉及范围广、参与部门多、技术要求高、工作难度大。各地区、各部门要按照"全国统一领导、部门分工协作、地方分级负责、各方共同参与"的原则，认真做好此项重大国情国力普查的宣传动员和组织实施工作。

为了加强对此项工作的组织和领导，国务院将成立第二次全国经济普查领导小组，负责普查的组织和实施。普查领导小组由国务院领导同志任组长，成员单位包括国务院办公厅、统计局、发展改革委、中央宣传部、中央编办、监察部、民政部、财政部、税务总局、工商总局和质检总局等部门（组成人员名单另发）。普查领导小组办公室设在统计局，具体负责普查的日常组织和协调。其中：涉及普查经费方面的事项，由财政部负责协调；涉及物资保障方面的事项，由发展改革委负责协调；涉及企业和个体工商户名录方面的事项，由工商总局和税务总局负责协调……国务院其他各有关部门，也要充分发挥各自的职能，各负其责、通力协作、密切配合。

地方各级人民政府要设立相应的普查领导小组及其办公室，认真做好本地区普查工作。对于普查工作中遇到的困难和问题，要及时采取措施，切实予以解决。要充分发挥街道办事处和居民委员会、乡镇政府和村民委员会的作用，广泛动员和组织社会力量积极参与并认真配合做好普查工作。

（五）普查的经费保障

第二次全国经济普查所需经费，由中央和地方各级人民政府共同负担，并列入相应年度的财政预算，按时拨付、确保到位。

（六）普查的工作要求

坚持依法普查。所有普查对象必须严格按照《中华人民共和国统计法》和《全国经济普查条例》的规定，按时、如实地填报普查表。任何单位和个人不得虚报、瞒报、拒报、迟报，不得伪造、篡改普查数据。地方各级人民政府统计执法机构和监察机关要加大对普查工作中违法违纪行为的查处力度，坚决杜绝人为干扰普查工作的现象，确保普查工作顺利进行和普查数据质量。经济普查取得的单位和个人资料，严格限定用于普查目的，不作为任何单位对普查对象实施处罚的依据。

各级普查机构及其工作人员，对在普查中所知悉的国家秘密和普查对象的商业秘密，履行保密义务。

加强宣传工作。各级普查机构应主动向新闻单位提供情况。报刊、广播、电视和互联网等媒体要广泛深入宣传经济普查的重要意义和要求，宣传普查工作中涌现出的典型事迹以及违法违纪案件查处情况，引导广大普查对象依法配合普查,教育广大普查人员依法开展工作,为普查工作顺利实施创造良好的舆论环境。

国务院
二〇〇七年十一月十五日

请思考

调查时间与调查期限的区别是什么?调查什么现象需要规定调查的起止时间?调查什么现象需要规定标准时点?

第三节 调查问卷的设计

调查问卷是调查者根据调查目的和要求设计的,由一系列问题、备选答案、说明组成的问卷式调查表。采用问卷进行调查始于20世纪30年代的美国,主要用于选举和民意调查,还常应用于经济预测、心理测试、市场调查等方面的调查。当今,问卷调查法已成为世界各国搜集信息资料的主要方式。我国从改革开放以来,此种方法已广泛应用于各个领域,并被纳入统计制度范围。

调查问卷设计的好坏直接关系到搜集的数据质量和分析结果。一份设计优良的问卷能有效地搜集数据,获取信息,所以设计时要尽可能减少误差和矛盾,节省调查时间和调查成本。

一、调查问卷的设计要求

问卷设计的中心思想是,如何提问和编排才能获取所需要的信息。成功的问卷应满足两个条件:一是所提的问题能让被调查者完全理解并愿意回答;二是获取的信息有价值并方便处理。因此,问卷的设计需要做到以下几点:

1. 确定研究主题,规定总体范围

问卷题目的拟定要围绕研究主题来展开,问卷中的问题要符合调查的信息需求,研究主题要明确。

2. 问卷问题的描述要清楚、准确、简练、易懂

尽量避免使用专业术语和不规范的简称,使被调查者易于理解。

3. 问题的排列要符合逻辑

要按照现象的发生、发展或时间顺序先简后繁、先易后难，彼此联系紧密。要有完整性、相关性，要重点突出，层次分明。

4. 避免诱导性提问

问卷中提出的问题不要带有主观诱导性、倾向性、暗示性，使被调查者的回答偏离了自己的真实想法，而影响了调查资料的准确性。比如，"很多人都认为物价过高已经影响了人们的生活水平，你也是这样认为的吗？"

5. 尽量避免敏感性问题

敏感性问题是指被调查者不愿意让别人知道答案的问题。比如，个人收入、个人隐私、政治态度、道德伦理等问题，问卷中尽量避免提问，以免引起对方反感。对于这类问题，被调查者可能会拒答或者虚报瞒报，从而影响调查资料的质量。

二、调查问卷的基本结构

一份完整的调查问卷，通常由调查问卷的题目、说明信（序语）、被调查者的基本信息、调查问题与答案、填写要求和解释五个部分组成。

1. 调查问卷的题目

调查问卷的题目是问卷的主题，题目要提纲挈领，要准确、醒目、突出，简明扼要地概括出问卷的内容和性质，要有吸引力和感染力，能激发被调查者的兴趣。例如，"城市居民生活水平调查问卷"、"大学生就业心理调查问卷"等。

2. 说明信（序语）

说明信一般在问卷的开头，是致被调查者的一份短信，以诚恳、亲切、简练、准确的语言与被调查者沟通，使其了解此次调查的意义，引起被调查者的重视和兴趣，赢得被调查者的支持与合作。说明信的内容大致包括：调查的目的与意义、对被调查者的希望和要求、依法保密的措施与承诺、回复的时间、地点、方式，主办单位和个人的身份等。

3. 被调查者的基本情况

被调查者的基本情况是被调查者的一些主要特征，是对调查资料进行分类的基本依据。主要包括：被调查者的性别、民族、职业、文化、收入、婚姻、家庭人口等，有的还要求填写本人的姓名、地址、联系电话等。如果被调查者是单位的话，还需填写单位名称、地址、负责人、主管部门、职工人数、固定资产等。这些内容，哪些需要列入问卷，需要根据调查目的和要求而定。

4. 调查问题和答案

调查问题和答案是调查问卷最主要、最基本的组成部分，资料的搜集主要是通过这一部分来完成的，它也是问卷调查的目的所在，这一部分设计的好坏直接关系到调查资料的价值，影响整个调查目的的实现。下文将对调查问题与答案进行专门阐述。

5. 填写要求和解释

填写要求和解释是对填表的要求、方法、注意事项等总的说明，包括填写问卷的要求、调查项目的含义、被调查者应注意的事项等，其目的在于明确填写调查问卷的要求和方法。

除以上五部分以外，结尾也可以加上对被调查者的感谢，征求被调查者对问卷的意见等。

三、调查问题与答案

设计调查问卷时，首先应考虑问题的类型，问题通常可分为开放式和封闭式两大类。

1. 开放式问题

开放式问题是指提出问题，留出足够的空间由被调查者自由地回答。开放式问题主要分为两种类型：

（1）填空题。是指留出空格，由被调查者自己根据实际情况来填写的问题。例如：

你喜欢的电脑品牌是①_____ ②_____ ③_____ ④_____。

（2）自由回答题。由被调查者自由回答的问题。例如：

你对房地产价格居高不下有何看法？

对产品的质量满意程度如何？对该产品有何意见和建议？

开放式问题的优点是回答者有自我表达的机会，可以提出新的见解，提供丰富的信息；缺点是答案不规范，不便于汇总分析，而且回答需要花费较多的时间，影响回收率，并且对被调查者的文化程度要求较高。这种问卷主要用于了解某些客观现象的实际状况。

2. 封闭式问题

封闭式问题是指问题的答案已经列出，回答者只需根据自己的情况和问卷的要求选择一个或几个现成的答案。这种问题的表达方法常见的有双项选择、多项选择、排序选择、等级评定等。

（1）双项选择法。双项选择题的答案只有两项，被调查者任选其一，是封闭式问题里最简单的一种。例如：

您家有小汽车吗？　　A. 有　　B. 无

这种提问方法便于被调查者选择，调查后的数据处理简单，但只限于对简单的事实的调查，对于既不肯定又不否定的答案就无法表示。例如：

您家是否打算近期购买汽车呢？答案会有多种，即"是"、"否"和"没想好"等。

（2）多项选择法。是指列出三个或三个以上的答案，由被调查者从中选择。根据答案多少的不同有三种选择类型：

①单选。只选择备选答案中的一个选项。例如：

请问你的月工资收入是多少？

A. 1000 元以下　　　B. 1000～2000 元　　　C. 2000～3000 元

D. 3000～4000 元　　E. 4000～5000 元　　　F. 5000 元以上

②多选。是要求被调查者选择两个或者两个以上的答案。例如：

你目前最迫切要解决的问题是什么？（至少两项）

A. 提高专业水平　　　B. 提高收入　　　　C. 换工作

D. 入党　　　　　　　E. 改善住房条件　　F. 找对象

G. 得到理解　　　　　H. 其他（请注明）

③限选。是要求在备选答案里限定选几项。例如：

你认为家庭耐用消费品中最重要的有哪几种？（限选三项）

A. 洗衣机　　B. 电冰箱　　C. 热水器　　D. 空调　　　E. 彩电

F. 摄像机　　G. 小汽车　　H. 电脑　　　I. 健身器材　J. 移动手机

（3）排序选择法。在列出的多个答案中，由被调查者对所选的答案按要求顺序进行排序。例如：

你上大学确定专业方向时考虑的因素有哪些？（按考虑因素的先后顺序排序）

A. 就业率　　　　　　B. 预期收入　　　　C. 工作舒适

D. 发展方向　　　　　E. 个人兴趣　　　　F. 别人建议

G. 个人特长　　　　　H. 其他（请注明）

（4）等级评定法。是列出不同等级的答案，答案由表示不同等级的形容词组成，让被调查者选择。例如：

你对我们公司提供的售后服务满意程度如何？

A. 非常满意　B. 满意　C. 比较满意　D. 不满意　　E. 很不满意

在等级评定中，常用的等级形容词有：很好、好、较好、一般、较差、差、很差、非常喜欢、喜欢、比较喜欢、无所谓、不喜欢等。

封闭式问卷的优点是答案标准,填写方便,便于分类汇总,省时省力,材料可信度较高;缺点是对复杂事物、主观判断性问题等,往往回答较粗略,不能完全代表回答者的意向,发生错误不易发现和纠正,这种问卷通常用于了解被调查者的基本意向。

为了克服封闭式问卷的缺点,也可采用半封闭式问卷,即在一份问卷里既有封闭式问题又有开放式问题,先封闭式问题后开放式问题,将两种问卷的优点结合起来会收到更好的效果。

 小训练

对以下两个问题请分别做出六个备选答案并按主次排序。
1. 你经常购物的市场中存在哪些问题?
2. 你家人反对你玩电脑游戏的原因是什么?

第四节 统计调查的组织方式

在我国,统计调查方式主要有普查、抽样调查、统计报表、重点调查和典型调查等。它们在统计调查中的地位因历史时期的不同而不同。

一、普查

1. 普查的含义

普查是为了掌握某种客观事物的准确情况而专门组织的一次性全面调查。有些客观现象不需要或不可能进行经常性调查,但又需要掌握它的准确情况,就需要采用普查的方式搜集资料。普查是一种重要的调查方式,世界各国在做反映本国的国情国力调查时,都采用普查的方式来完成。

2. 普查的特点

(1) 普查是一次性调查。普查一般用来调查属于一定时点现象的总量。由于时点现象的总量在短期内往往变化不大,因而不需要进行经常性调查,通常要间隔一段较长的时间进行一次调查。例如,我国第六次人口普查与第五次人口普查相隔了10年。当然,有些时期现象也可以采用普查

第二章 统计调查

的方式，如工业总产值、利润额、上缴税金等指标都可采用普查的方式取得。

（2）普查是全面调查。普查的对象范围广，总体单位数量大，指标的内容详细，并且规模宏大，所以，普查比其他任何调查方式更能掌握大量、全面的统计资料。例如，人口普查的内容不仅仅是人口数量，还有各种构成资料和社会特征资料，如性别构成、年龄构成、民族构成、生育率、死亡率、教育特征、经济特征等各方面的情况。

（3）普查的工作量大。普查涉及面广、时间性强、复杂程度高、对组织工作的要求高，需要耗费大量的人力、物力和财力，因而普查不宜经常进行。

3. 普查的实施过程

根据普查的特点，在组织实施中，要加强领导，发动群众，统一部署，统一行动，制订周密的普查方案。具体的实施过程如下：

（1）成立专门的组织机构，领导和组织实施普查工作。由于普查的工作量巨大，任务繁重，因而必须自上而下地建立各层次的组织机构，配备专门人员负责普查工作。例如，我国在历次人口普查工作中，首先在国务院成立全国人口普查领导小组，在各省、自治区和直辖市的各级政府也相应建立普查办公机构，各部门、各单位成立专门工作机构，配备专门人员负责人口普查工作。

（2）确定统一的调查时间，即标准时间。因为普查的客观现象一般为时点现象，所以必须规定某一时点作为标准时间，主要是由于时点现象在各个时点上的状况变化频繁，如果不规定准确的时点，那么在登记时容易重复或遗漏。例如，第六次人口普查的标准时间是2010年11月1日零时，就是由于人口基数比较大，在每时每刻都有新出生人口和死亡人口，只有确定标准时间，才能准确反映标准时间上的人口数量。在11月1日零时之前死亡的人口和11月1日零时以后出生的人口，都不能进行登记；而11月1日零时之前出生的人口和11月1日零时以后死亡的人口，均应该予以登记。

（3）普查人员的培训。普查登记工作开始之前，要对普查人员进行业务培训，使他们明确普查的要求，掌握相应统计指标的含义、计算口径、登记方法，以保证工作效率和工作质量。

（4）制定严格的质量控制办法。制定严格的质量控制办法，对普查工作的各个环节实行全面的质量管理和控制，明确责任，逐级负责，层层把关，保证普查资料的准确性和普查质量。

（5）规定各阶段的工作进度和要求，使各个环节互相衔接，有计划、按步骤进行。各有关部门纵向服从统一领导,横向保持必要的联系,彼此步调一致,协同工作,保证在规定的时间内完成任务。加强宣传,通过媒体广泛动员全社会全面参与、支持和配合普查工作,为普查工作的开展创造良好的舆论环境。例如,第六次人口普查的标准时间为 2010 年 11 月 1 日零时,但在 2009 年国务院就已经成立领导小组,各种媒体就开始进行宣传,各种宣传标语随处可见,在全社会引起了高度重视。这次普查工作取得了良好效果,同宣传工作起到的积极推动作用密不可分。

> **请思考**
> 普查为什么要规定标准时间?

二、统计报表制度

1. 统计报表制度的含义

统计报表制度是基层单位(或下级单位)按照上级部门颁发的统一的表式、统一的调查纲要、统一的报送程序和时间,自下而上逐级报告统计资料的制度。这种以表格形式提供统计资料的书面材料,称为统计报表。

统计报表制度是我国对国民经济实行宏观调控和业务指导的重要工具,是全面、及时、准确地获得统计资料的有效方法。国家为了加强宏观调控,制定符合社会和经济发展客观规律的方针、政策,指导和监督各地区、各部门、各企事业单位的经济活动,必须及时掌握和依据全面的统计资料;而各地区、各部门、各企事业单位也需要定期向上级如实报告自己经济活动的基本资料和有关数据,以便于上级部门的指导和监督工作。这种客观要求,决定了国家必须建立统一的统计报表制度,执行统计报表制度也是各地区、各部门、各企事业单位必须履行的一项义务。我国经过多年的统计实践,使统计报表制度的作用得到了最大限度的发挥,是世界上运用统计报表制度最成熟的国家之一。由于统计报表制度费时、费力,中间环节多,信息反馈慢,因而应与其他调查方式结合起来,综合运用。

统计报表的种类,可以按照不同的角度来划分:按调查范围,分为全面统计报表和非全面统计报表;按实施范围,分为国家统计报表、部门统计报表和地方统计报表;按统计报表报送周期的长短,分为日报表、旬报表、月报表、季报表、半年报表和年报表;其中,年报表是总结全年经济活动的报表,其内容全面、指标多、分组细,是制订计划、发布公报的重要依据,是最主要、最常用的统计报表;按填报单位,分为基层报表和综合报表。

2. 统计报表制度的内容

(1) 表式。指统计报表的具体格式。不同的调查任务有不同的格式,但基本上都由三部分组成,即表头(报表标题、表号、报表期别、填报单位、制表单位、计量单位等)、表身(具体填报数据和资料)和表脚(备注、填表人签章、审核人或负责人签章等)。

(2) 填表说明。包括调查目的、要求和办法、统计范围、分组体系、各种统计目录、指标解释、报送日期、报送方式等,它可使填报单位明确填报任务和填报方法。

3. 统计报表的资料来源

统计报表资料来源于基层单位的原始记录和统计台账。原始记录和统计台账是各种经济核算的基础,也是填制统计报表的重要依据。没有健全的、规范的原始记录和统计台账制度,要做好统计报表的填报工作是不可能的。

原始记录是基层单位通过一定的表格形式对生产经营活动所作的最初记载。原始记录的范围广泛,种类繁多,如发货票、材料入库验收单、领料单、设备维修单等。统计台账是基层单位根据核算和填制统计报表的需要,为了积累和整理资料而设置的,按时间顺序登记原始记录的一种账册。它是从原始记录到统计报表的中间环节。例如,工业企业统计台账有产品产量台账、半成品台账、设备利用台账等。

下面举例说明统计报表、原始记录和统计台账的表式及其相互关系(见表2-2、表2-3、表2-4)。

表2-2　　　　　　　　工业总产值及主要产品产量

企业名称:　　　　　　　　　　　　　　　表号:××××
主管部门:　　　　　　　　　　　　　　　制表机关:国家统计局
　　　　　　　　　　　　　　　　　　　　　　　　　年　月

产值及产品产量	计量单位	计划			实际				
		本年	本季	本月	本月	本季	本年本月止累计	去年同月	去年同月止累计
一、工业总产值（按不变价格计算）									
二、主要产品产量									

主管部门负责人签章:　　　企业负责人签章:　　　填表人签章:
　　　　　　　　　　　　　　　　　　　　　　报出日期:　年　月　日

表2-3　　　　　　　　　　　产品入库单

交库单位：　　　　　　　　　　年　月　日　　　　　　　　编号：

产品编号	产品名称	规格	单位	送交数量	实收数量	备注

检验：　　　　　　　　　仓库验收人：　　　　　　　　　车间交件人：

表2-4　　　　　　　　　　　产品产量台账

车间：　　　　　　　　　　　　　　　　　　　　　　年　月　日

产品名称									
计量单位									
本月产量	计划								
	实际	当日	累计	当日	累计	当日	累计	当日	累计
日期	1								
	2								
	3								
	…								
	29								
	30								
	31								

审核人签章：　　　　　　　　　　　　　　　　　　　记账人签章：

　　表2-2是某工业企业按月填报的一种定期统计报表，它的资料来源，如产品产量，是由表2-3和表2-4的材料取得的。表2-3是关于某产品产量的原始记录，表2-4是关于该产品产量的统计台账。按每天的产品入库单分别登记、汇总，即得到每种产品的当日产量。把每日产品产量及时记入统计台账，每月最后一天的累计产量，即为当月产品产量，据此填报统计报表中的产品产量。

> **请思考**
>
> 1. 举例说明统计报表产生的过程。
> 2. 既然全面统计报表也属于全面调查，那么能否用统计报表代替普查呢？

三、重点调查

重点调查是在调查对象中选择一部分重点单位进行的一种非全面调查方式。

重点单位是指调查对象中的一小部分，但其某一主要标志总量在总体标志总量中却占绝大比重，重点单位的特征可以反映总体的基本情况。所以，重点调查虽然属于非全面调查，但通过重点调查却可以了解总体的主要情况和发展变化的基本趋势，在一定程度上，能起到全面调查的作用。例如，为了解我国工业企业发展的基本情况，我们对一些国有特大型企业进行调查，如鞍钢、首钢、上海宝钢、大庆油田、胜利油田等，它们的数量不多，但在国民经济的发展中，无论是资产总量，还是所创利税，都占全国所有工业企业相关指标的60%以上。对这些重点单位所进行的调查，属于重点调查。

重点调查实质上是范围比较小的全面调查，它的目的是反映现象总体的基本情况。一般来说，当调查任务只要求掌握基本情况，而部分单位又能比较集中地反映所研究的项目和指标时，采用重点调查比较适宜。但是，重点单位虽然对总体来说最有代表性，但却不可能完整地反映现象总量，也不具备推断总体总量的条件。

重点调查对重点单位的选择着眼于其所研究现象主要标志总量的比重，因而不带有主观因素。显然，某些因技术先进、管理先进或特殊原因而被列为重点管理对象的单位，只要其主要标志总量不占绝大比重，都不应被列入重点调查单位的范畴。

根据调查目的、任务的不同，重点单位可能是一些企业、行业，也可能是一些地区、城市。我们进行重点调查考虑重点单位时要注意：有些重点单位在某问题上是重点，在另一个问题上不一定是重点；在某一个调查对象中是重点，在另一个调查对象中不一定是重点；这一时期是重点，另一时期不一定是重点；重点中有重点。

由于重点调查单位比较少，因而调查项目可多一些，所了解信息也可详细一些。重点调查单位一般管理水平较高,统计基础工作较好,资料容易取得且质量较高,所以重点调查是节省人力、物力,效果较好的调查。特别是对于具有大量总体单位的现象,其中一些单位规模很小,甚至界限模糊不清,重点调查更有其运用意义。

根据研究问题的需要,重点调查可能定期进行,也可能是一次性的。定期进行的重点调查很多,如定期提供重点企业的经济技术指标的资料。更多的重点调查是临时专门组织进行的。一般来说,当调查的目的、任务不要求全面性和高度准确性,而部分单位又能比较集中地反映所研究的标志或指标时,宜采用重点调查的方式。

请思考

如何理解重点调查中的"重点单位"?"重点单位"是客观存在的,这种说法对吗?

四、典型调查

典型调查是根据调查的目的和任务,在调查对象中有意识地选择若干典型单位进行的一种非全面调查方式。

典型调查有如下主要特点:①典型调查是深入细致的调查,可用来研究某些比较复杂的专门问题。②典型调查单位少,因而指标可以多一些;可节省人力、物力和财力。③典型调查是一种比较灵活的调查方式,典型单位的选择和确定,是根据研究任务,在对调查对象进行初步分析的基础上,有意识地加以选择的。

比如,为了研究成功的经验或总结失败的教训,就应该选择调查对象中先进或落后的单位作为典型单位;如果是为了了解总体的一般数量表现或一般发展趋势,则可选择中等的带有普遍性的单位作为典型单位。具体地说,为了了解国有工业企业扭亏为盈的情况,可以在事先摸底的基础上,选择一些该项工作成绩显著的企业作为典型单位,深入研究其扭亏为盈的办法,总结经验,为其他企业树立榜样;如果要调查工业生产环境污染问题,可以初步分析污染的严重程度,然后选择污染治理工作效果差的企业作为典型单位,进而研究其原因以及给社会带来的严重问题和后果等,这些都属于典型调查。

请思考

1. 人们经常提到的"解剖麻雀"式的工作方法,属于哪种调查方式?
2. 什么情况下进行"划类选点"式的调查?
3. 试举出三种非全面调查都是如何选择调查单位的?

五、抽样调查

抽样调查是按照随机原则,在调查对象中抽取一部分总体单位作为样本,根据样本资料推断总体数量特征的一种调查方式。

抽样调查是专门组织的非全面调查。由于全面调查的范围广,工作量大,需要耗费大量的人力、物力和财力,而且有时也不需要或不可能进行全面调查,但又要了解客观现象的总体情况,在这种情况下,就可以采用抽样调查的方式。抽样调查的具体方法详见第七章。

 小训练

1. 既然抽样调查有很多优点,那么在实践中可否在任何情况下都采用抽样调查呢?
2. 指出表2-5中调查内容的调查对象、调查单位和填报单位。

表2-5

调查内容	调查对象	调查单位	填报单位
商业网点调查			
城镇居民生活水平调查			
机械工业设备调查			
电冰箱质量调查			
消费品物价调查			
居民住宅调查			
高等院校调查			
农产品成本调查			

【本章小结】

本章主要安排了统计调查的理论和统计调查的实施两类问题,理论问题包括统计调查的意义和种类、统计调查的组织方式等。统计调查的实施包括统计调查方案如何设计,统计调查问卷如何设计,统计调查方式的选择及统计调查方法的具体运用。通过对本章的学习,要求灵活运用各种数据采集方法去搜集统计信息资料,为以后各章的学习打下良好的基础。

【学习重点和难点】

1. 重点:(1)掌握统计调查的种类和几种常用的专门调查方法的概念、特点。

(2)掌握统计调查方案、统计调查问卷的设计方法,能初步进行小型的统计调查活动,这是经济管理类,特别是会计、统计人员必备的基本技能。

2. 难点:(1)各种统计调查方式的特点及应用条件。

(2)统计调查方案、统计调查问卷的设计。

【本章主要概念】

统计调查　全面调查　统计报表　普查　重点调查　典型调查　抽样调查
调查对象　调查单位　报告单位　调查表　调查时间　调查期限

【本章主要思考题与简答题】

1. 什么是统计调查?统计调查的基本要求是什么?

2. 一个完整的统计调查方案包括哪些内容？

3. 一份完整的问卷由哪几部分构成？

4. 试总结封闭式问卷、开放式问卷各自的优缺点。

【习题与实践训练】

一、判断题

1. 调查单位同时又一定是填报单位。（   ）

2. 我国经济普查今后每10年进行两次，因此，它是一种经常性调查方法。（   ）

3. 调查时间就是调查工作所需要的时间。（   ）

4. 要了解"五一"小长假期间我国铁路旅客周转量，只需对全国几个大的铁路枢纽客运量进行调查，就可以掌握全国基本情况。这种调查属于非全面调查。（   ）

5. 重点调查中的重点单位是根据进行统计调查时当前工作的重点来确定的。（   ）

6. 典型调查由于在选取典型单位时已对所研究对象进行了全面分析，因而可以用典型调查的结果来精确地推断总体。（   ）

7. 单一调查表就是在一张表上只登记一项调查内容的表格。（   ）

8. 典型调查有"解剖麻雀"和"划类选典"两种。（   ）

9. 如果调查间隔时间相等，那么这种调查就是经常性调查。（   ）

10. 传统的统计调查方法都是直接调查第一手统计资料，网上调查可以搜集第二手统计资料。（   ）

二、单项选择题

1. 从一批袋装奶粉中随机抽取1000包进行质量检验，这种调查是（   ）。

A. 普查　　　　　　　　　B. 重点调查

C. 抽样调查　　　　　　　D. 典型调查

2. 对家乐福超市全体员工进行身体健康状况调查，调查单位是（   ）。

A. 每位员工　　　　　　　B. 所有员工

C. 所有商品　　　　　　　D. 每一件商品

3. 普查2010年11月1日零时的人口状况，要求将调查单位的资料在

2010年11月10日前登记完成，则普查的标准时间是（　　）。

A. 2010年10月31日24时　　B. 2010年11月10日零时

C. 2010年11月9日24时　　D. 2010年11月1日24时

4. 某市2012年工业企业经济活动成果的统计年报的呈报时间为2013年1月31日，则调查期限为（　　）。

A. 一年　　　　　　　　　B. 一年零一个月

C. 一个月　　　　　　　　D. 一天

5. 调查大庆、胜利、大港、中原的几个大油田，以了解我国石油工业生产的基本情况，这种调查属于（　　）。

A. 普查　　　　　　　　　B. 重点调查

C. 抽样调查　　　　　　　D. 典型调查

6. 随机地选取若干块水田，测算其粮食产量来估算该地区的粮食收成情况，这种调查属于（　　）。

A. 普查　　　　　　　　　B. 重点调查

C. 抽样调查　　　　　　　D. 典型调查

7. 下列情况的统计调查，（　　）属于一次性调查。

A. 商品库存量　　　　　　B. 商品购进额

C. 商品销售量　　　　　　D. 商品销售额

8. 在下列调查中，调查单位与填报单位一致的是（　　）。

A. 公司设备调查　　　　　B. 农村耕地调查

C. 学生学习情况调查　　　D. 汽车养护情况调查

9. 要了解糖果包装的改变对销售量的影响情况，则选定一个地区，将新旧两种包装的糖果投入市场进行实验对比，观察其销售量变化和消费者反映，获得数据作为新包装是否采用的依据，这种调查方法是（　　）。

A. 观察法　　　　　　　　B. 实验法

C. 报告法　　　　　　　　D. 访问法

10. 要调查人群中经常上网浏览的人的年龄、性别、职业等情况，比较适宜的调查方法是（　　）。

A. 观察法　　　　　　　　B. 访问法

C. 实验法　　　　　　　　D. 网上调查

三、多项选择题

1. 要调查一个地区学校情况，每一个学校是（　　）。

A. 重点单位　　　　　　　B. 调查单位

C. 调查对象　　　　　　　D. 总体单位

E. 填报单位

2. 在工业设备普查中（　　　）。
A. 工业企业是调查对象
B. 工业企业的全部设备是调查对象
C. 每台设备是调查单位
D. 每个工业企业是填报单位
E. 每台设备是填报单位

3. 普查属于（　　　）。
A. 全面调查　　　　　B. 非全面调查
C. 经常性调查　　　　D. 一次性调查
E. 专门调查

4. 调查单位是（　　　）。
A. 需要调查的那些社会经济现象的总体
B. 所需调查的社会经济现象总体的每个单位
C. 调查项目的承担者
D. 负责向上报告调查内容的单位
E. 调查中所调查的具体单位

5. 统计报表的资料来源有（　　　）。
A. 原始记录　　　　　B. 调查问卷
C. 基层单位内部报表　D. 基层单位统计报表
E. 统计台账

6. 下列调查中属于直接调查搜集第一手资料的方法有（　　　）。
A. 观察法　　　　　　B. 电话调查法
C. 实验法　　　　　　D. 文献法
E. 访问法

7. 要检查节日市场上肉制品质量，有关部门任意抽取部分肉制品进行调查，此项调查属于（　　　）。
A. 全面调查　　　　　B. 非全面调查
C. 典型调查　　　　　D. 抽样调查
E. 专门调查

8. 我国第六次人口普查的标准时间是 2010 年 11 月 1 日零时，下列情况应统计人口数的有（　　　）。
A. 2010 年 11 月 2 日出生的婴儿
B. 2010 年 10 月 31 日出生的婴儿

C. 2010年10月31日晚死亡的人

D. 2010年11月1日1时死亡的人

E. 2010年10月31日出生，11月1日5点死亡的人

9. 网上调查与传统调查相比的优越性在于（　　　）。

A. 费用低　　　　　　　　B. 无地域、时空限制

C. 及时性　　　　　　　　D. 资料能反映所有用户的信息

E. 易获得更完整的统计资料

10. 专门组织的调查包括（　　　）。

A. 普查　　　　　B. 定期报表　　　　　C. 全面报表

D. 抽样调查　　　E. 典型调查

四、填空题

1. 调查表有_____和_____两种形式。

2. 专门调查主要有_____、_____、_____和_____四种形式。

3. 按被研究总体的范围不同来划分，统计调查可分为_____和_____。

4. 调查人员亲临现场对调查单位进行清点和计量，这种调查方法称为_____法。

5. 典型调查中的典型单位是_____选取的，抽样调查中的样本单位是_____选取的。

6. 无论采用何种调查方法进行调查都要先制定_____。

7. 调查表的结构分为三部分，即_____、_____、_____。

8. 由调查人员通过口头、书面等方式向被调查者了解情况，取得第一手统计资料的调查方法称为_____法。

9. 调查问卷按问题的设计形式分为_____问卷和_____问卷。

10. 统计调查按其组织形式不同分为_____、_____。

五、应用能力训练题

1. 某学院拟对大学生的课外生活进行一次问卷调查。调查项目包括：课外时间的分配和利用，课外活动的形式及时间占用，对大学生勤工俭学的看法和建议。试设计一份简单的统计调查方案。

2. 填出下列调查的调查对象、调查单位和填报单位：

表2-6

调查内容	调查对象	调查单位	填报单位
手机质量调查			
网络用户年龄调查			
超市商品物价调查			
居民住宅调查			
高等院校调查			
大学生睡眠时间调查			
城市居民生活状况抽样调查			

3. 从统计调查对象包括的范围、调查登记时间是否连续、搜集资料的方法是否相同等方面对以下统计调查实例分类，并指出各属于哪种统计调查方式。

（1）2012年，对某市的工业企业从业人数进行调查，各企业按上级部门要求填报统计表。

（2）2009年，对全国所有第二产业、第三产业活动单位进行基本情况摸底调查，以2008年12月31日为标准时点，调查2008年度的资料。

（3）对进口的一批产品，抽检其中的少部分，以对整批产品质量进行评价。

（4）要了解全国钢铁产量的基本情况，只要对全国少数几个重点钢铁企业如鞍钢、宝钢、首钢、武钢等进行调查，就能及时对全国钢铁产量的基本情况进行推断。

（5）为了探讨一项新改革措施实施的效果，推广其成功经验，对已采取改革措施并效果明显的代表性单位进行调查。

4. 指出下列调查的统计调查方法，它们属于直接调查还是间接调查？

表2-7

调查描述	统计调查方法	直接调查或间接调查
为获得某高速路口汽车交通量资料，调查人员亲自在路口对出入口各种汽车数量进行观察、记数		
食品厂将新旧两种配方的面包，委托食品店调查各自销售量，以决定是否更改配方		

— 49 —

续表

调查描述	统计调查方法	直接调查或间接调查
经过周密设计,对抽选出的1000位市民发放调查问卷,进行"社会热点问题看法"专题调查		
为了解同学们使用计算机的习惯,在网上设计问卷进行"校园E族调查"		

5. 以你所在的班级为总体进行统计调查,总体单位是每一位同学,调查的有关标志是学生的身高、体重、性别和年龄,不出现姓名。

(1) 请设计一个简单的统计调查方案。

(2) 设计一个单一调查表,包括表头、表体和表脚。

注意:每个同学将各自标志的结果写在纸条上,搜集在一起,就形成了原始资料。请保存好这些资料,在后面的章节中我们会利用这些数据。

6. 你所在的学院伙食如何?大学二年级学生每月零花钱数额为多少?来源及去向是怎样的?大学生就业初职预期薪水和地域如何?对这些问题或者你感兴趣的其他相关问题,进行模拟统计调查。尝试设计一份调查问卷,注意利用调查问卷的设计技巧。

阅读资料

我国城市儿童与10年前相比,有明显长高、长胖趋势,他们身高、体重等生长发育指标如何,健康状况怎样?

国务院妇女儿童工作委员会办公室与中国儿童中心用一年半的时间对北京、上海、重庆、广州、哈尔滨、石家庄、济南、郑州、武汉和西安共10个城市中0~6岁儿童的健康状况进行了普查。2005年1月7日,国务院妇女儿童工作委员会办公室和中国儿童中心发布了"中国十城市0~6岁儿童的健康状况调查"。公布的调查结果显示:富裕家庭的孩子缺营养。这项调查时间为2003年5月至2004年9月。调查组从每个城市抽取有效样本8043人,以问卷形式调查了这些儿童及其监护人的基本情况和儿童辅食添加情况,测量了3211名婴幼儿的身高、体重、胸围、坐高、臀围、头围6项生长发育指标和3618份头发中铜、铁、钙、镁、锌5种无机营养素含量。

调查结果显示，中国0~4个月婴儿生长发育指标基本与世界卫生组织公布的国外同龄孩子相同，但在4~6个月以后生长发育指标滞后，而且富裕家庭的孩子更缺营养。

调查结果显示："全职父母"流行，高达18%的父母为看孩子不工作；儿童健康状况总体趋好，10.6%的儿童营养不良，体重超重的占5.95%；健康存在地区差异，南方儿童患营养不良与生长迟缓病率明显高于北方儿童；无机营养素补充不足，城市儿童最需要补锌；补充营养有怪圈，越富的孩子越不健康；辅食添加不及时，孩子6个月后发育滞后于国外同龄人。

调查还显示，中国部分城市0~6岁儿童身高、体重的平均值基本上都大于1995年的调查数据。这说明，在这10年间，中国儿童与以往的同龄人相比又"长高"、"长胖"了不少。

第三章 统计整理

教学目的和要求

统计整理是统计工作过程中的中间环节,它既是统计调查的继续,又是统计分析的前提。通过对本章的学习,一般了解统计整理的概念和内容、统计分组、分配数列及统计图表等概念和内容。要重点掌握统计分组的方法,在分组的基础上进行分配数列的编制,并学会用统计图表来表示统计资料。

教学内容

1. 统计整理的概念和内容
2. 统计分组
3. 分配数列
4. 统计图表

第一节 统计整理的意义和步骤

一、统计整理的意义

统计整理就是根据统计研究的目的和任务的要求,对统计调查所搜集到的原始资料进行分组、汇总,使其条理化、系统化,从而得到表现总体特征的综合统计资料的工作过程。对于已整理过的初级资料进行再整理,也属于统计整理。

统计调查取得的各种原始资料是分散的、不系统的，只能表明各个被调查单位的具体情况，反映事物的表面现象或一个侧面，不能说明事物总体情况与全貌。因此，只有对这些资料进行加工整理才能认识事物的总体及其内部联系。例如，在经济普查中，调查的每个单位的资料，只能说明每个单位的经济类型、注册资本、职工人数、工业总产值、工业增加值、实现利税等具体情况。必须通过对所有资料进行整理汇总、分组等加工处理后，才能得到全国第二、三产业的综合情况，从而分析第二、三产业的构成、经营状况等，达到对全国第二、三产业的全面的系统的认识。

统计整理是统计调查的继续，也是统计分析的前提，它在统计研究中起着承前启后的衔接作用。因此，资料整理的是否正确，直接决定着整个统计研究任务的完成质量，不恰当的加工整理和不完善的整理方法往往使调查取得的丰富的、完备的资料失去价值，因此，必须十分重视统计整理工作。

二、统计整理的步骤

统计整理的基本步骤有以下五步：

第一步，拟订统计整理方案。在统计整理之前，应当根据研究的目的，首先确定对调查资料中的哪些内容进行整理。同时，还要确定如何进行分组，采用哪些汇总指标，以及统计资料如何表现等。正确地制订统计整理方案，是保证统计整理有计划、有组织地进行的首要步骤，是统计设计在统计整理阶段的具体化。

第二步，审查原始资料。审查被调查单位的资料是否准确、及时、完整；如果报送资料已齐全，应审查数据是否准确。对资料的准确性进行审查的办法主要有：

（1）逻辑审查。主要是从定性角度审核数据是否符合逻辑、内容是否合理、各项目或数量之间有无相互矛盾的现象。比如，儿童年龄段的人所填的职称是高级工程师。对于这个违背逻辑的项目应予以纠正。

（2）计算审查。是指调查表中的各项数据在计算结果和计算方法上有无错误。例如，各分项数字之和是否等于相应的合计数，各比重之和是否等于1或100%，出现在不同表格上的同一指标数值是否相同，等等。

审核资料的及时性，是要检查资料是否符合调查规定的时间，资料的报送是否及时等。

审核资料的完整性是要审查资料是否系统周密，是否有缺报、漏报的情况，如有发生，势必会影响统计资料的整理和分析任务的完成。

第三步,对各项原始资料进行分组、汇总,计算出总体总量指标。

第四步,将汇总的结果,以统计表或统计图的形式表现出来。

第五步,将统计资料进行系统积累。

第二节 统计分组

统计分组法是统计学最基本的研究方法之一,也是统计资料整理所要使用的专门方法,没有科学的分组就无法进行统计分析。

一、统计分组的概念

统计分组是根据研究任务的要求和现象总体内在的特点,将统计总体按照一定的标志划分为若干组成部分。总体的这些组成部分就叫组。统计分组的目的就是揭示各组之间性质上的差异。分组的结果,组与组之间产生性质上的差异,而组内却性质相同。比如,将参加考试的学生作为总体,按成绩这一标志将学生划分为及格与不及格两组,及格与不及格两组间性质是截然不同的,而及格这一组内的学生,其性质相同;不及格这一组内的学生,其性质也相同。所以,统计分组有两层含义,对总体来说是"分",把性质不同的个体区分为不同的组,对于个体来说是"合",把性质相同的个体组合为一组。统计分组就是在总体内部进行的一种定性分类。

二、统计分组的作用

1. 可以发现现象的特点与规律

例3-1 某公司有工人10个小组共100人,生产定额为每人每天生产零部件500件,2月10日每个工人的实际生产完成情况如下(单位:件)

一组:	520	520	520	520	550	550	580	580	580	580
二组:	540	540	540	540	540	540	540	540	540	540
三组:	540	540	540	540	540	540	540	540	580	580
四组:	520	520	520	520	530	500	500	500	500	500
五组:	510	510	520	520	520	500	510	510	500	500
六组:	530	530	530	540	620	620	620	620	720	720
七组:	720	720	630	630	630	630	620	620	620	620
八组:	650	650	650	650	650	650	650	650	650	650

九组：580　580　580　580　580　580　580　580　580　580
十组：480　480　480　480　480　450　450　420　430　430

从上面的资料中，我们只能大致看出各组完成生产情况有高有低，高低不平衡，但很难看出100人总的生产情况及特点。下面将资料进行分组并汇总进行观察，如表3-1所示。

表3-1　　　　　某公司生产工人完成生产定额情况

按完成件数分组（件）	工人数（人）
500以下	10
500~550	48
550~600	16
600~650	12
650~700	10
700以上	4
合　　计	100

从表3-1的资料中，我们可以对该车间生产情况作出综合评价，指出其特点：①占90%以上的工人完成了生产定额；②在完成生产定额的工人中，略超过生产定额的工人（完成500~550件）占48%，超过生产定额较多的工人占42%。总的结论是，该车间工人生产定额完成得比较好，绝大部分能完成或超额完成生产定额。如果不经过上述分组，就难以观察出这些特点。由此也可以看出，分组后的资料对我们加强经济管理也提供了参考依据。

2. 划分现象的类型

把复杂的现象区分为性质不同的类型，可以认识现象质的差别。表3-2是2008年第二次经济普查中，辽宁省企业按经济类型分组的资料，通过这种划分，可以反映辽宁省不同企业类型的结构情况，使我们对辽宁省的企业类型有了进一步的认识。

表3-2　　　辽宁省按登记注册类型分组的企业数及构成

企业类型	企业数（个）	比重（%）
合　　计	243784	100
内资企业	234378	96.14
国有企业	9354	3.84
集体企业	16913	6.94

续表

企业类型	企业数（个）	比重（%）
股份合作企业	3869	1.59
联营企业	379	0.16
有限责任公司	36570	15.00
股份有限公司	3669	1.51
私营企业	160314	65.76
其他企业	3310	1.36
港澳台商投资企业	1988	0.82
外商企业	7418	3.04

3. 反映现象总体的内部结构

表3-3是我国从1982年进行第三次人口普查到2010年第六次人口普查的年龄构成数据。

表3-3　　　　　　我国近四次人口普查年龄构成表

按年龄分组（岁）	第三次人口普查年龄构成（%）	第四次人口普查年龄构成（%）	第五次人口普查年龄构成（%）	第六次人口普查年龄构成（%）
0~14	33.60	27.69	22.89	16.60
15~64	61.50	66.74	70.15	74.53
65以上	4.90	5.57	6.96	8.87
合计	100.00	100.00	100.00	100.00

从表3-3中的数据可以看出，随着时间的推移，我国少年儿童占总人口的比重越来越少，老年人所占比重越来越大，人口老龄化越来越明显。

4. 分析现象之间的依存关系

一切社会现象都不是孤立的，而是互相联系、互相依存、互相制约的。例如，工业企业中，劳动生产率与利润的依存关系；商业企业中，商品销售额与流通费用的关系；医疗卫生统计中，吸烟与肺癌的关系，等等，都可以通过分组来解释它们之间的关系。

比如，观察商品销售额与商品流通费用的依存关系，可以将商店按商品销售额的多少分组，计算每个组相应的商品流通费是多少。

根据表3-4的分组资料，分析销售额与每千元商品销售额的流通费之间的关系。

表 3-4　　　某地区 100 个百货商店的月销售额与流通情况

按销售额分组（万元）	商店数（个）	每百元销售额需支付的流通费用（元）
50 以下	12	13
50~100	21	10
100~200	32	9
200~300	20	8
300 以上	15	7
合　计	100	—

从表 3-4 的分组资料可以看出，销售额越大，每百元商品销售额中支付的商品流通费越小。这种依存关系，只有通过分组才可以观察到。

三、统计分组的方法

统计分组的关键在于正确选择分组标志和划分各组的界限，分组标志就是分组的依据。

1. 选择分组标志要遵循的原则

（1）根据研究的目的与任务选择分组标志。我们之所以选择一定标志对总体分组，是为了达到一定的研究目的，完成一定的研究任务。研究目的不同，选用的分组标志也有所不同。例如，以某地区全部居民住户为总体，如果要研究其生活水平情况，则应将户均收入或人均收入等作为分组标志；如果要研究其居住的拥挤困难情况，则用人均居住面积等作为分组标志。所以，分组标志是随任务的不同而变化的。如果不管研究的目的千篇一律都用一个标志作为分组标志，那是不会得到满意的结果的。

（2）选择能够反映事物本质特征的标志作为分组标志。在一定的研究目的下，往往会有若干个标志与研究目的有关而可供我们选择，这时，就应选择与研究目的关系最密切、最能反映现象本质特征的作为分组标志。例如，研究职工生活水平的高低情况，可以用职工的工资水平作为分组标志，也可以用职工家庭成员平均收入水平作为分组标志。究竟选用哪个分组标志更能充分反映职工的生活水平呢？我们知道，职工的工资水平并不能反映职工的生活水平高低，还要看他赡养的家庭人口数。因此，选用工资水平这个标志并不恰当，只能选用按家庭成员计算的人均收入水平作为分组标志。

（3）要根据现象的历史条件及经济条件来选择分组标志。例如，研究职工生活水平时,要划分出困难户有多少,应选用什么作为划分标准?显然,要根据当时的物价水平及经济条件来确定,而且各个年代的标准当然是不同的。又如,解决温饱问题的标准、贫困县的标准、达到小康水平的标准等,都要依据所处的历史、经济条件来确定的。

2. 统计分组的方法

(1) 按品质标志和数量标志分组。

1) 按品质标志分组。按品质标志分组就是用反映事物的属性、性质的标志作为分组标志,它可以将总体单位划分为若干性质不同的组成部分。例如,职工按性别、文化程度、技术等级、籍贯等标志分组;企业按经济类型、轻重工业、企业规模等标志分组。按品质标志分组,一般来说,概念比较明确,分组也相对稳定,但有的分组也比较复杂,如产品、商品的分类就比较复杂。

在实际工作中,对种类繁多、规格复杂的产品、商品、原材料、机器设备等要按国家统一的分类目录去分组。比如,按《商品分类目录》、《工业部门分类目录》去分组等,以免发生不同的分类,影响统计数据的准确性。

2) 按数量标志分组。按数量标志分组就是用反映事物数量特征的标志作为分组标志,将总体各单位划分为若干个组。其中,每组用一个数值表示的是单项式分组。比如,按家庭拥有汽车数量分组可分成0、1、2、3或以上四个组。每组用两个数来表示的就是组距式分组。比如,按学习成绩将学生划分为60分以下、60~70分、70~80分、80~90分、90~100分成绩不同的五个组。关于数量标志分组的具体问题将在下一节阐述。

(2) 简单分组、复合分组和分组体系。

1) 简单分组。简单分组是对总体只按一个标志进行分组。如企业按生产规模可分为大型、中型、小型三组,人口按性别分为男、女两组。

2) 复合分组。复合分组是对同一总体同时选择两个或两个以上标志结合起来进行多层次分组,即在按某一个标志分组的基础上,再依次按另一个标志在分好的组的基础上进一步分组就叫复合分组。例如,企业按经济类型分组后,按生产规模再进一步分组。在校学生按学科性质分为文科、理科,在学科性质基础上按性别又分为男、女。

3) 分组体系。分组体系是根据统计任务与分组的要求,对同一总体进行多种不同的分组而形成的体系。它是一种相互补充、相互联系的分组体系,用于对现象总体的数量表现认识的深化。分组体系有两种形式,即平行分组体系和复合分组体系。

平行分组体系是对同一总体选择两个或两个以上的标志分别进行简单分组，排列起来，即成为平行分组体系。

例如，对大学生总体的研究，就可以进行如下平行分组：

按学历分组：
    本科
    专科

按性别分组：
    男生
    女生

按学科性质分组：
    文科
    理科

> **请思考**
>
> 如何理解平行分组体系中的"平行"二字呢？以上例来具体说明平行分组体系中"平行"的真正含义。

复合分组体系是对同一总体同时选择两个或两个以上标志结合起来进行复合分组，多个复合分组组成的体系就是复合分组体系。例如，对大学生总体进行研究，可先按学历分组，然后在学历的基础上再按学科性质分组，然后在学科性质的基础上再按性别分组，即形成如下的复合分组体系：

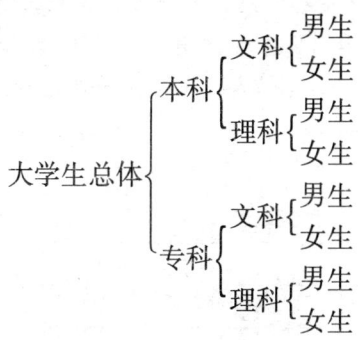

小训练

将大学老师总体进行如下分组：按一个品质标志分组、按两个品质标志的复合分组、按一个品质标志和一个数量标志的复合分组、按两个数量标志的复合分组。

第三节 分配数列

分配数列是统计整理的另一个重要内容，它是统计分组的继续和延伸，没有科学的分组，就无法编制相应的分配数列。

一、分配数列的概念与种类

将总体按某一标志进行分组，并按一定顺序排列出每个组的总体单位数，这种数列称为分配数列，又称次数分配或次数分布。在分配数列中，分布在各个组的总体单位数叫次数，又称频数。各组次数与总次数之比称比率，又称频率（也叫比重）。由此可见，分配数列有两个组成要素：一个是各组名称（或各组变量值），另一个是次数或频率。分配数列根据分组标志的性质不同，可以分为品质数列与变量数列。

1. 品质数列

品质数列是指按品质标志分组后所形成的数列，用来观察总体单位中不同属性的单位分布情况。例如，2010 年 11 月 1 日第六次人口普查中，按民族、性别、籍贯等分组的人口数。表 3 - 5 是人口按性别分组形成的品质数列。

表 3 - 5　　　　　2010 年我国人口普查性别构成表

人口按性别分组	人口数（万人）	比重（%）
男	686852572	51.27
女	652872280	48.73
合计	1339724852	100.00

品质数列的编制比较简单,但要注意在分组时,应包括分组标志的所有表现,不能有遗漏,各种表现要互相独立,不得相融。

2. 变量数列

变量数列是指按数量标志分组后所形成的数列,用来观察总体单位中不同数量的单位分布情况。变量数列按每一组标志值的多少不同,分为单项数列和组距数列。

单项数列是在变量值数目不多、数值变动幅度不大且呈离散型的条件下,可以编成单项数列,即用一个变量值代表一个组。如表3－6所示。

表3－6　　　　　　　某企业工人按日产量分组表

日产量（件）	工人数（人）	比重（%）
20	10	6
21	20	10
22	30	17
23	50	28
24	40	22
25	30	17
合计	180	100

组距数列是在变量值很多,数值变动范围很大,又呈连续型的条件下,可以编成组距数列,即用两个数代表一个组,表示变量值的一定变动区间。如表3－7所示。

表3－7　　　　　　　某企业工人按工资分组表

工资（元）	工人数（人）	比重（%）
1000 以下	50	10
1000～1500	125	25
1500～2000	225	45
2000～2500	75	15
2500 以上	25	5
合计	500	100

有些变量本质上是连续的,而在实践中常常用整数计量,如年龄用"岁"、工资用"元"、体重用"公斤"计量等,这时可以按离散型变量处

理,因此,把连续型变量当做离散型变量看待时,也可以编制单项数列或组距数列。在组距数列中,需要明确以下各要素:

(1)组限。在组距数列中,每组的两端数值都叫组限。组限分为上限和下限。每组的最小标志值叫下限,每组的最大标志值叫上限。如果各组上下限都齐全,就称为闭口组;如果组限不齐全,即最小组缺下限或最大组缺上限,就称为开口组。编制组距数列的时候还要考虑相邻组的上下限怎样来表示,连续型变量和离散型变量有所区别。

1)连续型变量。相邻组的上下限要重叠,每组变量值都以下限为起点,上限为极限,但不包括上限。即"上限不在内"的原则。比如,表3-7,有一位工人恰好工资是1500元,把他分到是下限的一组,即第三组。

2)离散型变量。相邻组的上下限应该间断,但在实际工作中,为提高效率、简化手续,也可采用重叠分组。另外,当变量值出现极大值或极小值时,可采用开口组,即用××以下或××以上表示。

(2)组距。每组上限与下限之间的距离叫组距。

即:组距=上限-下限

组距数列,有等距和不等距两种。等距的变量数列,是指各组的组距都相等,适用于现象的变动比较均匀的情况。例如,工资水平分组、单位面积农产量分组等。但在现象变动的不均匀时,或是为了特定的研究目的,常常采用异距分组,编制异距数列。例如,人口的年龄分组常采用不等距分组。

(3)组中值。每组下限与上限之间的中点数值叫组中值。

$$闭口组组中值 = \frac{上限 + 下限}{2}$$

$$缺下限的最小组的组中值 = 该组上限 - \frac{邻组组距}{2}$$

$$缺上限的最大组的组中值 = 该组下限 + \frac{邻组组距}{2}$$

表3-7中各组的组中值分别是750元、1250元、1750元、2250元、2750元。

组中值是代表各组标志值平均水平的数值,在计算各组平均指标时,如果没有原始资料而只有组距分组资料,就需要利用组中值计算。它是从这样的前提出发的:当各组内标志值分布均匀时,组中值正好代表各组标志值的平均水平数值。所以,在计算总平均值时,采用各组的组中值代替各组标志值,是简便易行的办法。但是,实际上各组标志值并不是均匀分布的,组中值与各组的实际平均水平仍有一定的差距,它只是各组实际平均值的近似代表值。因此,用组中值计算总平均值,也只是近似值。

二、变量数列的编制实例

变量数列的编制分两种,一是单项数列的编制,二是组距数列的编制。

1. 单项数列的编制

例3-2 某生产车间50名工人日加工零件数(单位:个)如下。试编制单项数列。

117 122 124 129 139 107 117 130 122 125
108 131 125 117 122 133 126 122 118 108
110 118 123 126 133 134 127 123 118 112
112 134 127 123 119 113 120 123 127 135
137 114 120 128 124 115 139 128 124 121

首先,将总体各单位标志值由小到大排列:

107 108 108 110 112 112 113 114 115 117
117 117 118 118 118 119 120 120 121 122
122 122 122 123 123 123 123 124 124 124
125 125 126 126 127 127 127 128 128 129
130 131 133 133 134 134 135 137 139 139

其次,以总体各单位标志值为各组标志值,以总体各单位标志值出现的次数为各组次数,编制单项数列,见表3-8。

表3-8　　　　某车间50名工人日加工零件数分组表

零件数(个)	人数(人)	零件数(个)	人数(人)	零件数(个)	人数(人)
107	1	119	1	128	2
108	2	120	2	129	1
110	1	121	1	130	1
112	2	122	4	131	1
113	1	123	4	133	2
114	1	124	3	134	2
115	1	125	2	135	1
117	3	126	2	137	1
118	3	127	3	139	2

通过上述资料我们编成了单项数列,但却很难看出50名工人的日产零件数的分布特点。因为,在该资料中,变量值不但多达27个,而且变量值由107~139变动的范围也比较大,即使能一一列举,但也不适宜编制单项数列。如果编制成组距数列,又会是什么结果呢?

2. 组距数列的编制

(1) 计算全距。将总体各单位标志值由小到大排列,找出最大标志值与最小标志值,二者之差就是全距。在上例中,全距 = 139 - 107 = 32 (件)。

(2) 确定组数和组距。在同一变量数列中,组数与组距相互制约,组距大,组数就少;组距小,组数就多。组数与组距的确定,应力求符合现象的实际情况,充分体现总体分布的特征。二者谁先确定,应视具体情况全面考虑。如果先定组距,那么,除考虑上述要求外,还要充分考虑原始资料分配的集中程度或集中趋势;同时,也要考虑组内的同质性、组与组之间的差异性。组数一般在3~9组比较适中。

对于上例,可将组距设为5,相应的组数为7组。

(3) 确定组限和组中值。确定组限要考虑以下几点:①最小组的下限(起点值)可以略低于最小变量值,最大组的上限(终点值)可以略高于最大变量值。②如果组距是5,10,…,100,则每组的下限最好是它的倍数。③组限的具体表示方法,应视变量的性质而定。通常组限的数值最好也是5,10,50,100,…,1000的倍数。④最后计算各组次数和组中值。如表3-9所示。

表3-9　　　　　某车间50名工人日加工零件数分组表

按零件数分组(个)	人数(人)	比重(%)	组中值
105~110	3	6.0	107.5
110~115	5	10.0	112.5
115~120	8	16.0	117.5
120~125	14	28.0	122.5
125~130	10	20.0	127.5
130~135	6	12.0	132.5
135~140	4	8.0	137.5
合计	50	100.0	—

根据组距数列可以看到，50 名工人中，日生产零件数主要集中在 115～130 件，占 64%。

在变量数列中标志值构成的数列，表示标志值的变动幅度。而频数构成的数列，则表示相应值的作用程度。频数越大则组的标志值对于全体标志水平所起的作用也越大；反之，频数越小则组的标志值所起的作用也越小。因此，在整理和分析的时候，我们不但要注意各组标志值的变动范围，而且，也要注意各组标志值的作用大小，即频数的大小。

将各组单位数和总体单位数相比，既可以表明各组标志值对总体的相对作用程度，也可以表明各组标志值出现的频率的大小。按顺序列出各组标志值范围（或以各组组中值来代表）和相应的频率形成的统计分布亦称频率分布。很显然，任何一个分布都必须满足：各组的频率大于 0，各组的频率之和等于 1（或 100%）。

变量分布是统计描述的一种重要方法，在自然现象或社会现象中，有许多变量分布是属于正态分布的。例如，人的体重、身高，单位面积、农产量等，这类分布以变量的平均值为中心，沿着对称轴向两边发展，越接近中心，分配的次数越多，离中心越远，分配的次数越少，形成"两头小，中间大"的钟形的分布曲线。

另一种社会现象的分布和上面相反，是沿"两头大，中间小"的形式发展，呈"U"字形。例如，人口的死亡率，按年龄分布如下：0～4 岁，特别是未满 1 岁的婴儿，死亡率最高，从 5 岁起死亡率逐渐下降，至 10～14 岁时，达到最低水平，从 15 岁起又缓慢上升，50 岁以后上升显著增快，到 60 岁以后又达到最高水平。

三、累计频数和累计频率

在研究总体分布特征的时候，通常还需要计算累计频数和累计频率。累计频数和累计频率分别表明总体的某一标志值在某一水平以上或以下的总次数和比重。

1. 累计方法

累计方法有两种，一种是向上累计，另一种是向下累计。

（1）向上累计。向上累计是将各组次数和比重由变量值低的组向变量值高的组逐组累计，表明各组上限以下的次数和比重共有多少。

（2）向下累计。向下累计是将各组次数和比重由变量值高的组向变量值低的组逐组累计，表明各组下限以上的次数和比重共有多少。

2. 累计频数与累计频率

累计频数与累计频率计算如表 3－10 所示。

例如,表3-10中向上累计第三组累计频数是16,累计频率是32%,表示加工的零件数在120件以下的工人共有16人,占全部工人数的32%;第四组累计频数30,累计频率60%,表示加工的零件数在125件以下的工人共有30人,占全部工人数的60%,等等。

表3-10　　　　某车间50名工人日加工零件数分组表

按零件数分组（个）	人数（人）	比重（%）	向上累计		向下累计	
			频数（人）	频率（%）	频数（人）	频率（%）
105～110	3	6	3	6	50	100
110～115	5	10	8	16	47	94
115～120	8	16	16	32	42	84
120～125	14	28	30	60	34	68
125～130	10	20	40	80	20	40
130～135	6	12	46	92	10	20
135～140	4	8	50	100	4	8
合计	50	100	—	—	—	—

向下累计第三组累计频数42,累计频率84%,表示加工零件数在115件以上的人数共有42人,占全部工人数的84%;第四组累计频数34,累计频率68%,表示加工的零件数在120件以上的工人共有34人,占全部工人数的68%,等等。

由以上分析可见,累计频数和累计频率可以更简便地概括总体中各单位的分布特征。

> **请思考**
>
> 　　如果要对某地区的家庭按家庭拥有的儿童数进行分组,请问应制单项式数列还是组距式数列?为什么?如果对某地区的所有工业企业按产值分组,又应编制什么样的数列呢?为什么?

第四节 统计表和统计图

统计资料的表现可以采用统计表、统计图和统计分析报告的形式，本节主要介绍统计表和统计图的绘制。统计表和统计图是显示统计数据的重要工具。

一、统计表

由统计调查得来的大量原始资料，经过汇总整理之后，按照规定的要求填列在相应的表格内，这种填有统计资料的表格叫做统计表。

统计表对表现统计资料具有重要的作用：①它能够把说明总体单位特征的原始资料过渡为综合反映总体数量特征的表格资料，使统计资料的表现条理化、系统化和标准化。②能够科学、合理地组织统计资料，便于比较对照、分析研究现象的规模、速度和比例关系。

1. 统计表的结构

（1）从统计表的构成要素看。统计表由四部分构成：①总标题。它是表的名称，用以概括全表统计资料的主要内容。②横行标题。它是各组的名称，反映总体单位的分组情况。③纵栏标题。它是分组标志或指标的名称，说明纵栏所列各项资料的内容。④数字资料。也称指标数值，它是统计表的具体内容，每一项数值由相应的横行标题和纵栏标题限定，可以是总体单位数，也可以是标志总量，或者是平均数、相对数等。

（2）从统计表的内容看。统计表包括主词和宾词两个部分。主词是统计表所要说明的总体，以及总体的各个单位、各个组的名称，或者各个时期。宾词是统计表用来说明主词的各个指标，包括指标名称及单位。

下面举一个一般统计表的例子，表的组成部分在表旁加以说明（见表3-11）。

2. 统计表的种类

统计表的种类可根据主词的结构来决定，按照主词是否分组和分组的程度，分为简单表、分组表和复合表。

（1）简单表。简单表是主词未经任何分组的统计表。例如，主词由研究总体单位名称组成的一览表；主词由地区、国家、城市等目录组成的区域表；主词由时间顺序组成的编年表；等等。如表3-12所示。

表 3-11　　　　某市 2010 年第六次人口普查性别构成表

性别	人数（人）	比重（％）
男	3375745	50.46
女	3314687	49.54
合计	6690432	100.00

（总标题、纵栏标题、横行标题、数字资料、主词栏、宾词栏）

表 3-12　　某地区 12 个工业企业劳动生产率和固定资产利用效益

企业	经济类型	职工人数（人）	固定资产原值（万元）	产值（万元）	人均固定资产（万元）	每百元固定资产产值（百元）	人均产值（万元）
（甲）	（乙）	(1)	(2)	(3)	(4)=(2)/(1)	(5)=(3)/(2)	(6)=(3)/(1)
1	国有	540	459	963.9	0.85	2.10	1.785
2	国有	500	360	864.0	0.72	2.40	1.728
3	国有	480	384	844.8	0.80	2.20	1.760
4	集体	420	336	621.6	0.80	1.85	1.480
5	其他	400	288	518.4	0.72	1.80	1.296
6	集体	360	270	445.5	0.75	1.65	1.238
7	其他	360	198	277.2	0.55	1.40	0.770
8	国有	350	238	368.9	0.68	1.55	1.054
9	集体	340	221	309.4	0.65	1.40	0.910
10	集体	250	160	192.0	0.64	1.20	0.768
11	其他	240	144	165.6	0.60	1.15	0.690
12	其他	200	116	110.2	0.58	0.95	0.551
合计	—	4400	3174	5681.5	8.34	19.65	14.03

（2）分组表。分组表是主词按一个标志进行分组的统计表，利用分组来揭示现象的不同特征，研究总体的内部构成，分析现象之间的依存关系。如表 3-13 所示。

（3）复合表。复合表是主词按两个或两个以上标志进行复合分组的统计表。

在一定的分析任务要求下，复合表可以把更多的标志结合起来，以便更深入地分析社会经济现象。如表 3-14 所示。

表3-13　某地区工业企业按固定资产原值分组的劳动生产率和固定资产利用效益

按固定资产原值分组（万元）	企业	职工人数		人均总产值（元）	每万元固定资产产值（元）
		人数	比重（%）		
200以下	4	1050	23.7	7090	121
200~350	5	1870	42.1	12100	167
350~500	3	1520	34.2	17580	222
合计	12	4440	100.0	36770	510

表3-14　某地区2012年工业企业按轻重工业和生产规模复合分组表

按轻重工业和生产规模分组	企业数（家）	年底职工总数（人）
一、轻工业	24	68850
大型	3	13800
中型	6	45000
小型	15	10050
二、重工业	16	22400
大型	2	7500
中型	6	10400
小型	8	4500
合计	40	91250

3. 统计表的编制规则

为使统计表的设计合理、科学、实用、简明、美观，编制统计表时，必须遵守以下规则：

（1）统计表的各种标题，特别是总标题，应该十分简明、确切，扼要地反映出表的基本内容，总标题还应该尽量标明资料所属的时间和空间。

（2）统计表的左右两端习惯上均不画线，采用开口式。

（3）如果统计表的栏数较多，通常要加以编号，主词和计量单位等栏，用（甲）、（乙）、（丙）等文字标明；宾词指标各栏，用（1）、（2）、（3）等数字编号。各栏之间若有计算关系，可以用数字符号表示。例如，（3）=（2）×（1），表示第3栏等于第2栏乘以第1栏。

（4）表中数字应该填写整齐，对准位数，当数字为0或因数小可略而不计时，要写上0；当暂时缺乏某项资料时，用符号"…"表示；不应有数字时用符号"—"表示。如果某项数字免填，则打"×"表示。

（5）表中的横行"合计"，一般列在最后一行（或最前一行），表中纵栏的"合计"一般列在最前一栏。

（6）统计表中必须注明数字资料的计量单位，当全表只有一种计量单位时，可以把它写在表头的右上方。如果表中需要分别注明不同单位时，横行的计量单位可以专设一栏；纵栏的计量单位，要写在纵栏标题后，用括号括上。

（7）必要时，统计表应加注说明或注解。例如，某些指标有特殊的计算口径，某些资料只包括一部分地区，某些数字是由估算来插补等，都要加以说明。此外，还要注明统计资料的来源，以便查考。说明或注解一般写在表的下端。

编制实用、美观的统计表，关键在于实践，通过经常观察、揣摩、动手绘制，才能熟练掌握。

二、统计图

1. 统计图的概念

统计图是利用几何图形或具体形象表现统计资料的一种形式。用统计图表现统计资料，具有鲜明醒目、富于表现、易于理解的特点，因而绘制统计图是统计整理的重要内容之一。

统计图可以表明现象的规模、水平、结构、对比关系、依存关系、发展趋势和分布状况，有利于进行统计分析和研究。目前，主要利用 Excel 绘制统计图。

2. 统计图的种类

常用的统计图主要有几何图、象形图、统计地图等。

（1）几何图。几何图是利用几何的图和线来表明统计资料的图形。几何图包括条形图、平面图、曲线图等。

1）条形图。条形图是用宽度相等的、条形的高度或长短不同的条形表示现象之间对比关系的统计图。

图 3-1 是一个条形图，反映的是我国 2009～2013 年的城镇新增就业人数情况。

图 3-2 也是条形图，反映的是某企业产量计划完成情况。还可以把条形图绘成立体形，以增强效果。利用同一资料绘制的平面条形图和立体条形图如图 3-3、图 3-4 所示。

第三章　统计整理

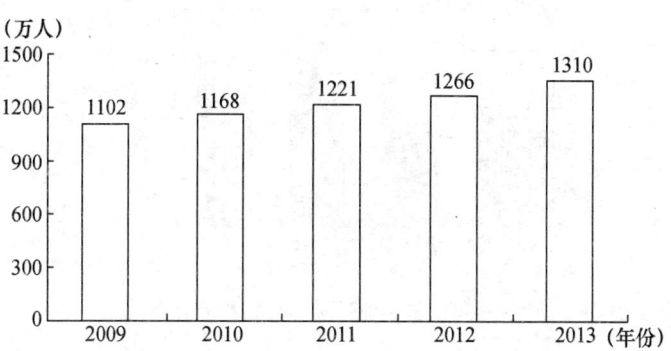

图3-1　我国2009～2013年城镇新增就业人数

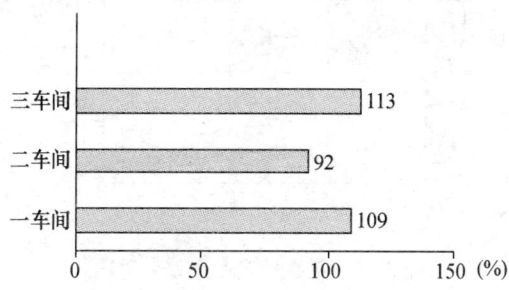

图3-2　某企业各车间计划完成情况

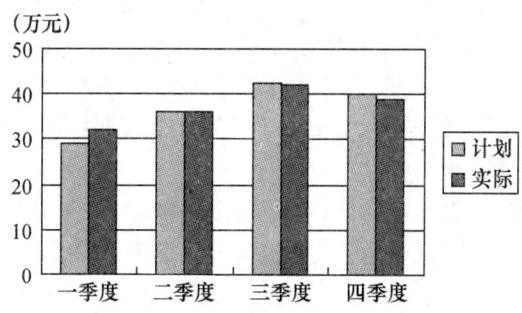

图3-3　某企业计划完成情况平面图

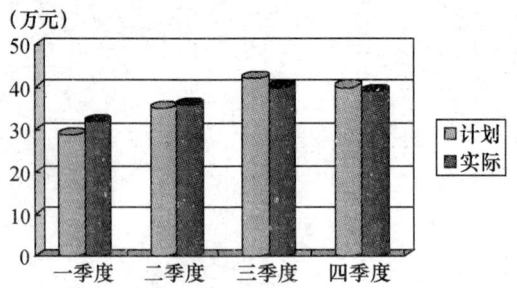

图 3-4 某企业计划完成情况立体图

图 3-5 属于结构条形图,反映了某企业产品质量的变动情况。

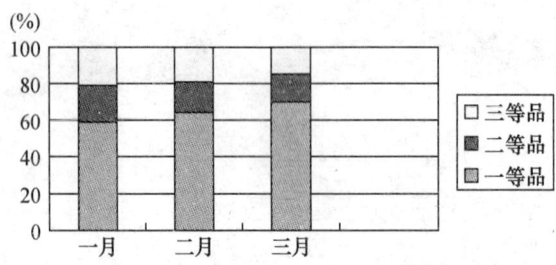

图 3-5 某企业产品质量变动图

2)平面图。平面图是以几何图形的面积表示统计指标数值大小的一种图形。它可以用来比较同类指标的大小,说明总体结构。平面图有正方形面积图和圆形图两种。

正方形面积图是以正方形面积大小表示统计指标数值的大小的图形。在绘图时须将各个指标数值开方求得边长,再按放大或缩小比例绘出相应的若干个正方形图进行比较。图 3-6 属于正方形面积图,反映的是某企业职工人数增长情况。

圆形图是以圆形面积或以圆内各扇形面积的大小表示指标数值大小的图形,它用于比较指标和反映总体的内部结构。圆形图可分为圆形面积和圆形结构等形式。图 3-7 属于圆形结构图,反映了某企业主要产品产值的变化。

3)曲线图。曲线图是用曲线的升降来表示数值大小和发展变化的图形。曲线图分为动态曲线图、计划完成情况曲线图和分配曲线图等。

动态曲线图是反映不同时期发展水平变动的图形,从曲线的斜度还可以反映发展速度的快慢。

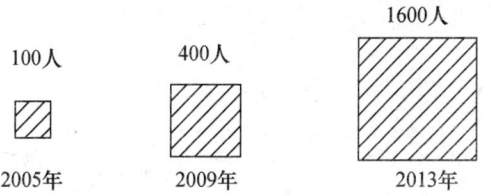

图 3-6　某企业职工人数增长情况

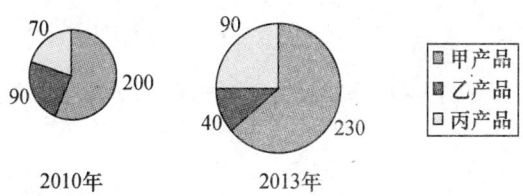

图 3-7　某企业主要产品产值变化圆形图

计划完成情况曲线图是用不同线条来代表计划数和实际数,以反映计划完成情况的图形。图 3-8 反映了某车间的计划完成情况。

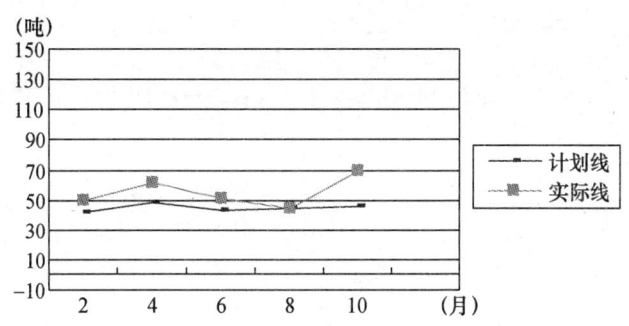

图 3-8　某车间计划完成情况曲线图

分配曲线图是用曲线的升降起伏,反映总体单位在总体分组中的分配情况及次数分配变化的规律性。分配曲线图也叫次数分布图,它是分配数列的图形表示法。我们按本章第三节组距数列的编制中使用的 50 名工人日加工零件数的例子,绘制分配曲线图,如图 3-9 所示。

(2) 象形图。象形图是先根据所要比较指标的数值绘成条形图或平面图,再在图中画以具体的象形,用象形的大小或个数来比较统计指标的数值。象形图鲜明生动,富有表现力,它用于比较同类指标。如图 3-10 所示。

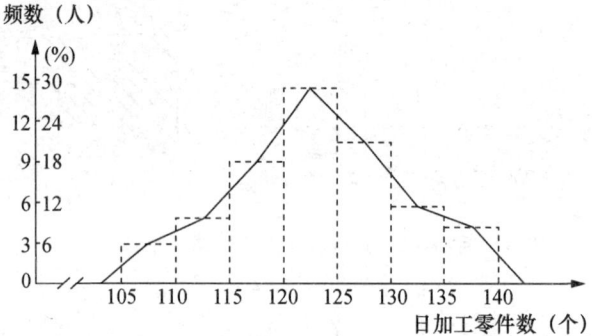

图 3-9　某车间工人日产量分配曲线图

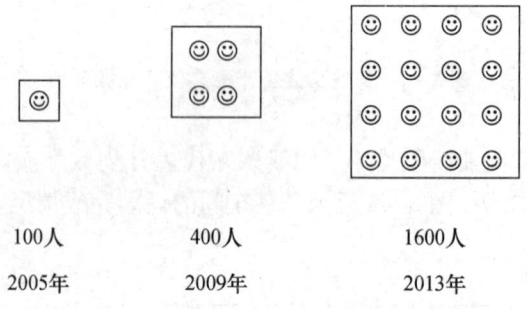

　　100人　　　　400人　　　　1600人
　　2005年　　　2009年　　　　2013年

图 3-10　某企业职工人数增长象形图

（3）统计地图。统计地图是以地图为底景，对社会现象有关地理分布的资料进行图示。它或者用大小不同的实物图形（或符号），或者用不同线纹（或颜色），或者用圆点的多少（每一圆点代表一定数值）等，表示不同的分组数值，用以反映数量关系在地区上的分布状况。图 3-11 反映了某企业的用户分布情况。

图 3-11　某企业用户分布图

【本章小结】

本章主要介绍统计整理的基本原理与基本方法,包括统计分组、编制分布数列和统计图表的绘制,这些方法和技能能帮我们初步了解统计数据的特征和规律,为以后各章学习统计分析的方法打下基础。

【学习重点和难点】

1. 重点:统计资料的汇总;统计分组的方法和作用;变量数列的编制及组限、组距、组中值的确定。
2. 难点:统计分组的方法与技巧;分组标志的正确选择;组距数列的编制。

【本章主要概念】

统计整理　统计分组　分配数列　分组标志　简单分组　复合分组　平行分组体系　复合分组体系　品质数列　变量数列　组距数列　统计表　统计图

【本章主要思考题与简答题】

1. 统计整理的步骤有哪些?
2. 简述统计分组的概念和作用。
3. 选择分组标志要考虑哪些原则?
4. 统计表有哪些优点?由哪些部分构成?

【习题与实践训练】

一、单项选择题

1. 变量数列中各组频率之和是（   ）。
   A. 不等于1   B. 大于1
   C. 小于1   D. 等于1
2. 统计整理中，最关键的工作是（   ）。
   A. 审核原始资料   B. 资料汇总
   C. 统计分组   D. 绘制统计表和统计图
3. 统计分组的目的是为了体现（   ）。
   A. 组内同质性组间差异性   B. 组内同质性组间同质性
   C. 组内差异性组间同质性   D. 组内差异性组间差异性
4. 连续变量分组，若第一组为 100 以下，第二组为 100~150，第三组为 150~200，第四组为 200 以上，则数据（   ）。
   A. 100 在第一组   B. 150 在第二组
   C. 200 在第三组   D. 200 在第四组
5. 下列属于数量标志分组的是（   ）。
   A. 某工业企业工人按民族分组
   B. 某工业企业工人按性别分组
   C. 某工业企业工人按技术职称分组
   D. 某工业企业工人按年龄分组
6. 企业按销售收入总额分组（   ）。
   A. 只能使用单项式分组
   B. 只能使用组距式分组
   C. 可以用单项式分组，也可以用组距式分组
   D. 无法分组
7. 分配数列是（   ）。
   A. 按数量标志分组所形成的数列
   B. 按品质标志分组所形成的数列
   C. 按统计指标分组所形成的数列
   D. 按数量标志和品质标志分组所形成的数列

8. 在组距分组时，对于连续型变量，相邻两组的组限（　　）。
A. 必须是重叠的
B. 必须是间断的
C. 可以是重叠的，也可以是间断的
D. 必须取整数

9. 统计分组的依据是（　　）。
A. 标志　　　　　　　　B. 指标
C. 标志值　　　　　　　D. 变量值

10. 简单分组和复合分组的区别在于（　　）。
A. 总体的复杂程度不同　　B. 组数多少不同
C. 选择分组标志的性质不同　D. 选择分组标志的数量不同

11. 在分配数列中，频数是指（　　）。
A. 各组单位数与总体单位数之比
B. 各组分配次数的比率
C. 各组单位数
D. 总体单位数

12. 将某地区50个商店按零售额多少分组而形成的数列，其变量值是（　　）。
A. 零售额　　　　　　　B. 商店数
C. 各组的零售额　　　　D. 各组的商店数

二、多项选择题

1. （　　）是按品质标志分组。
A. 企业按所有制分组　　B. 家庭按人口多少分组
C. 人口按居住地区分组　D. 固定资产按用途分组
E. 职工按工资水平分组

2. 统计分组的主要作用有（　　）。
A. 说明总体单位的数量特征　B. 反映总体内部结构
C. 研究现象之间的依存关系　D. 划分现象的类型
E. 反映总体的基本情况

3. 在组距数列中，组中值是（　　）。
A. 上限和下限之间的中点数值
B. 用来代表各组标志值的平均水平
C. 在开放式分组中无法确定
D. 在开放式分组中，可以参照相邻组的组距来确定

E. 就是组平均数

4. 在次数分配数列中（　　　）。

A. 总次数一定，频数和频率成反比

B. 组的频数之和等于100

C. 各组频率大于0，频率之和等于1

D. 频数越小，则该组的标志值所起的作用越小

E. 频率又称为次数

5. 统计表按分组的情况可分为（　　　）。

A. 简单表　　　　　　B. 调查表

C. 分组表　　　　　　D. 整理表

E. 复合表

6. 正确选择分组标志的原则是（　　　）。

A. 要根据事物发展的规律选择分组标志

B. 选择最能体现事物本质特征的标志作为分组标志

C. 要根据研究的目的和任务选择分组标志

D. 根据数量标志和品质标志不同来选择分组标志

E. 要结合现象的历史条件和经济条件来选择分组标志

7. 调查资料审核的内容包括对（　　　）的审核。

A. 资料的广泛性　　　　B. 资料的准确性

C. 资料的及时性　　　　D. 资料的完整性

E. 资料的规范性

8. 从内容来看，所有的统计表都是由哪几个部分组成？（　　　）

A. 横行标题　　　　B. 纵栏标题　　　　C. 宾词

D. 主词　　　　　　E. 数字资料

9. 下列只能编制组距数列的有（　　　）。

A. 家庭按拥有电脑数分组　　B. 职工按月工资额分组

C. 商场按营业收入分组　　　D. 学生按每周上网小时数分组

E. 城市按年地区生产总值分组

10. 组距分组仅适合于（　　　）。

A. 连续变量

B. 离散变量

C. 离散变量且变动区间较大

D. 离散变量且变动区间较小

E. 连续变量且变动区间较大

三、填空题

1. 统计分组的关键是_____。
2. 按分组的作用或目的的不同，统计分组可划分为_____、_____和_____。
3. 分配数列按分组标志性质的不同，可分为_____和_____。
4. 在组距数列中，表示各组界限的变量值称为_____，下限是指_____的变量值，上限是指_____的变量值。各组上限与下限之间的中点数值称为_____。
5. 组距与组数关系密切，同一现象的分组，组距与组数成_____。
6. 连续变量分组，相邻两组的上限与下限通常是相同的，为了避免计算时总体单位数出现错误，统计各组单位数时遵循这一原则：将达到上限值的单位数计入下一组内，这一原则被称为_____。
7. 组距式分组根据其分组的组距是否相等可分为_____分组和_____分组。
8. 次数分配是由_____和_____两个要素构成的。表示各组单位数的次数又称为_____，各组次数与总次数之比称为_____。
9. 统计表从表式上看，包括_____、_____、_____和_____四个部分。
10. 某管理局对其所属的工厂，按产值多少进行分组，则其变量是_____，变量值是_____，频数是_____。

四、应用能力训练题

1. 某地区部分工业企业工人人数资料如下：

322 674 339 357 346 295 465 355
332 316 453 442 417 587 369 545
323 430 560 528 333 311 410 604
281 461 432 421 484 473 392 354

请根据上面的数据编制组距为 100 的分布数列，并绘制次数分布条形图。

2. 某班学生统计学考试成绩（分）如下：

93 50 78 85 66 71 63 83 52 95
78 72 85 78 82 90 80 55 95 67
72 85 77 70 90 70 76 69 58 89
80 61 67 99 89 63 78 74 82 88
98 62 81 24 76 86 73 83 85 81

根据上述资料:
(1) 编制组距数列,计算出各组组中值。
(2) 绘制次数分布曲线图,据此分析成绩分布的特点。
(3) 编制累计频数分布表,并回答60分以下及80分以上的人数。

3. 某地区200家企业有关资料如下:

2000人以下的企业中国有企业10家,民营企业5家,合资企业3家;
2000~3000人的企业中国有企业20家,民营企业34家,合资企业4家;
3000~4000人的企业中国有企业15家,民营企业15家,合资企业2家;
4000~5000人的企业中国有企业20家,民营企业15家,合资企业1家;
5000~6000人的企业中国有企业20家,民营企业10家,合资企业1家;
6000人以上的企业中国有企业15家,民营企业10家,合资企业0家。

根据所给资料编制统计表:
(1) 按品质标志分组编制简单分组表;
(2) 按数量标志分组编制变量数列;
(3) 设计复合表。

4. 利用第二章"应用能力训练题5"所搜集的资料:
(1) 按性别分组,编制品质数列。
(2) 按年龄分组,编制单项数列。
(3) 按身高分组,编制组距数列。

5. 根据表3-3第三次、第四次、第五次、第六次人口普查年龄构成资料,试简要分析人口老龄化会产生哪些社会问题?

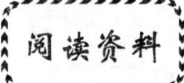

2012年辽宁省国民经济和社会发展统计公报摘要

初步核算,全年生产总值24801.3亿元,按可比价格计算,比上年增长9.5%。其中,第一产业增加值2155.8亿元,增长5.1%;第二产业增加值13338.7亿元,增长9.8%;第三产业增加值9306.8亿元,增长9.9%。三次产业增加值比重为8.7∶53.8∶37.5。人均生产总值56547元,按可比价格计算,比上年增长9.3%。

全年居民消费价格比上年上涨2.8%。其中,城市居民消费价格上涨2.9%,农村居民消费价格上涨2.5%。分类别看,食品类价格上涨4.9%,

烟酒及用品类价格上涨2.3%，衣着类价格上涨2.3%，家庭设备用品及维修服务类价格上涨2.9%，医疗保健和个人用品类价格上涨1.9%，交通和通信类价格上涨0.1%，娱乐教育文化用品及服务类价格上涨1.1%，居住类价格上涨2.8%。全年固定资产投资价格比上年上涨1%，工业生产者出厂价格下降0.1%，工业生产者购进价格下降1%，农产品生产价格上涨6.6%，农业生产资料价格上涨6.9%。

全年公共财政预算收入3103.7亿元，比上年增长17.4%。其中，各项税收2315.6亿元，增长17.3%。在各项税收中，营业税606.5亿元，增长9%；增值税216.7亿元，下降0.7%；企业所得税242.4亿元，增长6.7%；个人所得税60.9亿元，下降20.8%；资源税109.3亿元，增长60.4%。全年公共财政预算支出4550.2亿元，比上年增长16.5%。其中，教育支出727.3亿元，增长33.7%；科学技术支出100.9亿元，增长15.7%；社会保障和就业支出723.3亿元，增长10%；医疗卫生支出199.7亿元，增长9.7%；节能环保支出93.6亿元，增长26.1%；农林水事务支出400.7亿元，增长21.7%。

第四章 综合指标

教学目的和要求

通过对本章的学习，一般了解各种综合指标的概念、作用及种类，理解各种综合指标的特点和应用场合，并熟练掌握各指标计算方法，能做简单的统计分析。

教学内容

1. 总量指标
2. 相对指标
3. 平均指标
4. 标志变异指标
5. 综合指标的运用

第一节 总量指标

从本章开始，进入了统计指标的计算分析阶段。统计分析的方法很多，其中综合指标法是进行统计分析的基础。综合指标法是利用统计指标对现象进行深入分析研究，以揭示所研究现象的特征及规律性的方法。从广义上说，所有的统计指标都可以称为综合指标。根据综合指标数字的表现形式，可将综合指标分为四类基本指标，即总量指标、相对指标、平均指标和标志变异指标。本章对这四种基本的综合指标作详细的介绍。

一、总量指标的意义

总量指标是反映总体的总规模、总水平的指标,是最基本的指标,又称绝对数。例如,2013年全年粮食产量60194万吨,2013年我国财政收入129143亿元;2013年年末我国外汇储备38213亿美元,这些指标都属于总量指标。通过上述总量指标数值的大小,就可以对我国粮食生产、财政收入、外汇储备等情况有一个直观的认识。总量指标数值的大小随总体范围的增减而增减,总体范围大,指标数值就大;总体范围小,指标数值就小。

有时总量指标也表现为同一总体在不同的时间、空间条件下的差额。例如,2013年全年粮食产量60194万吨,比上年增加1236万吨,这一增加量也是总量指标。总量指标作为增加量时,其数值表现为正值;作为减少量时,其数值表现为负值。

总量指标在实际经济生活当中有着重要作用。首先,总量指标是我们认识社会经济现象的起点。了解现象的基本情况一般先从总量开始。例如,要了解2013年我国文化事业的基本情况,通过下列总量指标即可得知:年末全国文化系统共有艺术表演团体2055个,博物馆2638个,全国共有公共图书馆3073个,文化馆3298个。有线电视用户2.24亿户,有线数字电视用户1.69亿户。全年生产电视剧441部15783集,电视动画片199132分钟。全年生产故事影片638部,科教、纪录、动画和特种影片186部。出版各类报纸478亿份,各类期刊34亿册,图书83亿册(张)。年末全国共有档案馆4122个,已开放各类档案12059万卷(件)。

同时,总量指标也是计算其他指标的基础,相对指标和平均指标都是以总量指标为基础计算出来的派生的指标。

请思考

1. 你认为总量指标的意义主要体现在哪里?
2. 人均GDP(国内生产总值)是总量指标吗?为什么?

二、总量指标的种类

1. 总体单位总量和总体标志总量

按反映的总体内容不同,总量指标可分为总体单位总量和总体标志总量。总体单位总量表示的是一个总体内所包含的总体单位总数。也简称为总体总量。比如,以全国普通高校为总体,全国普通高校数就是总体单位总量。又如,以某企业工人为总体,全部工人人数就是总体单位总量。可见,通过总体单位总量可以观察总体的具体规模和水平。要确定总体单位总量,首先要根据统计研究的目的确定总体范围。

总体标志总量,即总体各单位某一数量标志值之和,它是由总体各单位的某一数量标志值相加汇总得到的。例如,研究某企业职工工资情况,全体职工是总体,职工数是总体单位总量,每个职工的工资是数量标志,工资的具体数值是标志值,所有职工的工资总额就是总体标志总量。在一个特定总体内,总体单位总量只有一个,但可以同时并存若干个总体标志总量,从而产生一系列指标(见表4-1)。

表4-1　　　　　　某地区企业发展情况

年份	企业数（个）	职工数（人）	工业增加值（万元）	利润税金（万元）	年末固定资产总值（万元）
2010	120	65800	346700	14650	56870
2011	146	79680	457680	18960	59834
2012	168	87650	564320	20453	82649

　　　　　　总体单位总量　　　　　　总体标志总量

请思考

区分总体单位总量与总体标志总量的意义何在?对于"职工数"这一总量指标,你能判断出它应属于上述哪个范畴吗?为什么?

2. 时期指标与时点指标

按反映的时间状况不同,总量指标可分为时期指标和时点指标。

时期指标是表明社会经济现象在一段时期内发展的总结果。比如,利润总额、国内生产总值、产品销售收入等都是时期指标。时点指标是反映社会经济现象在某一时点(瞬间)上存在的总数量。比如,人口数、储蓄存款余额、商品库存量、在校学生数等都是时点指标。如何判断时期指标和时点指标呢?可以根据表4-2中两个指标的特点来加以判断。

第四章 综合指标

表 4 – 2　　　　　时期指标与时点指标的区别

指标名称	指标特点
时期指标	1. 可加性，即不同时期的指标数值相加具有实际意义 2. 时期指标数值的大小与时期长短有直接关系，时期长指标数值就大；反之就小 3. 时期指标数值是连续登记、累计的结果
时点指标	1. 不可加性，各时点指标数值相加后不具有实际意义 2. 时点指标数值的大小与时点间隔长短无直接关系 3. 时点指标数值是间断计数的

现举例说明时期指标和时点指标的区别。

产品产量是时期指标，将 3 个月的产量相加就是一个季度的产量，将 4 个季度的产量相加就是一年的产量，一年的产量大于一个季度的产量，一个季度的产量大于一个月的产量。同时，月产量是对每天的产量累计得到的，年产量是将 12 个月的产量累计得到的。而储蓄存款余额是时点指标，比如，某储蓄所储蓄存款余额 1 月 1 日为 248 万元，4 月 1 日为 235 万元，12 月 31 日为 436 万元，1 月 1 日至 4 月 1 日间隔 3 个月，指标数值却减少了，而 4 月 1 日至 12 月 31 日间隔 9 个月，指标数值似乎大了，但这是现象发展变化差异的结果，而不是因为时点间隔长短的缘故。如果将各时点上的储蓄存款余额相加汇总，则没有实际意义。由此可见，时期指标和时点指标的主要区别在于指标数值是否具有可加性。

> **❓请思考**
>
> 我国 2012 年全年研究生教育招生 59.0 万人，在学研究生 172.0 万人，毕业生 48.6 万人。普通高等教育本专科招生 688.8 万人，在校生 2391.3 万人，毕业生 624.7 万人。你能通过这几项总量指标简单说明我国高等教育发展的情况吗？

3. 实物指标、价值指标和劳动量指标

按采用的计量形式不同，总量指标可以分为实物指标、价值指标和劳动量指标。

实物指标是按现象的自然属性和物理属性来计量的统计指标。实物单位比较具体形象但缺乏综合性。它具体又分为：自然单位、度量衡单位、双重单位、标准实物单位。

自然单位是根据被研究现象的自然状况来统计其数量的一种计量单位。例如，职工人数以"人"、汽车以"辆"、鞋以"双"为单位等。度量衡单位是按照统一的度量衡制度的规定来度量现象的数量的一种计量单位。例如，煤炭产量以"千克"、布产量以"米"、天然气产量以"立方米"为单位等。双重单位是综合两种或两种以上的实物单位来完全反映现象的实际数量或实际能力的计量单位。例如，发动机以"千瓦/台"、货物的运输周转量以"吨公里"为单位等。标准实物单位是按统一折算的标准实物单位来度量其数量。例如，将发热量不同的煤折合成每千克发热量为29.3076千焦的标准煤来计算产量等。

价值指标是以货币为尺度计量社会财富或劳动成果的统计指标。例如，工资总额、国内生产总额、社会商品零售总额等。价值指标有广泛的概括能力和综合性，但脱离了物质内容，比较抽象。

劳动量指标是以劳动时间作为计量单位的统计指标。例如，工时、工日等。

三、总量指标统计的要求

为保证总量指标的准确性，总量指标统计要做到以下几点：

第一，对总量指标的实质，包括其含义、范围作严格的界定。总量指标的计算，并非单纯的汇总技术问题。有一些总量指标，如人口数、企业数，从表面上看来是比较简单的，但是我们首先要对"工业企业"的含义加以确定，才能统计出准确的工业企业数。又如，我们在计算工业总产值时，就有一个工业概念的确定问题，然后是关于总产值包括的核算范围，最后才能进行正确的统计。

第二，计算实物总量指标时，要注意现象的同类性。实物指标通常是针对物质产品而言的。同类性直接反映产品同样的使用价值和经济内容，这些同名产品无疑是可以综合汇总的。而对于不同类现象我们则不能简单相加汇总，计算其实物指标。比如，简单地把钢、煤、粮、棉等产品进行直接加总是毫无意义的。不过，我们对现象同类性要求不能绝对化，例如，计算货物运输总量时，产品的同类性就不成为计算的条件，因为它只要求通过货物的重量和里程计算货物量和货物周转量。

第三，要有统一的计量单位。在计算实物指标总量时，不同实物单位代表不同类现象，而同类现象又可能因历史或习惯的原因采用不同的计量单位。计算单位不统一，就容易造成统计上的差错或混乱，所以，重要的总量指标的实物单位，应按照全国统一规定的指标目录中的单位计量。

第二节 相对指标

一、相对指标的意义

相对指标又称相对数，是两个有相互联系的现象的数量进行对比的结果。例如，人口的性别比例和年龄构成、人口的出生率和死亡率、人口密度等。相对指标把两个具体数值抽象化，使人们对现象之间所存在的固有联系有较为深刻的认识。相对指标在社会经济领域广泛存在着。借助于相对指标对现象进行对比分析是统计分析的基本方法。

二、相对指标的作用

在统计分析中，相对指标的作用主要表现在以下两个方面：

第一，相对指标为人们深入认识事物发展的质量与状况提供了客观的依据。社会经济现象总是相互联系、相互制约的。我们要分析一种社会经济现象，仅仅利用某一项指标，而不把有关指标联系起来进行比较分析，就难以对事物发展规模的大小、变化速度的快慢、各种比例协调与否有深刻、全面的认识。举例来说，2012年我国全社会固定资产投资额达到374676亿元，仅凭这个指标我们难以对我国全社会固定资产的发展作出分析和评价。我们如果把它同2011年的全社会固定资产进行对比，计算动态相对指标（增长速度），知道比上年增长20.3%，就会认识到我国固定资产投资规模扩大、发展速度较快的状况。

第二，相对指标可以使不能直接对比的现象找到可以对比的基础，从而进行更为有效的分析。例如，我们考察不同类型企业生产经营情况，由于条件不同、产品不同，一般不能用产值指标直接对比，但是，如果都以各自的工人人数、能源消耗和利润指标作为依据，计算劳动生产率、单位产值能耗和产值利润率指标，就可进行比较，找差距，深入分析。

相对指标的表现形式有有名数和无名数两种。

有名数主要用于强度相对指标的表示，即把分子和分母的计量单位结合起来使用。例如，平均每人分摊的粮食产量用公斤/人表示，人口密度用人/平方公里表示等。

无名数,它是一种抽象化的计算单位,多以倍数、系数、成数、百分数或千分数表示。

倍数、系数是将对比的基数定为1而计算出来的相对数。两个指标对比,分子比分母大得多时可用倍数表示,如某企业2013年的利润额是2010年的2倍。分子与分母大小差不多的时候用系数表示,如固定资产折旧系数、投资效果系数等。

成数是将对比的基数定为10而计算出来的相对数。如粮食产量增加了一成,即在原来的基础上增长1/10。

百分数是将基数定为100而计算出来的相对数。它是相对指标最常用的一种表现形式,例如,某企业产值计划完成程度达到103%。

千分数在分子比分母小得多的情况下运用,它是将对比的基数定为1000所计算出来的相对数。例如,人口出生率、死亡率、自然增长率等多用千分数表示。

三、相对指标的计算与分析

由于相对指标的计算方法不同,其作用也不相同,因而,在实际工作中,将相对指标分为结构相对指标、比例相对指标、比较相对指标、强度相对指标、动态相对指标和计划完成程度相对指标。

1. 结构相对指标

结构相对指标是将总体按一定的标志划分为几组,求出各组总量占总体总量的比重,所以,也叫比重指标,用来反映总体内部的构成情况。总体内各组比重之和等于1或100%。结构相对指标的计算公式为:

$$结构相对指标 = \frac{总体中某一部分数值}{总体全部数值} \times 100\%$$

据第六次全国人口普查结果显示我国31个省、自治区、直辖市和现役军人的人口中,男性人口为686852572人,占总人口的51.27%;女性人口为652872280人,占总人口的48.73%,这表明了我国人口的性别构成状况。经济学中著名的恩格尔系数(食物支出占总支出的比重)也属于结构相对指标。由此可见,计算各组结构相对指标可以说明该组在总体中的地位和作用;将不同时间的结构相对指标进行对比,可以说明总体结构变化的过程。

结构相对指标有以下四个特点:第一,计算结构相对指标要与分组法相结合。第二,分子是分母的一部分。第三,各部分比重之和应该等于1或100%。第四,结构相对指标分子分母不能互换。

2. 比例相对指标

比例相对指标是同一总体内不同组成部分的指标数值之比,可以表明总体内部的比例关系。其计算公式为:

$$比例相对指标 = \frac{总体中某一部分指标数值}{总体中另一部分指标数值}$$

例如,2010 年第六次人口普查结果显示,在人口总体中,男性人数与女性人数的比例为 105.2∶100;出生人口性别比为 118.06∶100。还有在科研机构中研究人员、研制人员与辅助人员的比例,农业、轻工业、重工业的比例、积累与消费的比例等,经常地研究、分析这些比例关系,有利于发现和研究社会经济发展的规律。比例相对指标的分子和分母是可以互换的。

> **请思考**
>
> 下列属于结构相对指标的是(   );属于比例相对指标的是(   )。
>
> A. 非公有制经济占 49%
>
> B. 第一、第二、第三产业产值比为 2∶5∶3
>
> C. 第三产业从业人数占 43%
>
> D. 男女性别比为 105∶100

3. 比较相对指标

比较相对指标是同类指标在同一时间不同空间上对比的结果。不同空间可以是不同的国家、不同的城市,不同的单位等。比较相对指标主要用于说明现象发展的不均衡程度和差异程度。其计算公式为:

$$比较相对指标 = \frac{甲空间某项指标数值}{乙空间同类指标数值}$$

例如,甲、乙两商场 2012 年的销售额分别为 4 亿元和 3.2 亿元,则甲商场销售额是乙商场销售额的 1.25 倍。单纯地看这个 1.25 倍,给我们的概念是甲商场的销售额大大高于乙商场,但甲、乙两商场的规模可能相差很大,所以单纯采用总量指标进行对比,往往要受到总体规模大小的影响,不能准确地说明甲、乙两商场销售水平的差异。又如,甲市场的某种蔬菜价格为 4.4 元/千克,乙市场同种蔬菜价格为 4.0 元/千克,则甲市场价格是乙市场价格的 1.1 倍,或乙市场价格是甲市场价格的 0.91 倍。这种利用两个价格(即平均指标)之比来确定的比较相对指标,才能真实反映两个市场价格水平的变动差异。所以,计算比较相对指标,可以用总量指标进行对比,也可以用相对指标和平均指标进行对比,以更准确地反映现象发展的本质差异。

在经济管理工作中,常运用比较相对指标进行同行业各单位的不同指标数值的比较,从而找出差距,为提高经营管理水平提供依据。

4. 强度相对指标

强度相对指标是由两个性质不同但又有密切联系的总量指标对比的结果,用来反映现象的强度、密度和普遍程度。其计算公式为:

$$强度相对指标 = \frac{某一总体的总量指标}{另一性质不同而又有联系的总量指标}$$

强度相对指标的特点在于它是两个不同总体的总量之比。例如,以人口数与国土面积数对比得到的人口密度指标,人口数是以人口为总体计算的总量指标,而国土面积数是以整个国土为总体计算的总量指标,还有人均钢产量、人均粮食产量、人均国内生产总值等。都是两个不同总体的总量之比,就是强度相对指标。

强度相对指标一般用有名数来表示。比如,人口密度单位是人/平方公里,储蓄网点普及程度的单位是个/平方公里。强度相对指标也有用无名数表示的。比如,人口死亡率以千分数表示,流通费用率以百分数表示。

强度相对指标有时分子和分母可以互换,从而形成正、逆指标。正指标越大,逆指标越小,说明其强度、密度、普遍程度越大。比如,每千人拥有的商业机构数,或每个商业机构服务的人数,前者是正指标,越大,表明商业越发达,人民生活越方便;后者是逆指标,越小,表明商业越不发达,人民生活越不方便。

强度相对指标应用广泛,在进行国力比较、地区经济实力比较时都经常使用这一指标。应用这一指标时一定要注意分子分母要有内在联系才可以对比,否则,没有实际意义。

 请思考

1. 以储蓄网点数与土地面积数对比得到的储蓄网点普及程度属于强度相对指标,你能说明储蓄网点数与土地面积数分别属于哪两个总体吗?

2. 2013 年某地区有医院、卫生院 223 个,医生 1.02 万人,医院病床数 1.41 万张,人口 412 万人,试计算强度相对指标。

5. 动态相对指标

动态相对指标又称发展速度，它是同一指标在不同时间上对比的结果，说明同类现象在不同时间上的发展程度。其计算公式为：

$$动态相对指标 = \frac{报告期指标数值}{基期指标数值}$$

例如，2013 年某地区固定资产投资 5511 亿元，2012 年固定资产投资 4820 亿元，2013 年是 2012 年的 114.34% $\left(\frac{5511}{4820} \times 100\%\right)$，比上年增长 14.34%。

6. 计划完成程度相对指标

计划完成程度相对指标是某一时期的实际完成数与计划任务数对比的结果，用来反映计划的完成情况。在实际工作中，按期检查计划的执行情况，对于加强经济管理、促进经济发展有着重要意义。计划完成程度相对指标也是各行各业检查计划执行情况的一个通用指标，通常用百分数表示，所以也叫计划完成百分比。

其基本计算公式为：

$$计划完成程度相对指标 = \frac{实际完成数}{计划任务数} \times 100\%$$

公式中的分母是上级下达的计划任务指标，分子是实际完成的指标，计划完成程度相对指标是用于衡量计划完成情况的标准，所以公式中的分子和分母不得互换，而且分子和分母的指标含义、计算口径和方法、计量单位及时间和空间范围应保持一致。

计划完成程度相对指标表明实际比计划完成的情况，分子数值减分母数值表明计划执行的绝对结果。计划完成程度相对指标具体的经济含义要根据实际经济内容而定。由于经济现象的特点不同，因而在下达计划任务时，计划指标可能表现为总量指标，也可能表现为相对指标或平均指标。下面举例说明不同情况下的计划完成程度相对指标的计算方法。

当计划任务以总量指标或平均指标下达时，计划完成程度相对指标的计算方法就是将实际完成数与计划任务数直接对比。

例 4-1 某商场第四季度计划销售额为 6800 万元，实际销售额为 7500 万元，则该公司第四季度计划完成程度为 110.29% $\left(\frac{7500}{6800} \times 100\%\right)$。这个相对数表明实际比计划超额完成了 10.29%，超额完成销售额 700 万元 (7500 万元 - 6800 万元)。

例 4-2 某企业的某种产品计划平均单位成本为 1200 元/件，实际平均单位成本为 1326 元/件，则该种产品平均单位成本计划完成程度为 110.5% $\left(\frac{1326}{1200} \times 100\%\right)$，表明实际比计划还差 10.5%，即没有完成计划。

当计划任务以相对指标下达时，计划任务的具体表现形式不同，计算计划完成程度相对指标的方法也不相同。公式如下：

增长计划：

计划完成程度相对指标 = $\frac{1 + X_{实}}{1 + X_{计}} \times 100\%$

降低计划：

计划完成程度相对指标 = $\frac{1 - X_{实}}{1 - X_{计}} \times 100\%$

例 4-3 某公司劳动生产率计划 2013 年比 2012 年提高 8%，而实际提高 10%，则劳动生产率的计划完成程度相对指标 = $\frac{1 + 10\%}{1 + 8\%} \times 100\%$ = 101.85%，结果表明该公司的劳动生产率超额完成计划 1.85%。又如，某种产品的单位成本计划规定下降 4%，实际下降 6%，则单位成本的计划完成程度 = $\frac{1 - 6\%}{1 - 4\%} \times 100\%$ = 97.92%，结果表明产品单位成本实际比计划规定下降了 2.08%。

同样是计划完成程度相对指标，表示成本、费用等越低越好的指标，计划完成程度相对指标小于 100% 说明超额完成计划；表示收入、利润等越高越好的指标，计划完成程度相对指标应大于 100% 说明是超额完成计划。

实际工作中，有时也采用实际提高（或降低）百分数与计划提高（或降低）百分数相减的办法，但相减的结果代表的含义却与前述方法计算的结果含义不同，它以百分点表示。如上例中，说明实际劳动生产率比计划提高 2 个百分点（即 10% - 8% = 2%）；实际单位成本比计划降低 2 个百分点（即 6% - 4% = 2%）。

相对指标在实际应用中，要注意两个问题：

第一，相对指标的分子和分母必须可比。可比是指内容要相同、总体范围要一致，不能将不可比的两个指标强行凑到一起进行对比。例如，比较两个公司的劳动生产率水平的高低，那么劳动生产率的计算口径就应保持一致才可以对比。如果甲公司的劳动生产率是产量与全体职工人数的对比，而乙公司的劳动生产率却是产量与工人人数的对比，那么这两个公司的劳动生产率就是不可比的。

第二,要将相对指标与总量指标综合运用。这一点在进行统计分析时尤其重要,因为总量指标说明现象总体的绝对数量,受总体规模大小的影响,不便于不同总体之间的比较。而相对指标将现象的绝对水平抽象化了,又不能说明现象的绝对差异。所以,要把总量指标与相对指标综合运用,既要看到现象的绝对水平,也要分析现象的变化程度,以便更深入地认识现象。

 小测试

表4-3是某企业三个车间的生产情况,运用所学的统计指标,正确评价各车间的生产质量。

表4-3　　　　　　　某企业三个车间的生产情况

车间	产量(件)	废品量(件)	废品率(%)
一车间	800	4	0.50
二车间	300	3	1.00
三车间	1600	10	0.63

第三节　平均指标

一、平均指标的意义

1. 平均指标的概念

平均指标又称平均数,是反映现象总体各单位某一数量标志值在一定时间、地点条件下所达到的一般水平的综合指标。平均指标能够反映总体内部的一般分布特征,是社会经济现象中最常用的一种综合指标。

例如,我们经常计算的某班某门课的平均成绩,就是全班同学的一般水平。在全班同学总体中,每位同学是总体单位,成绩的具体分数是标志值,大家成绩参差不齐,各不相同,如何反映全班同学的总体水平?平均分数是全班同学成绩的一般水平,最具代表性。经计算,用平均分数(假定 80 分）来反映。

再如，要研究一个企业工人的工资情况，企业中每个工人的工资是不等的，彼此之间存在差异，我们不能以其中一名工人的工资来代表全部工人工资的水平，要反映整个企业工人的收入水平，应该计算出平均工资，用工人的平均工资来代表。

由以上简单分析得知，平均指标具有三个显著特点：①它是一个代表性数值，可以代表总体的一般水平；②它将总体单位间数量差异抽象化；③它反映总体分布的集中趋势。

2. 平均指标的作用

由于平均指标能够综合反映某种社会经济现象总体在一定条件下的一般水平，因而应用很广，其作用主要表现在以下几个方面：

（1）利用平均指标，可以概括说明总体的一般水平。平均指标是把一个总体内各单位的数量差异抽象化了，用一个指标数值可说明总体的数量的大小。例如，用某市职工年平均工资 23000 元来反映该市职工的收入水平，它具有高度的综合性和概括能力，给人以鲜明、深刻的印象。

（2）利用平均指标，可以对同一现象在不同空间进行比较分析。对于不同国家、不同地区、不同单位的同类现象的水平，由于其总体的大小可能不同，通常不能直接进行总量比较分析，通过计算平均指标能将不能直接比较的现象，变为可以比较的现象。通过对比，可以反映出现象之间在空间上的差异性。

例 4-4 2013 年我国甲、乙两个大城市的国际旅游外汇收入和国际旅游业从业人数情况如表 4-4 所示。

表 4-4　　　　　甲、乙两城市国际旅游业基本情况比较表

城市	国际旅游外汇收入（万美元）(1)	国际旅游业从业人数（人）(2)	人均创外汇（万美元/人）(3) = (1)/(2)
甲城市	238400	185080	1.288
乙城市	121791	76238	1.600

表 4-4 中资料说明，从总量指标"国际旅游外汇收入"上来看，甲市高于乙市，但是如果从"人均创外汇"这一平均指标来看，则乙市要高于甲市 0.312 万美元/人（1.600-1.288），这个结果表明，乙市创外汇能力和效果优于甲市。

（3）利用平均指标，可以对同一现象在不同时间进行比较分析。现象

总是在不断发展变化的,利用平均指标,可以研究某一总体在时间上的变化,反映总体发展的过程及其发展变化的趋势。例如,为反映改革开放30多年来,我国城镇居民生活水平的提高,可以通过30多年之间职工平均工资,在不同时间上的发展趋势或变动规律来揭示;同时,还可以通过将现在职工的平均工资水平,与改革开放前30多年的平均工资水平进行比较分析,从而显示出不同年代之间的巨大差异。正因为如此,平均指标可以消除因总体范围不同而带来的总体数量差异,使不同规模的总体具有可比性。

(4) 利用平均指标,可以分析现象之间的依存关系。在对现象总体进行分组的基础上,运用平均指标可以分析现象之间的依存关系。例如,在对企业按劳动生产率高低进行分组的基础上,可以通过计算各组的平均工资水平和各组的平均劳动生产率,反映劳动生产率与工资水平之间的依存关系。

(5) 利用平均指标,可以进行数量上的估算。对社会经济现象的总量指标进行数量推算时,可采用科学的方法,利用由某一标志值计算出的平均指标来估算未知总体的平均指标或者推算总体的标志总量。例如,通过某地区牛奶的平均消费量,可以推断本地区牛奶的消费总量。

> **请思考**
> 举实例说明平均指标的作用。

3. 平均指标的分类

(1) 根据平均指标反映的内容不同,可以把平均数分为静态平均数和动态平均数。凡是反映在同一时间范围内总体各单位某一数量标志一般水平的平均数称为静态平均数;凡是反映不同时间同一总体某一指标一般水平的平均数称为动态平均数。本章只介绍静态平均数,本章所称的平均指标都是指静态平均数,故又称其为一般平均数。

(2) 根据平均指标计算方法的不同,可以把平均数分为数值平均数和位置平均数。凡是根据总体各单位标志值计算的平均数,称为数值平均数,主要常见的有算术平均数、调和平均数和几何平均数等;凡是根据总体标志值在分配数列中的位置确定的平均数,称为位置平均数,常见的位置平均数有众数和中位数。

二、数值平均数的计算与分析

1. 算术平均数的计算

算术平均数是平均指标中最重要的一种。算术平均数是分析社会经济现象一般水平和典型特征的最基本最常用的一种平均指标。基本的计算形式是用现象总体各单位标志值的总和与总体单位总量对比计算出来的。一般不加特别说明时，所称的"平均数"都是指算术平均数，用公式表示为：

$$算术平均数 = \frac{总体标志总量}{总体单位总量}$$

例如，某企业某月职工工资总额为 420000 元，职工总人数为 200 人，则该企业该月职工的平均工资为：

$$\frac{420000}{200} = 2100（元）$$

依据基本公式计算算术平均数时，因资料的不同可分为简单算术平均数和加权算术平均数两种。

（1）简单算术平均数的计算。如果掌握了总体中各单位的标志值，则先把各标志值简单相加得出总体标志总量，再除以总体单位总数，就得出简单算术平均数。

简单算术平均数是在资料没有分组时求出的平均数。其计算公式为：

$$\bar{x} = \frac{x_1 + x_2 + x_3 + \cdots + x_n}{n} = \frac{\sum x}{n}$$

式中：$\bar{x}$——算术平均数；

$\sum$——总和；

x——各单位标志值；

n——总体单位数。

例 4-5 已知某系有 5 个专业，5 个专业学生数分别 260 人、262 人、258 人、270 人、220 人，则平均每个专业的人数为：

$$平均每专业人数 = \frac{260 + 262 + 258 + 270 + 220}{5} = 254（人）$$

需要说明的是，算术平均数基本公式中的子项（标志总量）与母项（单位总数）的口径必须保持一致。也就是说，各标志值与各单位之间必须具有一一对应的关系，属于同一总体，否则，就不具备计算算术平均数的条件。因为，只有在二者完全对应的情况下，通过对比才能反映出所研究现象的一般水平，并且分子、分母不能颠倒。这一点也正是算术平均数与强度相对指标的重要区别。强度相对指标分子、分母是两个不同的总体的总量指标，分子分母不是一一对应的关系，且分子、分母颠倒有意义，它有正、逆指标之分。

> **请思考**
> 1. 人均创外汇 = 国际旅游外汇收入／国际旅游业从业人数
>   人均外汇收入 = 国际旅游外汇收入／人口总数
>   这两个指标有什么不同？
> 2. 概括平均指标与强度相对指标的区别是什么？
> 3. 以下指标属于平均指标还是强度相对指标？为什么？
>   A. 每百户居民拥有电话机的数量　　B. 人均粮食产量
>   C. 人口密度　　　　　　　　　　　D. 粮食平均亩产量
>   E. 从业人员平均劳动报酬　　　　　F. 人均粮食消费量

（2）加权算术平均数的计算。当变量值已经分组，且各个标志值出现的次数不相同时，就不能采用简单算术平均法计算其平均值。这时要采用加权法计算，即用各组的标志值乘以各组的次数得出各组的标志总量，再加总得出总体标志总量。同时把各组单位数相加得出总体单位总数，然后再用总体标志总量除以总体单位总数就得出加权算术平均数。计算公式为：

$$\bar{x} = \frac{x_1 f_1 + x_2 f_2 + x_3 f_3 + \cdots + x_n f_n}{f_1 + f_2 + f_3 + \cdots + f_n} = \frac{\sum xf}{\sum f}$$

式中：f——各组单位数（权数）；

　　　x——各组变量值。

例 4 - 6　某商场食品部有16名职工，按日销售额分组，得到如下分组资料（见表4－5），试根据此资料计算职工平均日销售额。

表4－5　　　　某商场食品部职工日销售额资料及其计算表

按日销售额分组（元） x	职工人数（人） f	各组职工日销售额（元） xf
2200	2	4400
2600	3	7800
2800	4	11200
3000	5	15000
3200	2	6400
合计	16	44800

根据表 4-5 资料,计算平均日销售额如下:

$$\text{平均日销售额} = \frac{\text{日销售总额}}{\text{职工总数}} = \frac{\sum xf}{\sum f}$$

$$= \frac{2200 \times 2 + 2600 \times 3 + 2800 \times 4 + 3000 \times 5 + 3200 \times 2}{2+3+4+5+2}$$

$$= \frac{44800}{16}$$

$$= 2800 \text{(元)}$$

该计算公式表明,平均数的大小,不仅取决于总体各单位的标志值的大小,而且还受到单位标志值出现次数的影响。所以,式中的"f"在此起着"权衡轻重"的作用,故统计学中将其称为权数,将以上计算方法称为加权算术平均法。

计算加权算术平均数时需要注意:

1)权数的引入。通过前面的计算不难发现,简单算术平均数的大小,只受一个因素即变量值本身大小的影响,当变量值的水平较高时,则平均数就较大;反之,则平均数就较小。加权算术平均数的大小,却同时受两个因素的影响,一是变量值本身,二是各个变量值出现的次数。

2)权数的作用。变量值出现的次数对加权算术平均数的大小起着权衡轻重的作用,平均数往往靠近次数最多的那个变量值,故把次数又称为权数。如前述的例子就很明显,权数大的变量值对平均数的影响就大,权数小的变量值对平均数的影响就小。

3)权数的选择。在计算加权算术平均数时,权数的选择必须慎重考虑,选择权数的原则是,务必使各组的标志值与其乘积等于各组的标志总量,并具有实际经济意义。在分配数列条件下,一般来说,次数就是权数。但也有例外的情况,特别是用相对数或平均数计算加权算术平均数时,要特别加以注意。

4)权数的实质。权数对算术平均数的影响,不是决定于权数本身数值的大小,而是决定于权数比重的大小。权数比重是指作为权数的各组单位数占总体单位数的比重,也叫权数系数。单位数所占比重大的组,其变量值对平均数的影响就大;反之影响就小(见下式):

$$\bar{x} = \frac{\sum xf}{\sum f} = \sum x \cdot \frac{f}{\sum f}$$

式中:$\frac{f}{\sum f}$ —— 权数比重。

第四章　综合指标

例 4-7　仍以表 4-5 资料为例,据此计算职工平均日销售额。

表 4-6　　　　某商场食品部日销售额资料及其计算表

日销售额（元）x	职工人数（人）f	人数比重（%）$\dfrac{f}{\sum f}$	$x \cdot \dfrac{f}{\sum f}$
2200	2	12.50	275.0
2600	3	18.75	487.5
2800	4	25.00	700.0
3000	5	31.25	937.5
3200	2	12.50	400.0
合计	16	100.00	2800.0

由表 4-6 得:

$$\bar{x} = \sum x \cdot \dfrac{f}{\sum f} = 2800（元）$$

与例 4-6 采用 $\bar{x} = \dfrac{\sum xf}{\sum f}$ 计算的结果完一样。

简单算术平均数与加权算术平均数两者之间具有内在联系。加权算术平均数公式是算术平均数的代表公式,简单算术平均数公式只是加权算术平均数当权数都相等时的一个特例。

另外,如果掌握了组距数列资料,也可以计算加权算数平均数。

例 4-8　以表 4-5 资料为例,计算加权算术平均数。

表 4-7　　　某商场食品部职工日销售额资料及计算表

| 按日销售额分组（元） | 职工人数（人） | | 组中值 | 组中值×比重 |
	权　数 f	权数比重 $\dfrac{f}{\sum f}$	x	$x \cdot \dfrac{f}{\sum f}$
2000~2500	2	0.1250	2250	281.250
2500~3000	7	0.4375	2750	1203.125
3000~3500	7	0.4375	3250	1421.875
合　计	16	1.0000	—	2906.250

— 99 —

由表 4-7 计算得：$\bar{x} = \sum x \cdot \dfrac{f}{\sum f} = 2906.25(元)$

由此可见，用组距数列计算加权算术平均数时，是用各组距的组中值来代替各组标志值的实际水平来计算的。如表 4-7 中的 2250 元、2750 元、3250 元就分别代表了 2000~2500 元、2500~3000 元、3000~3500 元各组的平均值。但是这种计算方法有一个假定条件，即假定各组标志值在组内是均匀分布的。实际上，各单位标志值在组内严格均匀分布是不多见的，组中值同该组标志值的平均值间总会存在一定的误差，导致用组中值计算的加权算术平均数也会存在一定的误差。组距越小，组中值同该组标志值的平均值就越接近，用组中值计算的加权算术平均数的误差也就越小；反之，误差就会大些。

 请思考

1. 举例说明权数具有什么性质与作用？
2. 举例说明如何根据实际问题的需要确定合理的权数？
3. 下列可应用加权算术平均法计算平均数的有（　　）。
①由各营业员的工资额求平均工资
②由营业员按工资分组的变量数列求平均工资
③由工资总额及营业员总数计算平均工资
④由各产品等级及各级产品产量求平均等级

（3）算术平均数的基本数学性质。

1）算术平均数与权数和的乘积等于各标志值与权数乘积的总和，即：

对于未分组资料：$n\bar{x} = \sum x$

对于已分组资料：$\bar{x} \sum f = \sum xf$

这个性质说明，算术平均数是所有标志值的代表数值，根据算术平均数与权数之和，就可以推算出总体标志总量。

2）各标志值与其算术平均数的离差之和恒等于零。即：

对于未分组资料：$\sum (x - \bar{x}) = 0$

对于已分组资料：$\sum (x - \bar{x})f = 0$

3) 所有标志值与算术平均数的离差平方和为最小值。即：

对于未分组资料：$\sum (x - \bar{x})^2 = $ 最小值

对于已分组资料：$\sum (x - \bar{x})^2 f = $ 最小值

2. 调和平均数的计算

调和平均数是各标志值倒数的算术平均数的倒数，故又称为倒数平均数。一般有简单调和平均数和加权调和平均数两种形式。

（1）简单调和平均数的计算。简单调和平均数是变量值倒数的简单算术平均数的倒数。在各标志值相应的标志总量均为一个单位的情况下求平均数时，用简单式。其计算公式为：

$$\bar{x}_h = \cfrac{n}{\cfrac{1}{x_1} + \cfrac{1}{x_2} + \cfrac{1}{x_3} + \cdots + \cfrac{1}{x_n}} = \cfrac{n}{\sum \cfrac{1}{x}}$$

式中：$\bar{x}_h$——调和平均数；

x——各变量值；

n——项数。

例 4-9 某种水果在三个超市里的价格每斤分别为 1.80 元、2.00 元、2.30 元，若各买一元钱这种水果，求该种蔬菜的平均价格。

将有关数字代入简单调和平均数公式，得到该种水果在三个超市中的平均价格为：

$$\bar{x}_h = \cfrac{n}{\sum \cfrac{1}{x}} = \cfrac{3}{\cfrac{1}{1.80} + \cfrac{1}{2.00} + \cfrac{1}{2.30}} = 2.01 (元/斤)$$

（2）加权调和平均数的计算。加权调和平均数是变量值倒数的加权算术平均数的倒数。在实际工作中各标志值相应的标志总量往往是不等的，在这种情况下求平均数时必须应用加权调和平均数，其计算公式为：

$$\bar{x}_h = \cfrac{m_1 + m_2 + m_3 + \cdots + m_n}{\cfrac{m_1}{x_1} + \cfrac{m_2}{x_2} + \cfrac{m_3}{x_3} + \cdots + \cfrac{m_n}{x_n}} = \cfrac{\sum m}{\sum \cfrac{m}{x}}$$

式中：m——各组标志总量；

x——各组标志值；

$\sum m$——总体标志总量。

例 4-10 某食堂购进某种蔬菜，相关资料见表 4-8，求该种蔬菜的平均价格。

表4-8　　　　　　　某种蔬菜价格资料及计算表

时间	价格（元/斤） x	购买金额（元） m	购买数量（斤） f = m/x
早	1.0	10.00	10.0
午	1.2	15.00	12.5
晚	1.1	20.00	18.1
合计	—	45.00	40.6

根据表4-8中资料，计算该食堂购进该种蔬菜的平均价格为：

$$\bar{x}_h = \frac{\sum m}{\sum \frac{m}{x}} = \frac{10+15+20}{40.6} = \frac{45.00}{40.6} = 1.10(元/斤)$$

通过上例计算，可以看出，加权调和平均数实质上是加权算术平均数的一种变换形式，它们的关系为：

$$\bar{x}_h = \frac{\sum m}{\sum \frac{m}{x}} = \frac{\sum xf}{\sum \frac{xf}{x}} = \frac{\sum xf}{\sum f} = \bar{x}$$

由此可见，加权调和平均数与加权算术平均数，只是计算形式上的不同，其经济内容是一致的，都是反映总体标志总量与总体单位总数的比值。在计算平均数时，可以根据掌握的资料不同，选择加权算术平均数或加权调和平均数。

> **请思考**
>
> 　　加权算术平均数和加权调和平均数计算方法的选择，应根据已知资料的情况来确定，以下叙述哪些是正确的？（　　　　）
> 　　①如已知基本公式的分母用加权算术平均数计算
> 　　②如已知基本公式的分子用加权算术平均数计算
> 　　③如已知基本公式的分母用加权调和平均计算
> 　　④如已知基本公式的分子用加权调和平均数计算

下面通过实例来说明加权算术平均数与加权调和平均数的应用。

1）由组相对数计算总平均数。以计划完成程度相对指标为例，当掌握的资料为实际完成资料时,求平均计划完成程度,应采用加权调和平均数计算;当掌握的资料为计划数时,应以计划数作为权数,采用加权算术平均数计算。

例 4-11 某集团下属三个企业,2013 年计划收入分别为 300 万元、260 万元、240 万元,计划完成程度分别为 102%、107%、109%,求平均计划完成程度。

由于计划完成百分比等于实际完成数与计划任务数对比,因而,平均计划完成百分比等于实际完成总数与计划完成总数对比。

根据掌握的资料,平均计划完成程度应采用以计划收入为权数的加权算术平均法来计算,如表 4-9 所示。

表 4-9　　　　某集团三个企业计划完成资料及计算表

企业	计划完成（%） x	计划收入（万元） f	实际收入（万元） xf
甲	102	300	306.0
乙	107	260	278.2
丙	109	240	261.6
合计	—	800	845.8

$$\bar{x} = \frac{\sum xf}{\sum f} = \frac{845.8}{800} \times 100\% = 105.73\%$$

计算平均计划完成程度为:
即三个企业平均超额完成 5.73%。

但是,如果掌握的资料是实际数,而不是计划数,就不能用加权算术平均数公式计算,而要采用以实际收入为权数的加权调和平均数公式计算(见表 4-10)。

表 4-10　　　某集团三个企业计划完成资料及计算表

企业	计划完成（%） x	实际收入（万元） m	计划收入（万元） $f = m/x$
甲	102	306.0	300
乙	107	278.2	260
丙	109	261.6	240
合计	—	845.8	800

由表 4-10 中资料计算，平均计划完成程度为：

$$\bar{x}_h = \frac{\sum m}{\sum \frac{m}{x}} = \frac{845.8}{800} \times 100\% = 105.73\%$$

同一份资料，掌握的已知条件不同，但计算结果是一样的。

2) 由组平均数计算总平均数。以计算工业企业生产工人劳动生产率为例，如果所掌握的资料是各车间的生产工人劳动生产率及其产值资料，那么计算该企业的平均生产工人劳动生产率时应采用加权调和平均数法计算；如果所掌握的资料是各车间的生产工人劳动生产率及其生产工人人数，那么计算该企业的平均生产工人劳动生产率时应采用加权算术平均数法计算。

例 4-12 现以 2013 年某工业企业的相关指标数值为例，分别采用加权调和平均数法和加权算术平均数法计算平均生产工人劳动生产率（资料见表 4-11）。

表 4-11　　　　2013 年某国有工业企业有关资料

按劳动生产率分组（万元/人）	工业增加值（万元）
2~4	744
4~6	590
6~8	1148
8~10	1143
合计	3625

根据表 4-11 资料可采用加权调和平均数法计算平均生产工人劳动生产率，如表 4-12 所示。

表 4-12　　　　2013 年平均生产工人劳动生产率计算表

按劳动生产率分组（万元/人）	组中值 x	工业增加值（万元）m	生产工人数（人）$f = m/x$
2~4	3	744	248
4~6	5	590	118
6~8	7	1148	164
8~10	9	1143	127
合计	—	3625	657

将表 4-12 中的数字代入公式，可得平均生产工人劳动生产率为：

$$\bar{x}_h = \frac{\sum m}{\sum \frac{m}{x}} = \frac{3625}{657} = 5.52(万元/人)$$

此例中，如果所掌握的资料不是工业增加值，而是生产工人数，如何计算平均生产工人劳动生产率？

此时可将生产工人数作为权数，采用加权算术平均数法计算平均生产工人劳动生产率（见表 4-13）。

表 4-13 　　　　　2013 年平均生产工人劳动生产率计算表

按劳动生产率分组 （万元/人）	组中值 x	生产工人数（人） f	工业增加值（万元） xf
2~4	3	248	744
4~6	5	118	590
6~8	7	164	1148
8~10	9	127	1143
合计	—	657	3625

将表 4-13 中的数值代入加权算术平均数公式，可得：

$$\bar{x} = \frac{\sum xf}{\sum f} = \frac{3625}{657} = 5.52(万元/人)$$

由上述分析计算可知，采用加权算术平均数还是采用加权调和平均数主要取决于所掌握的资料。

三、应用数值平均数时需注意的问题

1. 平均指标必须应用于同质总体

同质总体，即性质相同的总体，这是计算与应用平均指标的前提条件和基本原则。如果各单位在类型上性质不同，那么，这样的平均数不仅不能反映事物的本质和内在规律性，而且还会歪曲事物的本质，掩盖事实真相，即使算出平均数的数值，也只能是"虚构的"、"不真实"的。例如，在研究农村中农民收入水平的变化时，如果把农村中长期在外打工和长期从事非农业生产劳动，如从事工业、建筑业、商业的人员的收入与农民的收入合在一起来求"农民的收入"（因为两者的收入无论是在构成上还是在使用的性质上，都存在着显著的差异），那么，平均的结果就不能反映

农民真实收入的变化。只有在同质总体的基础上计算和应用平均指标，才有真实的社会经济意义。

2. 注意用组平均数补充说明总平均数

平均指标反映了总体各单位某一数量标志值的一般水平，但却掩盖了各组之间的差异。总体各组之间及各组之内的差异往往影响总体的特征和分布规律，各组结构变动也会对总体变动产生影响。为了全面认识总体的特征和分布规律，需要将平均指标与统计分组结合起来，用组平均数补充说明总平均数。

例 4 – 13 表 4 – 14 为某中学教师月工资收入资料。

表 4 – 14 　　　　某中学教师的月工资收入资料

按职称分组	工资收入（元）		人数（人）	
	2011 年	2012 年	2011 年	2012 年
高级	2780	2860	90	60
一级	2340	2390	200	100
二级	1260	1300	180	300
初级	1090	1200	115	125
合计	—	—	585	585

利用加权算术平均法算得，该高校教师 2012 年的月总平均工资收入为 1624.96 元，比 2011 年的总平均工资收入 1829.66 元降低了 204.7 元。但实际上，从按职称的分组资料来看，不论是高职称还是低职称，2012 年的工资收入都比 2011 年有显著提高，结果出现了与总平均数相反的结论。之所以出现这种矛盾的结果，原因在于这两年各职称人数的结构发生了变化，2012 年高职称、高收入的人数占 27.35%，较 2011 年同职称的人数低 22.22%；而 2012 的中、低职称人数所占的比重则由 50.43% 上升为 72.65%。正是由于这种权重结构的变化，导致出现了两种平均数的矛盾结果。因此，将总平均数与组平均数结合起来进行分析，正确的评价是 2012 年的月平均工资收入水平高于 2011 年的水平。

3. 注意用分配数列补充说明平均数

平均数的重要特征是把总体各单位的数量差异抽象了，掩盖了各单位的数量差别及其分布情况。因此，需要用分配数列补充说明平均数。

例 4 – 14 甲、乙两组工人的日产量资料如表 4 – 15 所示。

表4-15　　　　　　　　甲、乙两班组日产量情况表

甲组		乙组	
日产量（件）	工人人数（人）	日产量（件）	工人人数（人）
3	1	3	0
4	1	4	1
5	5	5	8
6	3	6	1
合计	10	合计	10

根据表4-15中资料分别采用加权算术平均法，得知甲、乙两组工人的平均日产量相等，都是5件。但是，这两组的产量分布却明显不同，甲组日产量的整个分布偏低，乙组日产量的整个分布偏高。甲组日产量低于平均水平的占20%，而乙班组仅占10%。分布结构的这种变化，反映了事物内部的差异。这种差异单从总体平均数还不足以看清楚，必须结合分配数列的分析和观察才能有效地反映出来。

四、位置平均数的计算

根据标志值在数列中的位置计算出来的平均数叫位置平均数，位置平均数有众数和中位数。

1. 众数

（1）众数的概念。众数是指总体中出现次数最多的标志值。它是总体中最常遇到的变量值，是最普遍的、一般的标志值。用众数可以表明某一社会经济现象的一般水平或集中趋势。

在实际工作中，众数是运用较广泛的。例如，要说明消费者需要的服装、鞋帽等的普遍尺码，集市贸易市场某种蔬菜的价格等，都可以通过市场调查、分析，了解哪一尺码的成交量最大，哪一价格的成交量最多，人们的这种一般需求，即为众数。

（2）众数的确定。

1）根据单项数列确定众数。在单项数列情况下，确定众数比较简单，只需通过观察找出次数出现最多的那个标志值即可。这里重点介绍根据组距数列如何确定众数。

2）根据组距数列确定众数。根据组距数列确定众数，需采用插补法。一般步骤是：先确定众数组，然后计算众数的近似值。

例 4-15 某地区职工家庭人均月收入资料如表 4-16 所示。

表 4-16 2013 年某地区职工家庭人均月收入资料表

人均月收入（元）	家庭数（户）
1500 以下	260
1500~1600	660
1600~1700	1800
1700~1800	3200
1800~1900	2000
1900~2000	1000
2000~2100	800
2100~2200	600
2200 以上	400
合计	10720

从表 4-16 中的家庭户数列可知，家庭户数最多的是 3200 户，它所对应的人均月收入为 1700~1800 元。因此，1700~1800 元人均月收入组就是众数组，它反映了人均月收入的一般水平。然后利用下限公式和上限公式计算众数的近似值。

下限公式：$M_0 = L + \dfrac{\Delta_1}{\Delta_1 + \Delta_2} \times i$

上限公式：$M_0 = U - \dfrac{\Delta_2}{\Delta_1 + \Delta_2} \times i$

式中：M_0——众数；
　　　U——众数组的上限；
　　　L——众数组的下限；
　　　Δ_1——众数组次数与下（小）一组次数之差；
　　　Δ_2——众数组次数与上（大）一组次数之差。

根据表 4-16 中资料，将有关数字代入公式，得到众数的近似值：

$M_0 = 1700 + \dfrac{1400}{1400 + 1200} \times 100 = 1753.85$（元/月）

> **？请思考**
>
> 如何根据例4-15资料上限公式确定众数?

（3）影响众数的因素。由于众数是根据变量值出现的次数确定的,不需要通过全部变量值来计算,因而称为位置平均数,它具有不受极值和开口组影响的特点。

需要说明的是,在确定众数时,需要满足以下两个前提：①总体单位数较多。若总体单位数不多,虽然可以从中得到一个具有较大频率的数值,但其价值并不一定具有"最普遍值"的意义。②次数分布具有明显的集中趋势。若数列中各个数据出现的频率都差不多,则所得到的"众数"缺乏代表性。

2. 中位数

（1）中位数的概念。中位数是指各单位标志值按大小顺序排列后,处于中间位置的那个标志值。由于它的位置居中,其数值不受极端数值的影响,所以也能表明总体标志值的集中趋势,代表现象的一般水平。

（2）中位数的确定。根据掌握资料的不同,中位数的计算方法有两种。即由未分组资料确定中位数和由分组资料确定中位数。

1）根据未分组资料确定中位数。根据未分组资料确定中位数,首先要将掌握的资料,按标志值由大到小的顺序或由小到大的顺序进行排列,先确定中位数所在的位置,与这个位置相对应的标志值即为中位数。即：

$$中位数位置 = \frac{n+1}{2}$$

如果标志值的项数是奇数,那么中间位置的那个标志值,就是中位数。例如,某学院会计专业某班有7名男生,他们期末英语考试成绩按顺序排列如下：68分、72分、75分、77分、81分、84分、88分,则中位数所在位置为第4位［(7+1)/2］,第4位所对应的标志值,即77分就是中位数,它代表了这7名男生英语考试的一般水平。

如果标志值的项数是偶数,那么处于中间位置左右两边的标志值的算术平均数,就是中位数。假如上述班级还有1名男进修生,期末该班男生英语成绩按顺序排列为68分、72分、75分、76分、77分、81分、84分、88分,则中位数位置为第4.5位［(8+1)/2］,则中位数为76.5分［(76+77)/2］,即第4位和第5位对应的标志值的算术平均数。

2）根据已分组资料确定中位数。分组后形成单项数列和组距数列,下面分别阐述确定中位数的方法。

一是根据单项数列确定中位数。根据单项数列确定中位数,首先要考虑标志值的分布情况,按一定方法计算累计次数。计算累计次数的方法有向上累计和向下累计两种方法。当标志值是按从小到大的顺序排列时,前者是指向上累计,后者是指向下累计;相反,当标志值是按从大到小的顺序排列时,前者是指向下累计,后者是指向上累计。

例4-16 某学院2012~2013学年度共有30名学生获得奖学金,其分布情况如表4-17所示。

表4-17　　　　　学生奖学金分布情况及计算表

分组（元）	人数（人）	人数累计（人）	
		向上累计	向下累计
300	3	3	30
500	6	9	27
800	8	17	21
1000	7	24	13
1500	6	30	6
合计	30	—	—

由表4-17中资料计算中位数位置为：30/2=15（人）

中位数在第15人的位置上。无论是向上累计还是向下累计,所选择的对应数值都应是含15人的最小数值。表4-17中的17和21符合这一要求,它们对应的都是第三组,即800元就是中位数。

二是根据组距数列确定中位数。根据组距数列确定中位数相对比较复杂。

例4-17 2013年38座城市涉外旅游饭店收入资料,如表4-18所示。

表4-18　　　2013年38座城市旅游涉外饭店餐饮收入资料

按餐饮收入分组（万元）	城市数（座）	累计城市数（座）	
		向上累计	向下累计
5000以下	4	4	38
5000~15000	9	13	34

续表

按餐饮收入分组（万元）	城市数（座）	累计城市数（座）	
		向上累计	向下累计
15000~25000	15	28	25
25000~35000	7	35	10
35000 以上	3	38	4
合计	38	—	—

试确定中位数。

确定中位数的基本步骤：

第一步，确定中位数所在的组。

$$中位数位置 = \frac{\sum f}{2} = \frac{38}{2} = 19(座)$$

由此可知，中位数在15000万~25000万元的这一组里。

第二步，确定中位数的近似值。

确定了中位数所在的组以后，可以采用比例插入法，求得中位数的近似值。这里需要假定餐饮收入在15000万~25000万元的15座城市是均匀分布的。故可采用以下两式计算中位数的值：

下限公式：

$$M_e = L + \frac{\frac{\sum f}{2} - S_{m-1}}{f_m} \times i$$

上限公式：

$$M_e = U - \frac{\frac{\sum f}{2} - S_{m+1}}{f_m} \times i$$

式中： M_e——中位数；

L——中位数所在组的下限；

S_{m-1}——中位数所在组以前各组的累计次数；

f_m——中位数所在组的次数；

S_{m+1}——中位数所在组以后各组的累计次数；

i——中位数所在组的组距；

$\sum f$——总次数；

U——中位数所在组的上限。

按下限公式：$M_e = 15000 + \dfrac{19-13}{15} \times 10000 = 19000$（万元）

请思考

1. 如何利用上限公式计算中位数？

2. 某一敬老院中有 11 位百岁以上的老人，他们的岁数分别是：101 岁、102 岁、102 岁、104 岁、108 岁、103 岁、105 岁、102 岁、110 岁、105 岁、102 岁。其中算术平均数、中位数和众数的关系是（　　）。

  A. 算术平均数 = 中位数 = 众数　　B. 众数 > 中位数 > 算术平均数
  C. 中位数 > 算术平均数 > 众数　　D. 众数 < 中位数 < 算术平均数

第四节　标志变异指标

  平均指标反映了总体各单位标志值之间的一般水平，掩盖了现象之间的差异。但差异还是客观存在的。所以，有时在研究平均指标的同时，还要研究标志值之间的差异程度。

  例 4-18　对某班 20 名学生进行某门课程的期中测验，男同学和女同学的得分情况分别为：

女同学：68　70　72　76　80　82　85　88　89　90
男同学：60　62　63　65　76　88　95　96　97　98

  通过平均指标计算可知，男、女同学的平均成绩相等，均为 80 分，表明从平均水平的意义上说，男、女同学的平均成绩无差异。但从男、女同学各自的成绩分布来看，明显可见女同学成绩的分布较均匀，男同学成绩的分布则具有高、低相差悬殊的特点。从例中可见，平均水平掩盖了总体内部各单位标志值的差异程度，所以，在分析实际问题时，除了要反映总体的一般水平外，还要把总体内各单位标志值之间的差异程度反映出来，这就需要引入另一类指标——标志变异指标来完成。

  标志变异指标也是社会经济现象数量关系所具有的重要特征之一，它是客观过程中多种因素制约的结果。如果说平均指标说明分配数列中变量的集中趋势,则标志变异指标说明变量的离中趋势。

一、标志变异指标的意义

1. 标志变异指标的概念

标志变异指标是指反映总体中各单位标志值之间差异程度的综合指标,又称标志变动度。标志变异指标与平均指标之间是相互联系、相互对应的一种关系。平均指标表现为总体各单位标志值的一般水平,反映各单位标志值的集中趋势;而标志变异指标则表现为总体各单位标志值的变异程度,反映各单位标志值的离散趋势。只有将两者结合起来,才能更加全面、深入地认识所研究现象的总体。所以,学习标志变异指标显然非常重要。

2. 标志变异指标的作用

(1) 标志变异指标可以说明平均指标的代表性。平均指标作为总体各单位标志值一般水平的代表性指标,其代表性大小与标志变异指标的大小成反比关系,即标志变异指标越大,平均数的代表性越小;标志变异指标越小,平均数的代表性越大。如前例中,男、女同学的平均成绩都是80分,但是其成绩的分布情况不同,其变异程度也就不同。女同学成绩相差较小,分布比较均匀,男同学成绩相差较大,显然平均成绩80分对女同学的代表性比对男同学的代表性大得多。

(2) 标志变异指标可以说明现象变动的稳定性和均衡性。计算同类总体的标志变异指标,并进行比较,可以观察标志值变动的稳定程度或均衡状态。例如,观察工业企业的生产情况,在研究生产计划完成程度的基础上,利用标志变异指标可以测定生产过程的均衡性;另外,测定产品质量的稳定性也需要利用标志差异指标。

(3) 标志变异指标的大小有助于正确确定必要的抽样数目。进行抽样调查时,为了合理地利用人力、财力、物力和时间,应正确确定必要的抽样数目,抽取的样本单位数过多或过少都会影响样本平均数的代表性。而根据标志变异程度的大小就可以帮助正确地确定必要抽样单位数目。

二、标志变异指标的种类及计算方法

测定标志值之间差异程度的指标有:全距、平均差、标准差、标准差系数等,下面将分别介绍这四种指标。

1. 全距

全距是指总体各单位标志值中两个极端数值即最大值与最小值之差,

故也称之为"极差",用"R"来表示,其公式表示为:

未分组资料或单项数列资料:R = 最大标志值 – 最小标志值

组距数列:R ≈ 最大组的上限 – 最小组的下限

如果组距数列最大组和最小组都是开口组,通常不予以计算全距。

例 4–19 根据例 4–18 中男、女同学的成绩资料,求其全距。

其全距 R 为:

女同学:R = 90 – 68 = 22(分)

男同学:R = 98 – 60 = 38(分)

两组平均成绩都是 80 分,但从全距来看,男同学成绩的差异程度大,女同学成绩的差异程度小。

全距反映了总体各单位标志值的变动范围。它的优点是计算简便,意义明确,容易理解,能准确地反映总体中极值的差距。所以,在实际工作中应用十分广泛,如在工业企业的产品质量管理中,证券市场的行情分析中等都有广泛应用。

但全距也有不足,由于全距仅表示总体中最大标志值和最小标志值的变动范围,受极值影响较大,没有包括中间标志值的差异情况,也无法反映变量数列的次数分布情况,是对变异程度的较粗略的反映。因此,它不能全面反映总体各单位标志值的差异程度,也不能很好地反映平均数的代表性。

> **请思考**
>
> 我们常常看到,在歌唱等比赛中,多位裁判员出示他们的分数之后,要去掉一个最高分和一个最低分,再计算歌手的平均分数是多少,这种方法从计算算术平均数的目的看是为了什么?

2. 平均差

平均差是总体各单位标志值与其算术平均数离差绝对值的算术平均数,用符号"$A.D$"表示。计算平均差的目的是测算各单位标志值与其算术平均数离差的大小。因为离差有正、有负还可能是零,所以,为了避免加总过程中的正负抵消等于零的情况,计算平均差时要取其离差的绝对值。

由于掌握的资料不同,平均差可分为简单平均差和加权平均差两种。

(1)简单平均差。如果掌握的资料是未分组资料,则可计算简单平均差。一般分为两个步骤完成：

第一步：求各单位标志值与其算术平均数离差的绝对值；

第二步：将离差绝对值之和除以项数。其计算公式如下：

$$A.D = \frac{\sum |x - \bar{x}|}{n}$$

式中：$A.D$——平均差；

n——离差项数。

例 4-20 根据例 4-18 中某班两个组学生考试成绩资料，计算简单平均差。

表 4-19　　　　　男女同学成绩简单平均差计算表

女同学（平均成绩为80分）		男同学（平均成绩为80分）	
成绩（标志值）x	标志值与平均数离差的绝对值 $\|x-\bar{x}\|$	成绩（标志值）x	标志值与平均数离差的绝对值 $\|x-\bar{x}\|$
68	12	60	20
70	10	62	18
72	8	63	17
76	4	65	15
80	0	76	4
82	2	88	8
85	5	95	15
88	8	96	16
89	9	97	17
90	10	98	18
合计	68	合计	148

分析过程见表 4-19。

女同学：$A.D = \dfrac{\sum |x - \bar{x}|}{n} = \dfrac{68}{10} = 6.8$（分）；

男同学：$A.D = \dfrac{\sum |x - \bar{x}|}{n} = \dfrac{148}{10} = 14.8$（分）。

可见，女同学成绩的平均差是 6.8 分，男同学成绩的平均差是 14.8 分，男同学成绩的平均差明显地大于女同学，说明女同学平均成绩的代表性要大于男同学的平均成绩。

(2) 加权平均差。如果掌握的是分组资料，应采用加权平均法计算平均差，这个平均差就是加权平均差。计算公式如下：

$$A.D = \frac{\sum |x - \bar{x}| f}{\sum f}$$

例 4 – 21 仍用表 4 – 5 某商场职工日销售额资料，计算加权平均差。

表 4 – 20 某商场职工日销售额资料及加权平均差计算表

按日销售额分组（元）x	职工人数（人）f	各组职工日销售额（元）xf	离差绝对值 $\|x-\bar{x}\|$	离差绝对值加权 $\|x-\bar{x}\|f$
2200	2	4400	600	1200
2600	3	7800	200	600
2800	4	11200	0	0
3000	5	15000	200	1000
3200	2	6400	400	800
合计	16	44800	—	3600

分析过程如表 4 – 20 所示。

根据表 4 – 20 中资料计算，可得加权算术平均数为 2800 元，加权平均差为：

$$A.D = \frac{\sum |x - \bar{x}| f}{\sum f} = \frac{3600}{16} = 225 \text{（元）}$$

计算结果表明，该商场日销售额的加权平均差为 225 元。一般而言，平均差越大，标志变动度越大，平均数代表性越小；反之，平均数代表性越大。

从计算过程可知，平均差的计算考虑了总体中所有标志值的差异程度，所以可以准确地反映总体的离散程度。但每项平均差的计算都必须取绝对值，这就带来了不便于进行数学处理的问题，因而在实际应用中受到了很大的限制。

请思考

你能说明在计算平均差的时候，其公式中的分子为什么要采用绝对值的形式吗？

3. 标准差

（1）标准差的概念。标准差也称为均方差，标准差的平方称为方差。标准差是总体各单位标志值与其算术平均数离差平方的算术平均数的平方根。标准差与平均差在意义上实质是相同的，只是标准差采用平方的形式去掉了离差的正负号，最后又通过开方还原。因而标准差的数学处理更科学。它是标志变异指标中最重要、最常用的指标。

（2）标准差的计算。标准差的计算步骤可分为四步：①计算各单位标志值与其算术平均数的离差；②将各离差进行平方；③将离差平方和除以离差项数，计算出方差；④计算方差的平方根，即为标准差。

根据掌握的资料不同，计算标准差可分为简单标准差和加权标准差。

当掌握的资料是未分组资料时，可采用下面公式计算简单标准差：

$$\sigma = \sqrt{\frac{\sum(x-\bar{x})^2}{n}}$$

式中：σ——标准差；

$\bar{x}$——平均数；

x——各单位标志值；

n——项数。

例 4-22 根据例 4-18 中男女同学的成绩资料，说明简单标准差的计算。

表 4-21　　　　　　　　简单标准差计算表

女同学（平均成绩为80分）		男同学（平均成绩为80分）	
成绩（标志值）x	标志值与平均数离差平方 $(x-\bar{x})^2$	成绩（标志值）x	标志值与平均数离差平方 $(x-\bar{x})^2$
68	144	60	400
70	100	62	324
72	64	63	289
76	16	65	225
80	0	76	16
82	4	88	64
85	25	95	225
88	64	96	256
89	81	97	289

续表

女同学（平均成绩为80分）		男同学（平均成绩为80分）	
成绩（标志值）x	标志值与平均数离差平方 $(x-\bar{x})^2$	成绩（标志值）x	标志值与平均数离差平方 $(x-\bar{x})^2$
90	100	98	324
合计	598	合计	2412

分析过程见表 4-21。由表 4—21 中资料计算，女学生成绩简单标准差为：

$$\sigma = \sqrt{\frac{\sum(x-\bar{x})^2}{n}} = \sqrt{\frac{598}{10}} = 7.73(\text{分})$$

男同学成绩简单标准差为：

$$\sigma = \sqrt{\frac{\sum(x-\bar{x})^2}{n}} = \sqrt{\frac{2412}{10}} = 15.53(\text{分})$$

可见，男同学成绩的标准差大于女同学，所以女同学平均成绩的代表性大。

当掌握的资料是分组资料时，可以计算加权标准差，其计算方法如下：

$$\sigma = \sqrt{\frac{\sum(x-\bar{x})^2 f}{\sum f}}$$

式中 f 是各组的权数，其他符号与简单标准差计算式中的意义相同。

例 4-23 以表 4-5 某商场职工日销售额资料为例，说明加权标准差的计算。

表 4-22　　某商场职工日销售额资料及加权标准差计算表

按日销售额分组（元）x	职工人数（人）f	各组职工日销售额（元）xf	离差 $x-\bar{x}$	离差平方 $(x-\bar{x})^2$	离差平方加权 $(x-\bar{x})^2 f$
2200	2	4400	-600	360000	720000
2600	3	7800	-200	40000	120000
2800	4	11200	0	0	0
3000	5	15000	200	40000	200000

续表

按日销售额分组（元）x	职工人数（人）f	各组职工日销售额（元）xf	离差 $x-\bar{x}$	离差平方 $(x-\bar{x})^2$	离差平方加权 $(x-\bar{x})^2 f$
3200	2	6400	400	160000	320000
合计	16	44800	—	540000	1360000

分析过程如表 4-22 所示。

计算结果：加权算术平均数 $\bar{x}$ 是 2800 元，计算加权标准差为：

$$\sigma = \sqrt{\frac{\sum(x-\bar{x})^2 f}{\sum f}} = \sqrt{\frac{1360000}{16}} = 291.55(元)$$

计算结果表明：16 名职工的销售额平均相差 291.55 元。

（3）标准差的特点。标准差一方面具有平均差的优点，即它将总体中各单位标志值的差异全部计算在内，可以准确地反映总体的离散程度；同时标准差还避免了求平均差时存在的取绝对值的问题，能够适合于代数运算等数学处理。由于标准差的这些优点，在实际工作中一般都用它来测定总体的离散程度，应用十分广泛。

但标准差另一方面也与平均差相同，都是用有名数表示的平均差异程度，它们的数值受平均指标数值大小的影响。当总体平均指标数值比较大时，这两种变异指标的数值就大；反之，当总体平均指标数值小时，这两种变异指标的数值也就小。因此，在比较不同平均水平下的总体变异程度时，还需引入其他变异指标。

4. 标准差系数

全距、平均差和标准差都有与平均指标相同的计量单位，也就是与各单位标志值的计量单位相同。各种变异指标都是反映总体各单位标志变异的绝对指标。其数值的大小不仅要受总体单位标志值本身水平高低的影响，还要受数列平均水平的影响。我们要对比、分析不同水平的变量数列之间的标志变异程度，就不宜直接通过变异指标来比较其标志变动的大小，还必须消除平均水平高低影响，这样才能真正反映出不同水平的变量数列的离散程度。这就需要计算标准差系数，也叫离散系数，也叫变异系数。用 V_σ 表示，其计算公式如下：

$$V_\sigma = \frac{\sigma}{\bar{x}} \times 100\%$$

式中：V_σ——标准差系数；

σ——标准差；

$\bar{x}$——平均数。

例4-24 某班一组、二组学生英语考试成绩如表4-23所示。

表4-23　　　　　某班一组、二组英语考试成绩表

一组		二组	
成绩（分）x	人数（人）f	成绩（分）x	人数（人）f
64	1	70	2
70	3	73	4
76	5	76	5
82	4	79	3
88	2	82	1
合计	15	合计	15

试问：两组的平均成绩，哪组更具有代表性？

通过计算可知，一组学生的成绩平均成绩是77.2分，二组学生的平均成绩是75.4分。两组成绩的标准差分别为6.6453分和3.3226分。根据标准差系数公式，得出：

$$V_{\sigma 1} = \frac{\sigma_1}{x_1} \times 100\% = \frac{6.6453}{77.2} \times 100\% = 8.6\%$$

$$V_{\sigma 2} = \frac{\sigma_2}{x_2} \times 100\% = \frac{3.3226}{75.4} \times 100\% = 4.4\%$$

显然二组的标准差系数小于一组，即二组平均成绩的变异程度低于一组，所以二组平均成绩的代表性高于一组。

标准差系数的重要特点是，不受计量单位和标志值水平的影响，消除了不同总体之间在计算单位、平均水平方面的不可比因素。

请思考

1. 各种变异指标中受极端数值影响最大的是哪个？
2. 标准差和标准差系数的特点是什么？在实际应用中如何具体体现这些特点？
3. 如何实现平均指标与变异指标的结合运用？
4. 若：甲乙两个工厂工人劳动生产率分别为32000元/人、16000元/人，标准差分别为1200元和800元，哪个工厂工人劳动生产率代表性更大？

第四章 综合指标

【本章小结】

本章综合指标按其数字的表现形式分为总量指标、相对指标、平均指标，这三种指标在实际统计工作和统计分析中被广泛地运用。本章作为统计学的语言和工具，是学好以后各章的基础。

通过本章的学习，要求能够理解各种综合指标的概念、作用、特点、种类，熟练掌握各种指标的计算方法，并运用所学方法解决实际问题。

【学习重点和难点】

1. 重点：总量指标的分类，总体标志总量与总体单位总量、时期指标与指点指标的含义与区别。六种相对指标的概念、特点作用、计算方法。算术平均数、标准差的计算和应用。权数的作用和意义。

2. 难点：时期指标和时点指标的概念和区别。计划完成程度指标的计算应用。众数和中位数的计算及意义。

【本章主要概念】

总量指标 相对指标 计划完成相对指标 强度相对指标 算术平均数 调和平均数 权数 众数 中位数 平均指标 标准差

【本章主要思考题与简答题】

1. 什么是平均指标？应用平均指标要注意哪些问题？
2. 什么是标志变异指标？它有哪些作用？

3. 总结平均指标与强度相对指标的区别有哪些？

4. 什么是时期指标？什么是时点指标？二者的区别和联系是什么？

【习题与实践训练】

一、判断题

1. 全国人均 GDP 是平均指标。（   ）

2. 对同一总体各单位标志值进行平均时，以次数为权数与以次数比重为权数，结果是不等的。（   ）

3. 众数是总体中出现最多的次数。（   ）

4. 简单算术平均数是加权算术平均数的特例，是权数相等时的加权算术平均数。（   ）

5. 中位数和众数都属于平均数，因此它们数值的大小受到总体内各单位标志值大小的影响。（   ）

6. 标准差系数越大，说明总体中各单位标志值的变异程度越大，则平均指标的代表性就越好。（   ）

7. 在对比两个不同总体各单位标志值的离散程度时，应采用标准差而不是全距或平均差指标进行比较。（   ）

8. 数值平均数属于静态平均数，而位置平均数属于动态平均数。（   ）

9. 将全部标志值分成两半，一半小于中位数，一半大于中位数。（   ）

10. 总量指标按其反映的内容不同分为总体单位总量和总体标志总量。（   ）

11. 计划完成程度大于100%表示超额完成计划，小于100%表示未完成计划。（   ）

12. 如甲、乙、丙三个企业今年产量计划完成程度分别为95%、100%和105%，那么这三个企业产量平均计划完成程度为100%。（   ）

13. 强度相对指标的数值都是用有名数表示的，因此都可计算它的正指标和逆指标。（   ）

14. 企业计划规定，2013年第一季度的单位产品成本比去年同期降低15%，实际执行结果降低7.5%，则企业仅完成单位产品成本计划的一半。

（　）

15. 东方洗衣机厂2013年第一季度洗衣机产量与春光洗衣机厂同期产量的比率是比例相对指标。（　　）

16. 某市某年城市居民家庭人均可支配收入为16683元，比上年增加了1841元，则1841元是强度相对指标。（　　）

17. 某市上年末共有普通高等院校47所，这是总体标志总量，同时是时点指标。（　　）

18. 某地区第一、第二、第三产业结构比为15.2∶53∶31.8，这属于比较相对指标。（　　）

二、单项选择题

1. 在分配数列中，当标志值较小而权数较大时计算的算术平均数（　　）。

  A. 接近于标志值较大的一方　　B. 接近于标志值较小的一方
  C. 接近于大小合适的标志值　　D. 不受权数的影响

2. 若根据同一分组资料计算简单算术平均数和加权算术平均数结果相同，则可推定（　　）。

  A. 各组权数相等　　B. 各组权数不等
  C. 各组权数不起作用　　D. 变量值大致相等

3. 标志变异指标（　　）。

  A. 说明各单位标志值的变异程度
  B. 把总体各单位标志值的差异抽象化了
  C. 能够反映总体分布的集中趋势
  D. 与平均数的代表性成正比

4. 在不掌握各组单位数资料，只掌握各组标志值和各组标志总量的情况下，宜采用（　　）。

  A. 加权算术平均数　　B. 几何平均数
  C. 加权调和平均数　　D. 简单算术平均数

5. 标志变异指标中易受极端数值影响的是（　　）。

  A. 全距　　B. 平均数
  C. 标准差　　D. 标准差系数

6. 某市2013年农村人均收入和城市人均收入分别为4800元和10060元，标准差分别为320元和780元，则人均收入的变异程度（　　）。

  A. 城市大　　B. 一样大
  C. 农村大　　D. 不可比

7. 随机调查某城市100户家庭，得到家庭订阅报纸杂志份数资料如下表所示：

表 4-24

报纸杂志数	0	1	2	3	4	5	合计
家庭户数	9	54	21	12	2	2	100

则根据这份资料计算的众数是（　　）。

  A. 21　　　　B. 1　　　　C. 54　　　　D. 2

8. 在甲乙两个变量数列中，若甲数列标准差 σ_1 < 乙数列标准差 σ_2，则两个变量数列平均数代表性相比较（　　）。

  A. 甲数列的平均数代表性高于乙数列

  B. 两个数列的平均数代表性相同

  C. 乙数列的平均数代表性高于甲数列

  D. 不能确定

9. 两个总体平均数不等，但标准差相等，则有（　　）。

  A. 两个平均数的代表性相同　　　　B. 平均数大代表性小

  C. 平均数小代表性小　　　　　　　D. 无法正确进行判断

10. 我国2012年末全国总人口为135404万人，该数字说明全国人口（　　）。

  A. 在年内发展的总规模

  B. 在统计时点的总规模

  C. 在年初与年末间隔内发展的总规模

  D. 自年初至年末增加的总规模

11. 在出生婴儿中，男性占53%，女性占47%，这是（　　）。

  A. 结构相对指标　　　　　　B. 强度相对指标

  C. 比较相对指标　　　　　　D. 比例相对指标

12. 万华企业生产的变速自行车上年实际成本为450元，本年计划降低4%，实际降低了5%，则成本降低计划超额完成程度为（　　）。

  A. 95%　　　B. 98.96%　　　C. 1%　　　D. 1.04%

13. 按全国人口平均的粮食产量指标是（　　）。

  A. 平均指标　　　　　　　　B. 强度相对指标

  C. 比较相对指标　　　　　　D. 结构相对指标

14. 若计划规定年产量比上一年增加5%，实际增加6%，则年产量计划完成（　　）。

A. 120%　　　　B. 100.95%　　　C. 103%　　　　D. 106%

15. 红星商店计划销售量比去年提高10%，实际提高15%，则销售量计划完成程度为（　　）。

　　A. 150%　　　　B. 5%　　　　　C. 4.5%　　　　D. 104.5%

16. 总量指标按反映现象的时间状况不同可以分为（　　）。

　　A. 时期指标和时点指标

　　B. 数量指标和质量指标

　　C. 总体单位总量和总体标志总量

　　D. 实物指标和价值指标

17. 下列指标属于总量指标的是（　　）。

　　A. 出勤率　　　　　　　　　B. 及格率

　　C. 人均粮食消费量量　　　　D. 学生人数

18. 强生企业计算器产品的年产量为32万台，期末库存为5万台，这两个指标是（　　）。

　　A. 时期指标

　　B. 时点指标

　　C. 前者是时期指标，后者是时点指标

　　D. 前者是时点指标，后者是时期指标

19. 某市对该市所有医院进行调查，其中儿童医院调查结果为：共有医生、护士620人。其中，医生300人，护士320人；病床数530张，医疗设备价值4200万元。上述数值中总量指标有（　　）。

　　A. 1个　　　　B. 3个　　　　C. 5个　　　　D. 0个

20. 下列指标中属于时点指标的是（　　）。

　　A. 商品销售额　　　　　　　B. 商品销售量

　　C. 平均每人销售额　　　　　D. 商品库存量

21. 某月份甲工厂工人的出勤率属于（　　）。

　　A. 结构相对指标　　　　　　B. 比例相对指标

　　C. 强度相对指标　　　　　　D. 计划完成程度相对指标

22. 人均粮食产量属于（　　）。

　　A. 平均指标　　　　　　　　B. 强度相对指标

　　C. 比例相对指标　　　　　　D. 比较相对指标

23. 计划规定成本降低3%，实际降低了5%，则计划完成程度为（　　）。

　　A. 98.1%　　　B. 102.1%　　　C. 101.9%　　　D. 97.94%

24. 下列属于总量指标的是（　　）。
    A. 升学率   B. 优秀率
    C. 人均国内生产总值   D. 招生人数

25. 某车间7月在生产老产品的同时，新产品首次小批量投产，出现了4件废品，全车间的废品率为1.3%。8月老产品下马，新产品大批量投产，全部制品10000件，其中废品12件，则8月产品质量（　　）。
    A. 提高了   B. 下降了   C. 不变   D. 无法确定

26. 在长虹电视机的年末清库中，其年末库存额是（　　）。
    A. 时期指标和实物指标   B. 时点指标和实物指标
    C. 时期指标和价值指标   D. 时点指标和价值指标

27. 中网公司3月份完成的货运量为48000吨。这里的吨是（　　）单位。
    A. 自然   B. 标准实物   C. 复合   D. 度量衡

28. 人口出生率是（　　）。
    A. 结构相对数   B. 比例相对数
    C. 强度相对数   D. 比较相对数

29. 已知三种蔬菜的单价，若各买10元钱的，求平均价格，应当用（　　）。
    A. 简单算术平均   B. 加权算术平均
    C. 简单调和平均   D. 加权调和平均

30. 总量指标的基本特点是计量单位都是（　　）。
    A. 无名数   B. 有名数
    C. 复名数   D. 无名数和有名数

三、多项选择题

1. 在平均指标中，要根据所有标志值计算平均数的是（　　）。
    A. 中位数   B. 算术平均数
    C. 众数   D. 几何平均数
    E. 调和平均数

2. 下列属于平均指标的有（　　）。
    A. 人口密度
    B. 某公司职工平均年龄
    C. 参加英语等级考试的学生的平均成绩
    D. 全国人均钢产量
    E. 居民人均可支配收入

3. 与标志值有相同计量单位的标志变异指标是（　　）。
   A. 全距　　　　　　　　　　B. 平均差
   C. 平均差系数　　　　　　　D. 标准差
   E. 标准差系数
4. 中位数是（　　）。
   A. 由标志值在数列中的位置所决定的
   B. 根据标志值出现的次数决定的
   C. 总体一般水平的代表值
   D. 不受总体中极端数值的影响
   E. 总体各单位的平均指标
5. 两个总体平均数相等，但标准差不等，则（　　）。
   A. 标准差越大，平均数代表性越小
   B. 标准差越小，各单位标志差异程度越小
   C. 两总体集中趋势相同
   D. 无法比较两总体的离散程度
   E. 无须计算标准差系数，直接用标准差比较两总体离散趋势
6. 在（　　）的条件下，加权算术平均数等于简单算术平均数。
   A. 各组次数均为 1
   B. 各组次数占总次数的比重相等
   C. 各组次数相等
   D. 各组变量值不等
   E. 变量数列为组距数列
7. 下列可应用加权算术平均法计算平均数的有（　　）。
   A. 由各员工的工资额求平均工资
   B. 由各员工按工资分组的变量数列求平均工资
   C. 由工资总额及员工总数计算平均工资
   D. 由各道工序的合格率求产品的平均合格率
   E. 由每一年的经济发展速度求 5 年间平均发展速度
8. 平均指标与标志变异指标的关系是（　　）。
   A. 平均指标是对总体各单位标志值一般水平的测度，代表性取决于标志变异指标的大小
   B. 标志变异指标越大，平均指标代表性越小
   C. 标志变异指标越小，平均指标代表性越大
   D. 平均指标和标志变异指标分别反映同一总体的集中趋势和离散趋势

E. 两者无关系

9. 商业银行2012年底的居民储蓄存款额是（　　）。
   A. 综合指标　　　　　　　　B. 单位总量指标
   C. 标志总量指标　　　　　　D. 时期指标
   E. 时点指标

10. 分子与分母不可互换计算的相对指标是（　　）。
    A. 计划完成程度相对指标　　B. 动态相对指标
    C. 结构相对指标　　　　　　D. 强度相对指标
    E. 比较相对指标

11. 下列是总量指标的有（　　）。
    A. 某商品月末商品库存额
    B. 某地区人口净增加数
    C. 全国高等学校历年毕业生数
    D. 某工厂月末在册人数
    E. 按人口平均钢产量

12. 时期指标的特点是（　　）。
    A. 不同时期的指标可以累计
    B. 不同时期的指标不可以累计
    C. 其数值的大小与其说明的时期长短有关
    D. 其数值的大小与其说明的时期长短无关
    E. 一般是通过经常性调查得到的

13. 相对指标中由不同总体数值对比的有（　　）。
    A. 结构相对指标　　　　　　B. 比例相对指标
    C. 强度相对指标　　　　　　D. 比较相对指标
    E. 动态相对指标

14. 下列统计指标属于强度相对指标的是（　　）。
    A. 人口密度　　　　　　　　B. 人均国民收入
    C. 人口死亡率　　　　　　　D. 农民人均纯收入
    E. 经济发展速度

15. 下列属于时点指标的有（　　）。
    A. 某地区人口数　　　　　　B. 某地区人口死亡数
    C. 某城市在校学生数　　　　D. 某地区基本建设投资额
    E. 某农场每年拖拉机台数

16. 2012年我国GDP是519322亿元，这个指标是（　　）。

A. 数量指标 B. 时期指标
C. 时点指标 D. 相对指标
E. 价值指标

17. 下列指标属于比较相对指标的有（　　　）。

A. 某班男生人数占全班学生总数的 51%

B. 中国人口是美国人口的 4.3 倍

C. 某商场 9 月份费用额与销售额相比，费用额是销售额的 8%

D. 某厂 2012 年产量是 2007 年产量的 1.5 倍

E. 2012 年北京市生产总值 17801 亿元，是上海市生产总值 20101.33 亿元的 88.56.%

18. 实物单位包括（　　　）。

A. 货币单位 B. 劳动单位
C. 自然单位 D. 度量衡单位
E. 标准实物单位

四、填空题

1. 平均指标反映了总体各单位某一数量标志值的_____。

2. 权数对算术平均数的影响作用，就其实质来看，不是决定于_____的多少，而是决定于_____的大小。

3. 直接用平均差和标准差比较两个变量数列平均数的代表性的前提条件是两个变量数列的_____的相等。

4. 众数是在总体中出现次数_____的标志值；中位数是位于数列_____位置的标志值。中位数和众数也可以称为_____平均数。

5. 算术平均数是_____总量与_____总量之比。

6. 众数不受资料中_____的影响，如果变量数列中_____，则没有众数。

7. 某班级统计学考试平均成绩为 85 分，标准差为 10 分，则标准差系数是_____。

8. 平均指标反映总体数据的_____趋势；标志变异指标反映总体数据的_____程度。

9. 总量指标按反映总体内容的不同，可分为_____和_____，按反映时间状况的不同，可分为_____和_____。

10. 相对指标的表现形式有两种：_____和_____，除强度相对指标用_____表示外，其他都用_____表示。

11. 同类指标数值在不同空间进行静态对比的结果，就是_____，而同一总体内不同部分数值对比的结果，则是_____，二者是有区别的。

12. 把两个地区2012年粮食产量进行对比，这个相对指标是_____相对指标。

13. 某年经广东口岸入境的国际游客8740.53万人次，这是_____总量指标。

14. 在经济生活中，表示食物支出金额占总支出金额百分比的恩格尔系数经常被作为衡量一个国家或地区贫穷或富裕的重要指标，恩格尔系数属于_____相对指标。

15. 居民人均收入与职工平均工资是两个不同的指标，前者是_____指标，后者是_____指标。

16. 在计算和应用相对指标时，要严格保持分子、分母的_____性。

五、应用能力训练题

1. 某集团下属20个公司在2012年第二季度产值计划完成情况如下表所示：

表 4-25

计划完成程度（%）	公司数（家）	计划任务数（个）
90~100	3	80
100~110	12	400
110~120	5	120
合计	20	600

试计算平均计划完成程度。

2. 某市一个农贸市场2013年5月三种蔬菜的价格、成交额资料如下表所示：

表 4-26

蔬菜名称	价格（元/斤）	成交额（元）
土豆	1.5	1200
油菜	4.6	3200
蘑菇	6.5	2200
合计	—	6600

计算蔬菜的平均价格。

3. 某学院工商管理系共有 120 名学生选修统计学，在期末考试中，男生平均成绩为 77 分，女生的平均成绩为 81 分。

（1）若 120 名学生中，男女生各占一半，全体学生平均成绩多少？

（2）若 120 名学生中，男生 80 人，女生 40 人，全体学生平均成绩为多少？

（3）若 120 名学生中，男生 40 人，女生 80 人，全体学生平均成绩为多少？

（4）比较上述三种情况下，全体学生平均成绩的变化，解释变化的原因。

4. 某市广播电台刚开办了"经典音乐回放"栏目，想了解听众年龄特征，以决定播放时段。随机抽查收听该节目的 170 个听众，得到年龄分布资料如下表所示。

表 4-27

年龄（岁）	听众人数（人）
15~20	9
20~25	16
25~30	27
30~35	44
35~40	42
40~45	23
45~50	7
50~55	2
合计	170

（1）听众年龄的平均数为多少？众数为多少？

（2）计算听众年龄的标准差。

5. 10 名未成年人和 10 名幼儿的身高进行抽样调查，得到资料如下表所示：

表 4-28

幼儿组身高（厘米）	74	70	68	71	69	75	72	68	73	73
成年组身高（厘米）	168	166	169	180	177	172	170	172	174	173

试比较：成年组和幼儿组哪一组的身高差异大？

6. 已知甲、乙两组工人的产量资料如下表所示。

表 4-29

工人编号	产 量 （件）	
	甲 组	乙 组
1	20	40
2	30	40
3	30	50
4	40	55
5	40	55
6	50	60

试分别计算两组工人的平均产量和各项标志变异指标（全距、平均差、标准差、标准差系数），并说明哪一组工人的平均产量代表性大？

7. 甲、乙商店营业员及销售额的分组资料如下表所示。

表 4-30

甲 商 店		乙 商 店	
按销售额分组（百元）	营业员人数（人）	按销售额分组（百元）	营业员人数（人）
20~30	3	20~30	—
30~40	12	30~40	2
40~50	9	40~50	8
50~60	6	50~60	6
60~70	—	60~70	4
合计	30	合计	20

试问两个商店营业员平均销售额的代表性哪个大？为什么？

8. 某市 2011 年和 2012 年地区生产总值资料如下表所示，请计算并填列表中所缺数字：

表 4-31

项目	2012 年		2011 年实际完成（亿元）	2012 年比 2011 年增长（%）
	实际完成（亿元）	比重（%）		
生产总值	2100			15
其中：第一产业		7.5	140	
第二产业			900	20
第三产业				

第四章 综合指标

9. 某公司2012年计划产值3160万元，计划完成百分比达到110%，2012年产值计划比2011年增长8.5%，试计算实际产值2012年比2011年增长的百分比。

10. 某公司产值计划完成程度达到103%，比上年实际增长6%，请问，计划规定比上年增加多少？又知该公司某款主要产品每台成本应在2011年1398元的水平上降低20元，实际2012年每台成本1365元，试确定降低成本计划完成情况指标。

11. 某公司在年终统计分析报告中写道：我公司今年销售收入计划规定2500万元，实际完成了2550万元，超额完成计划2%；销售利润计划规定8%，实际为12%，超额完成计划4%；劳动生产率计划规定比去年提高5%，实际比去年提高5.5%，完成计划110%；产品单位成本计划规定比去年下降3%，实际比去年下降2.5%，实际比计划多下降0.5个百分点。请指出上述分析报告中哪些指标计算有错误？将其改正过来。

12. 下表中各指标是媒体中经常出现的指标，请指出它们的类别（将各指标对应的序号填入相应指标栏目中）。

表4-32

序号	指标名称	时期指标	时点指标	计划完成程度	结构相对指标	比例相对指标	比较相对指标	动态相对指标	强度相对指标
1	进出口总额								
2	在校学生数								
3	人均国内生产总值								
4	2013年进出口总额比上年增长35.7%								
5	北京GDP相当于上海的88%								
6	人口性别比例								
7	升学率								
8	实际销售量是计划销售量的118%								
9	出生人口数								
10	农民人均纯收入								
11	国内出境人数								
12	移动电话普及率为90.6部/百人								
13	全市医保定点零售药店数								
14	商品房中销售给个人的占93%								

续表

序号	指标名称	时期指标	时点指标	计划完成程度	结构相对指标	比例相对指标	比较相对指标	动态相对指标	强度相对指标
15	国内生产总值比上年增长9.5%								
16	"4050"失业人员再就业率								
17	某年全国研究生招生数								
18	恩格尔系数								
19	从业人员数								
20	每百人拥有的私人轿车数								

13. 2004年8月15日国家计生委宣布启动一项"关爱女孩行动",旨在通过倡导男女平等思想,扭转中国、特别是贫困地区存在的新生婴儿性别比例失调问题。人们利用现代超声技术人为选择婴儿性别,导致女婴减少,据2010年第六次人口普查资料显示,我国出生婴儿性别比为118.06:100,比正常值103:100到107:100高许多。中国政府已经提出,要实现全国"出生婴儿性别比趋向正常,初步形成新的婚育观念和生育文化"。

要求:

(1) 写出比例相对数的计算公式。

(2) 简述性别比例失调会产生哪些社会问题?

14. 某生产公司2012年经过战略调整,改革措施到位,公司取得了辉煌的业绩。在年终总结报告中,公司管理人员生动、丰富又有说服力地表达了生产业绩的"好"。下面是部分摘录内容。

2012年我公司实现产量110万台,这是公司历史上最高产量。与我们年初定的计划90万台相比,我们超额22.2%完成了任务,多生产了20万台;与我们去年产量相比,今年我们再上一个新台阶,比去年年产85万台的产量多29.4%,比去年多生产了25万台。这是一个骄人的成绩,因为我们同行业的竞争对手A厂最高水平是108万台,我们已经超出1.85%,还多出2万台。这个成绩给了我们很强的信心,我们"十二五"计划总产量是400万台,仅2012年一年完成的产量,就占五年计划的27.5%,累积到2012年末,我们已经生产195万台,完成"十二五"计划的48.75%,提前完成五年计划已成定局。但我们在成绩面前要保持清醒,我们公司非生产工人人数较多,所以,全员劳动生产率指标还不算太高,我们应该奋发进取,不断创新,争取更大成绩。

第四章 综合指标

写出上述文字中出现的所有指标，它们分别属于哪一种总量指标？哪一种相对指标？通过此例，拓展思路，学会在实际应用时纵横对比，多角度、全方位描述现象。

全国24城市薪酬排名：上海、深圳、北京位居前三位

《南方日报》讯：全国24城市薪酬排名新鲜出炉，广州以4917元/月的平均薪酬排名第四位，落后于上海、深圳和北京。近日，智联招聘发布《2013春季职场才情报告》，报告显示，2013年有跳槽意愿的求职者比去年同期增长35%。一线城市中，金融保险、房地产以及通信行业薪酬较高。其中，广州平均薪酬最高的三大行业分别是：房地产/建筑/装潢、通信、化工石化。

1. 有跳槽意愿的求职者同比增长35%

数据显示，2013年年后首周，智联平台上，平均竞争指数为16，即每个职位有16个求职者在竞争，而去年同期为10.3，2011年同期为9.6。与此同时，在智联上新增及刷新了完整简历的求职者，比去年同期增长了35%，2012年该数字为28%。可以看出，近三年来，求职者在年后找工作的积极性呈现递增的趋势。

从需求来看，传统的热门职位销售、财务、计算机软件类职位首先动起来。数据显示，这些职位的招聘信息增速可观。此外，售前/售后技术支持工程师、投资/理财服务类、外贸/贸易专员/助理等职位需求与去年同期相比增幅较大。其次，从供给来看，年后销售类、技工类职位的人才先动起来，新增有效完整简历排名靠前。随后，计算机软件/系统集成类职位的简历明显增多，挤进了前十名。

与往年不同的是，竞争激烈的十大职位中，建筑装修类职位占据了三个位置。

2. 广州房地产业人士收入最高

薪酬在很大程度上影响着职场人求职变化。据智联招聘数据显示，一线城市中，金融保险、房地产以及通信行业薪酬较高；上海平均薪酬排名前三位的行业分别是能源/矿产行业、汽车行业、石油化工行业，平均薪酬分别为9711元/月，9644元/月，9218元/月。深圳平均薪酬前三位的行业是通讯业、金融/银行/保险/证券业、能源/矿产业，薪酬分别为8488元/月、8240元/月、8220元/月。北京平均薪酬前三位的行业依次是通讯业、房地产/建筑/装潢、金融/银行/保险/证券业，薪酬分别为7633元/月、7095元/月、6950元/月。

从城市来看，平均月薪排名前十位的城市分别为：上海、深圳、北京、广州、杭州、南京、大连、苏州、成都、厦门。上海以平均月薪7112元居首；其次为深圳，平均月薪为6787元；最后为北京，平均月薪为5453元。

广州以4917元的平均月薪名列第四位。其中，广州平均薪酬最高的三大行业分别是：房地产/建筑/装潢、通讯和化工石化，薪酬分别为：6591元/月、5394元/月、5107元/月。

3. 2012年薪酬增长率为6%

数据显示，2009年平均薪酬为4446元/月，2010年平均薪酬为5974元，2011年平均薪酬为6077元/月，2012年平均薪酬为6439元/月。

智联招聘专家表示，近三年薪酬呈稳步增长状态。2010年薪酬增长率最高，为34%；2011年薪酬增长率为2%，2012年薪酬增长率为6%。

从竞争程度来看，一线城市竞争指数为30.48，几乎是二线城市竞争度的2倍，是三线城市竞争度的4倍。

从以上数据分析，"北上广深"一线城市虽然存在竞争激烈，压力较大等问题，但由于薪酬较高，发展空间大，目前仍是求职者向往的城市。人力资源专家建议广大职场人应理性看待求职，根据自己职业规划可以适时向二、三线城市发展，二线城市广告营销人才较紧缺，房地产行业，互联网行业，计算机软件行业等需求较旺盛，而一些市政建设类岗位，如室内装潢等岗位三线城市需求比较旺盛。

2013年四川省"五一"小长假旅游统计报告

2013年"五一"小长假，四川省假日办按照全国假日办和省委、省政府的要求，针对"4·20"芦山7.0级强烈地震带来的影响，以及当前小长假旅游市场新需求和新特点，提前谋划、主动作为、充分准备，在各级党委、政府、旅游部门和相关部门共同努力下，圆满完成各项工作任务，没有发生重大旅游质量投诉和安全责任事故，旅游市场安全、平稳、和谐、有序，取得了良好的经济效益社会效益。

"五一"小长假，四川省旅游系统全力克服"4·20"芦山7.0级强烈地震带来的不利影响，坚守岗位，统筹协调，确保安全，全省旅游经济收入实现平稳增长。

全省共接待游客1795.88万人次，同比增长11.5%，其中过夜旅游者525.83万人次，同比增长4.2%；一日游游客1270.06万人次，同比增长14.8%；实现总收入68.09亿元，同比增长13.5%。纳入统计的26个红色旅游景区门票收入540.43万元，同比增长17.58%。

"4·20"芦山7.0级强烈地震给全省旅游市场带来了不利影响，但从总体上看，全省旅游景区景点整体安全、宜游的基本面没有改变，旅游经济增长的总体态势没有改变。主要原因有：一是重灾区雅安市旅游总量占全省旅游总量仅为2.6%，对全省旅游经济总体规模直接影响较小；二是地震灾区范围内知名旅游景区不多，雅安灾区只有6家A级旅游景区受地震影响暂时歇业，全省绝大部分地区旅游景区和接待设施完好无损，均正常接待游客；三是支撑"五一"小长假旅游经济的主体是城郊自助、自驾、散客的乡村游、体验游等，旅游综合经济特征逐渐明显。特别值得关注的是，部分省外及境外远程旅游市场的游客，并没有因地震影响而改变行程。例如，很多境外游客"五一"期间如期出游九寨沟，九寨沟3天接待游客2.62万人次。一些来自重庆市、贵州省、湖北省、浙江省、上海市、吉林省等地的游客，也把四川省作为"五一"小长假旅游的首选地。许多网友纷纷发微博晒出自己"五一"在四川各大景区的游览照片，"四川依然美丽"、"平安四川"、"安全四川"是他们共同的关键词。游客们用爱心和行动支持着四川灾区，传递着大爱的正能量。

认真阅读以上资料，看看都用了哪些综合指标来分析描述现象的？注意在学习中学会应用纵横对比、多角度、全方位描述现象。

第五章 动态数列分析

教学目的和要求

动态数列分析是认识事物发展规律的重要的统计分析方法。通过本章学习,应了解动态数列的概念、种类及编制原则。掌握现象发展水平指标和现象发展速度指标的计算,了解动态数列的影响因素以及直线趋势测定的各种方法。

教学内容

1. 动态数列的概念和种类
2. 现象发展的水平指标
3. 现象发展的速度指标

第一节 动态数列的种类和编制原则

一、动态数列的概念

前面学过的统计指标主要是根据同一时期的资料从静态上对总体的数量特征进行分析的基本方法。但社会经济现象总是随着时间的推移而不断的发展变化,因此还要进行动态分析。

所谓动态,就是现象在时间上的发展变化。要进行动态分析,首先要编制动态数列。将某一个统计指标在不同时间上的各个数值,按时间先后顺序排列，就形成了一个动态数列，也叫做时间数列。如表5-1列举了我国2010~2013年若干经济指标的动态数列。

表5-1　　　　　　　我国2010~2013年若干经济指标

指标	2010年	2011年	2012年	2013年
国内生产总值（亿元）	401513	473104	519470	568845
移动电话年末用户数（万户）	85900	98625	111216	122911
在岗职工年平均工资（元/人）	32736	42452	47593	52379
城镇居民年人均可支配收入（元）	19109	21810	24565	26955

资料来源：中国统计公报（2013年）。

由表5-1可以看出，动态数列一般是由两个基本要素构成的：一是被研究现象所属的时间；二是反映该现象的统计指标数值。

动态数列在实际工作中有很重要的作用。首先，可以从现象的量变过程中反映其发展变化的方向、程度和趋势，研究其质量变化的规律性。比如，通过2010~2013年职工年平均工资的动态数列。可以看到，职工工资水平随着时间的推移而不断增长的趋势。其次，通过对动态数列资料的研究，可以对某些社会经济现象进行预测。最后，利用动态数列，可以在不同地区或国家之间进行对比分析。

二、动态数列的种类

按照构成动态数列的基本要素——统计指标表现形式的不同，动态数列可分为总量指标动态数列，相对指标动态数列和平均指标动态数列三种类型。其中，总量指标动态数列是基本数列，相对指标和平均指标动态数列是派生数列。

1. 总量指标动态数列

在这种动态数列中，统计指标表现为总量指标。根据指标值的时间特点，又可分为时期数列和时点数列。如表5-1中的国内生产总值就是时期数列，移动电话年末用户数就是时点数列。

（1）时期数列。数列中每一指标值反映在一段时期内发展的结果，即"过程总量"。其主要特点是：

第一，可加性。时期数列中，各个时间上的指标值可以相加，结果表示现象在更长一段时间的"过程总量"。例如，全年的国内生产总值是一年中每个月国内生产总值相加的结果，各月份的国内生产总值又是月份内每天的国内生产总值之和。

第二,指标值的大小与所属的时间长短有直接关系。由于时期数列具有可加性,故每一指标值所属的时期越长,指标值越大;反之,指标值则越小。

第三,指标值采用连续登记的方式取得。在时期数列中,各指标值反映现象在一段时间内发展的结果,因而必须把该时段内现象所发生的数量逐一登记,并进行累计,这样才能得到所需的指标值。

(2)时点数列。时点数列中,每一指标值反映现象在一定时点上的瞬间水平。例如,移动电话年末用户数的动态数列中,各个指标值说明在各年年末这一时点上移动电话用户所达到的水平。其主要特点是:

第一,不可加性。数列中不同时点上的指标值不能相加,因为各时点上的指标值只表明现象在该时点上所处的状态,相加后的数值并不能代表现象在这几个时点上的状态,故相加是没有意义的。

第二,指标值的大小与其时点间隔的长短没有直接关系。在时点数列中,两个相邻指标值所属时间的距离称为时点间隔。时点数列不具有可加性,时点间隔的长短对指标值没有直接影响,例如,年末的库存额未必比年初的库存额大。编制时点数列时决定时点间隔长短的因素是现象的变动状态,变动较大或较快的现象,间隔应短些;否则间隔可以长些,确定时点间隔时,以能反映现象的变化过程为宜。

第三,指标值采用间断登记的方式获得。依照时点数列的性质,只要在某一时点进行统计,取得的资料就代表现象在该时点上的数量水平;不同时点上的资料用来反映现象的发展过程,无须对两个时点间现象所发生的数量逐一登记。

请思考

表5-2是某地区国民经济发展变化的情况。请指出哪些是时期数列;哪些是时点数列?

表5-2　　　　　　　某地区国民经济发展情况

时间	2009	2010	2011	2012	2013
年末库存商品额(亿元)	73.5	118.1	273.8	691.8	967.4
社会消费品零售总额(亿元)	101.8	195.5	421.1	1122.0	1847.6
进出口总额(亿美元)	40.5	53.9	63.2	109.9	190.2
竣工房屋建筑面积(万平方米)	1386.0	2758.0	3049.0	3649.0	5202.0

2. 相对指标动态数列

在这种动态数列中，各项指标值都表现为相对指标，它可以反映相互联系的现象之间的发展变化过程。例如，表 5-1 中所列的不同时间的城市居民年人均可支配收入就是相对指标动态数列。在相对指标动态数列中，由于各个指标值对比的基数不同，所以不具有可加性。

3. 平均指标动态数列

在这种动态数列中，各项指标值都表现为平均指标。它可以反映现象一般水平的发展趋势。表 5-1 中所列的不同时间的职工年平均工资就是平均指标动态数列。平均指标动态数列中的各个指标值也不能相加，因为相加所得的数值没有实际的经济意义，不能说明任何问题。

三、动态数列的编制原则

编制动态数列的目的，是通过对数列中的一系列指标数值进行动态分析来研究社会经济现象的发展变化及其规律性。因此，保证动态数列中各指标值的可比性是编制动态数列总的原则，具体来说应注意以下几条原则：

1. 时间长短要相等

对于时期数列此原则是指各指标值涵盖的时间长度要相同，因为时期的长短直接决定了指标值的大小，时期长短不同指标值就不可比，如一个月的销售额和一年的销售额就不能比较；对于时点数列此原则是指各指标值对应的时点间隔要相同，虽然时点数列指标值的大小与时点间隔长短没有直接关系，但保持相同的时点间隔才能准确地反映现象的变化状况。

2. 总体范围要一致

无论是时期数列还是时点数列，指标值的大小都与现象总体范围有关系。如果随着时间的推移，现象总体范围发生了变化，如地区的行政区划或部门隶属关系变更，那么在变化发生前后，指标的计算范围不同，指标值就不能直接对比。只有经过适当调整保持了总体范围的一致性，进行动态比较才有意义。

3. 经济内容要一致

指标的经济内容是由其理论内涵所决定的，随着社会经济条件的变化，同一名称的指标，其经济内容也会发生改变。编制动态数列时不注意这一问题，对经济内容已发生变化的指标值不加区别和调整，就可能导致错误的分析结论。例如，总产值和净产值经济内容不一致，就不能把他们编制在同一个数列里。

4. 计算方法要统一

对于指标名称、总体范围和经济内容都相同的指标，计算方法不同也会导致极大的数值差异，如按生产法、支出法和分配法计算的国内生产总值，结果就有很大差别。因此同一动态数列中，各个时期（时点）指标值的计算方法要统一。

第二节 动态数列的水平指标

为了分析研究社会经济现象在不同时间条件下的发展变化规律，还需要在编制动态数列的基础上，计算动态数列的水平指标和速度指标，这样就可以进一步对社会经济现象进行发展水平和发展速度的分析。本节介绍动态数列的水平指标。水平指标是指现象在某一时期或时点上的发展水平和增长水平，包括发展水平、平均发展水平、增长量、平均增长量。

一、发展水平

发展水平是指动态数列中的各项指标值，它反映现象在一定时期内或时点上所达到的规模或程度，是计算其他动态分析指标的基础。发展水平一般是指总量指标，有时也可以指平均指标和相对指标。设动态数列各项统计指标为：

$a_0, a_1, a_2, a_3, \cdots, a_n$

用符号 a 代表发展水平，下标 $0, 1, 2, 3, \cdots, n$ 表示时间序号，a_0 为最初水平，a_n 为最末水平，在最初和最末水平之间的称为中间水平。

在动态分析中，将我们所要研究的时期的发展水平称为报告期水平，将作为比较基础的时期的发展水平称为基期水平。

发展水平在文字上习惯用"增加到"、"增加为"、"降低到"、"降低为"来表述。例如，2012 年某地区普通高校在校生人数 55 万人，2013 年增加到 58 万人。

二、平均发展水平

平均发展水平也称序时平均数或动态平均数，是对动态数列中各时间上的发展水平计算的平均数。序时平均数作为一种平均数，它与一般平均数（静态平均数）有相同点，又有区别。它们的相同点就是它们都抽象了现象的个别差异，以反映现象总体的一般水平，例如，2013 年某地区农民年人均纯收入为5525元,它就是把各农民的收入差异予以抽象化了,反映全体农民收入的一般水平;又如,第五次人口普查到第六次人口普查的10年中,我国大陆人口平均每年增加738.999万人,它是把人口增加数在不同年份上的差异予以抽象化了,反映人口增长的一般水平。它们的区别主要表现在:一般平均数(静态平均数)抽象的是总体各单位的某一数量标志值在同一时间上的差异,因此,它是从静态上说明现象总体各单位的一般水平;序时平均数抽象的是现象在不同时间上的数量差异,因而它能够从动态上说明现象在一定时期内发展变化的一般趋势。由于发展水平可以是绝对数;也可以是相对数或平均数,而绝对数又有时期数和时点数,因此,它们计算序时平均数时方法各不相同。

1. 由总量指标动态数列计算序时平均数

总量指标动态数列又分为时期数列和时点数列,现分别阐述它们计算序时平均数的方法。

(1) 时期数列计算序时平均数。时期数列具有可加性,其计算序时平均数的方法就比较简单,常用简单算术平均法,将各时期指标数值的总和除以时期项数。其计算公式:

$$\bar{a} = \frac{\sum a}{n}$$

式中:$\bar{a}$——序时平均数;

a——各时期发展水平;

n——时期项数。

例 5-1 已知某商场 2013 年各月销售额动态资料(见表 5-3),求各季度的月平均销售额。

表 5-3　　　　　　　　**某商场 2013 年各月销售额**

月份	销售额(万元)	月份	销售额(万元)
1	200	7	250
2	190	8	270
3	210	9	290
4	150	10	320
5	170	11	330
6	190	12	340

第一季度月平均销售额 = $\frac{200+190+210}{3}$ = 200（万元）

第二季度月平均销售额 = $\frac{150+170+190}{3}$ = 170（万元）

第三季度月平均销售额 = $\frac{250+270+290}{3}$ = 270（万元）

第四季度月平均销售额 = $\frac{320+330+340}{3}$ = 330（万元）

全年月平均销售额

= $\frac{200+190+210+150+170+190+250+270+290+320+330+340}{12}$

= 242.5（万元）

从以上计算可以看出，该商场这一年第三、第四季度的月平均销售额大于第一、第二季度的月平均销售额。

(2) 时点数列计算序时平均数。要精确计算时点数列的序时平均数，就应掌握每一时点的资料，但实际上这是不可能的。在社会经济统计中一般是把一天看做一个时点，即"天"作为最小时间单位。这样便有连续时点数列和间断时点数列的区别。如果资料是以日为单位进行登记记录的就是连续时点数列；资料不是逐日登记，而是间隔较长一段时间（月、季或年）再登记一次，然后依序排列的是间断时点数列。这两种数列的类型不同，计算序时平均数的方法也不同。

1) 由连续时点数列计算序时平均数。连续时点数列有两种登记方式：间隔相等和间隔不等两种情况。

第一种是时点数列的资料是逐日登记且逐日排列的，即已掌握了整个考察期内每天的数据，因此可以采用简单算术平均数方法来计算序时平均数，即以每天指标值之和除以指标值项数：

$$\bar{a} = \frac{\sum a}{n}$$

例 5-2 某企业职工星期一至星期五出勤人数资料如表 5-4 所示，求该企业职工平均每天出勤人数。

表 5-4 　　　　　某企业职工出勤人数资料

星期	星期一	星期二	星期三	星期四	星期五
人数	240	244	242	249	250

计算该企业职工平均每天出勤人数。

$$\bar{a} = \frac{\sum a}{n} = \frac{240+244+242+249+250}{5} = 245(人)$$

由计算可知,该企业职工本星期平均每天出勤人数为245人。

第二种时点数列资料登记的时间仍是一天,只是在指标值发生变动时才记录一次。也就是说,两个指标值之间要间隔若干天。此时就要用每次资料持续的时间长度为权数进行加权平均。计算公式为:

$$\bar{a} = \frac{a_1 f_1 + a_2 f_2 + \cdots + a_n f_n}{f_1 + f_2 + \cdots + f_n} = \frac{\sum af}{\sum f}$$

式中:a——各时点的发展水平;
f——各时点指标持续的时间长度。

例5-3 某企业某年7月份库存变动情况如下:1日库存额是84万元,9日库存额是65万元,15日库存额为42万元,31日库存额是86万元。该企业7月份平均库存额:

$$\bar{a} = \frac{\sum af}{\sum f} = \frac{84 \times 8 + \times 65 \times 6 + 42 \times 16 + 81 \times 1}{31}$$

$= 58.7(万元)$

2)由间断时点数列计算序时平均数。间断的时点数列也有间隔相等和间隔不等两种登记方式:

第一种是每隔一定的时间登记一次,每次登记的时间间隔相等。下面以一个具体的例子说明在这种情况下序时平均数的计算。

例5-4 某企业2013年第一季度职工人数资料,如表5-5所示。试计算该企业第一季度平均职工人数。

表5-5 　　　　某企业2013年第一季度职工人数资料

日 期	1月1日	2月1日	3月1日	4月1日
月初职工人数（人）	1400	1420	1450	1440

试计算该企业第一季度平均职工人数。

解决这一问题的思路是:首先求出各月的平均职工人数,然后再对各月平均职工人数计算平均数。求各月平均职工人数时,按理应该计算该月内平均每天的职工人数,但由于未能掌握该月内每日的职工人数资料,所以只能在一定的假设条件下推算,即把下月初的职工人数看成是本月末的职工人数,并假定各月内职工人数的变动是均匀的,每月的平均职工人数就等于月初数加月末数除以2,这样可计算出2013年该企业第一季度平均每月职工人数为:

$$\bar{a} = \frac{\frac{1400+1420}{2} + \frac{1420+1450}{2} + \frac{1450+1440}{2}}{3}$$

$$= 1430 \text{(人)}$$

经过上述讨论,可以得出间隔相等的间断时点数列序时平均数的计算公式:

$$\bar{a} = \frac{\frac{a_1}{2} + a_2 + a_3 + \cdots + \frac{a_n}{2}}{n-1}$$

式中:n——时间数列的项数。

公式的分子是:首项数值的一半,加末项数值的一半,再加中间各项,然后除以时间数列的项数减1,这种方法也称做"首末折半法",它便于应用,实际计算中主要采用这一形式。

第二种是登记的时间间隔不相等。序时平均数的计算也可以采用"两次平均"的思路,且第一次的平均计算与间隔相等的时点数列相同;进行第二次平均时,由于时点之间间隔不相等,所以应当用间隔长度作为权数,计算加权序时平均数,其计算公式为:

$$\bar{a} = \frac{\frac{a_1+a_2}{2} \cdot f_1 + \frac{a_2+a_3}{2} \cdot f_2 + \cdots + \frac{a_{n-1}+a_n}{2} \cdot f_{n-1}}{f_1 + f_2 + f_3 + \cdots + f_{n-1}}$$

式中:f——各时点的间隔期。

例5-5 某城市2013年的外来人口资料如表5-6所示。计算2013年该城市的月平均外来人口数。

表5-6　　　　　某城市2013年的外来人口资料

日期	1月1日	5月1日	8月1日	12月31日
人口数(万人)	13.53	13.87	14.01	13.37

$$\bar{a} = \frac{\frac{13.53+13.87}{2} \times 4 + \frac{13.87+14.01}{2} \times 3 + \frac{14.01+13.07}{2} \times 5}{12}$$

$$= 13.76 \text{(万人)}$$

2. 由相对指标动态数列或平均指标动态数列计算序时平均数

由于相对指标动态数列和平均指标动态数列是由两个具有相互联系的总量指标动态数列对比构成的，因而相对指标或平均指标动态数列，不能像总量指标动态数列那样直接计算平均水平，而是要先分别计算出分子、分母两个总量指标动态数列的序时平均数，然后再进行对比，求出相对指标或平均指标动态数列的序时平均数。其计算公式为：

$$\bar{c} = \frac{\bar{a}}{\bar{b}}$$

式中：$\bar{c}$——相对指标或平均指标动态数列的序时平均数；

$\bar{a}$——分子的总量指标动态数列的序时平均数；

$\bar{b}$——分母的总量指标动态数列的序时平均数。

构成分子、分母的动态数列可以都是时期数列；也可以都是时点数列；也可以一个是时期数列，一个是时点数列。现就其中的一种情况说明其计算方法：

例 5-6 某大型超市第一季度商品销售额与月初库存额资料如表 5-7 所示。计算该大型超市第一季度平均商品流转次数。

表 5-7　某大型超市第一季度商品销售额与月初库存额资料

月 份	1	2	3	4
商品销售额（a）/万元	120	220	350	—
月初商品库存额（b）/万元	50	70	90	110
商品流转次数（c）/次	2	2.75	3.5	—

商品流转次数数列是相对指标动态数列，由于其对比的基数不同，所以不能直接计算，我们可以看出它是由一个时期数列（商品销售额）和一个时点数列派生的序时平均指标动态数列（月平均库存额数列）对比构成的动态数列。因此要先分别计算出月平均销售额（$\bar{a}$）和月平均库存额（$\bar{b}$），然后将二者对比求得平均商品流转次数，其计算过程为：

$$\bar{c} = \frac{\bar{a}}{\bar{b}} = \frac{\dfrac{\sum a}{n}}{\dfrac{\dfrac{b_1}{2} + b_2 + \cdots + \dfrac{b_n}{2}}{n-1}} = \frac{\dfrac{120 + 220 + 350}{3}}{\dfrac{\dfrac{50}{2} + 70 + 90 + \dfrac{110}{2}}{4-1}} = \frac{230}{80} = 2.875(次)$$

该超市第一季度平均商品流转次数为 2.875 次。

请思考

如果已知某企业的各月平均库存额资料如表5-8所示：

表5-8

时　间	1月	2月	3月	4月
月平均库存额（万元）	12	23	17	10

那么，该企业第一季度月平均库存额 $=\dfrac{\dfrac{12}{2}+23+17+\dfrac{10}{2}}{4-1}=17$ 万元，这样计算正确吗？为什么？

三、增长量

增长量是指动态数列中两个不同时期的发展水平之差，反映社会经济现象报告期比基期增加或减少的数量，即

增长量 = 报告期水平 - 基期水平

当报告期水平大于基期水平时，增长量为正值，表示现象的水平增加；当报告期水平小于基期水平时，增长量为负值，表示现象的水平减少。

1. 采用不同基期，两种增长量

（1）逐期增长量。逐期增长量是报告期水平与前一期水平之差，即 $a_n - a_{n-1}$。它说明报告期水平比前一时期增加的绝对数量。

（2）累计增长量。累计增长量是报告期水平与某一固定时期水平之差。某一固定时期通常是指动态数列的最初水平，即 $a_n - a_0$。它说明本期比某一固定基期增加的绝对数量，也说明在一段较长时期内增加的绝对数量。

例题如表5-9中的计算。

2. 逐期增长量和累计增长量之间的关系

第一，各逐期增长量之和等于最后一个时期的累计增长量，即

$$(a_1 - a_0) + (a_2 - a_1) + \cdots + (a_n - a_{n-1}) = a_n - a_0$$

第二，相邻两个时期的累计增长量之差等于相应时期的逐期增长量，即

$$(a_n - a_0) - (a_{n-1} - a_0) = a_n - a_{n-1}$$

为了消除季节变动的影响，常用本月（季）发展水平与去年同月

（季）发展水平比较，若以相减的比较方式，则得到的是年距增长量，即
年距增长量 = 本月（季）发展水平 – 去年同月（季）发展水平

四、平均增长量

平均增长量是指动态数列的各个逐期增长量的序时平均数。它是用来反映在某一时间内各期增长量的一般水平。其计算公式为：

$$平均增长量 = \frac{逐期增长量之和}{逐期增长量的项数}$$

$$= \frac{(a_1 - a_0) + (a_2 - a_1) + \cdots + (a_n - a_{n-1})}{n}$$

$$= \frac{累计增长量}{动态数列的项数 - 1} = \frac{a_n - a_0}{n}$$

例 5 – 7 某企业 2008~2013 年产量资料，如表 5 – 9 所示。

表 5 – 9　　　　　某企业产量资料　　　　　单位：万件

年份		2008	2009	2010	2011	2012	2013
产量		21	20	18	22	21	23
增长量	逐期	—	-1	-2	4	-1	2
	累计	—	-1	-3	1	0	2

$$平均增长量 = \frac{(a_1 - a_0) + (a_2 - a_1) + \cdots + (a_n - a_{n-1})}{n}$$

$$= \frac{(-1) + (-2) + 4 + (-1) + 2}{5} = 0.4（万件）$$

或　平均增长量 $= \frac{a_n - a_0}{n}$

$$= \frac{23 - 21}{5}$$

$$= 0.4（万件）$$

？请思考

平均增长量、累计增长量和年距增长量分别在什么条件下使用？有什么意义？

第三节 动态数列的速度指标

表明社会经济现象发展速度的指标有：发展速度、增长速度、平均发展速度和平均增长速度四种，其中，发展速度是最基本的一种。

一、发展速度

发展速度是表明现象在一定时期内的发展方向和程度的动态相对指标。它是以相对数形式表示的两个不同时期发展水平的比值，表明报告期水平发展到基期水平的百分之几或若干倍。其计算公式为：

$$发展速度 = \frac{报告期水平}{基期水平}$$

发展速度一般用百分数表示，有时也用倍数表示。若发展速度大于百分之百（或大于1）则表示为上升速度；若发展速度小于百分之百（或小于1）则表示为下降速度。

由于分母采用的基期不同，发展速度分为定基发展速度和环比发展速度。

1. 定基发展速度

定基发展速度是指报告期水平与某一固定时期水平（通常是最初水平）之比，表明现象在较长时期内总的发展变化程度，又称总速度。定基发展速度可表示为：

$$\frac{a_1}{a_0}, \frac{a_2}{a_0}, \frac{a_3}{a_0}, \ldots, \frac{a_n}{a_0}$$

2. 环比发展速度

环比发展速度是指报告期水平与前一期水平之比，表明报告期水平是前一期的百分之几或若干倍，表明现象在两个相邻时期或时点上发展变化的程度。若时间单位为"年"的话，此速度指标也叫年速度。环比发展速度可表示为：

$$\frac{a_1}{a_0}, \frac{a_2}{a_1}, \frac{a_3}{a_2}, \ldots, \frac{a_n}{a_{n-1}}$$

3. 定基发展速度和环比发展速度之间的关系

定基发展速度和环比发展速度之间的关系是：

第一，定基发展速度等于相应时期内的各个环比发展速度的连乘积，即

$$\frac{a_1}{a_0} \times \frac{a_2}{a_1} \times \frac{a_3}{a_2} \times \cdots \times \frac{a_n}{a_{n-1}} = \frac{a_n}{a_0}$$

第二，相邻两个定基发展速度之比等于相应时期的环比发展速度，即

$$\frac{a_n}{a_0} \div \frac{a_{n-1}}{a_0} = \frac{a_n}{a_{n-1}}$$

根据上述数量关系，环比发展速度和定基发展速度可以互相推算。

4. 年距发展速度

类似于年距发展水平指标，对于具有季节变化的一些社会经济现象，为了消除季节变动的影响，可以计算年距发展速度，用来说明本期发展水平相对于上年同期发展水平变化的方向与程度，它是实际统计分析中经常应用的指标。用公式表示为：

$$年距发展速度 = \frac{本期发展水平}{上年同期发展水平}$$

二、增长速度

增长速度是表明现象增长或降低程度的动态相对指标。它是增长量与基期水平之比，表明报告期水平比基期水平增长（或降低）了若干倍或百分之几。其计算公式为：

$$增长速度 = \frac{增长量}{基期水平} = \frac{报告期水平 - 基期水平}{基期水平} = 发展速度 - 1（或100\%）$$

从以上关系式可以看出，增长速度与发展速度之间有着密切关系，即
增长速度 = 发展速度 - 1

增长速度有正、负值之分。当发展速度大于1时，增长速度为正值，表明现象的增长程度；当发展速度小于1时，增长速度为负值，表明现象的降低程度。

增长速度与发展速度相似，由于采用的基期不同，增长速度也有定基与环比之分。

1. 定基增长速度

定基增长速度是累计增长量与某一固定时期发展水平之比，表示现象在较长时期内总的增长程度。其计算公式为：

$$定基增长速度 = \frac{累计增长量}{某一固定基期水平} = \frac{报告期水平 - 某一固定基期水平}{某一固定基期水平}$$
$$= 定基发展速度 - 1（或100\%）$$

2. 环比增长速度

环比增长速度是逐期增长量与前一期发展水平之比，表示现象逐期增长的方向和程度。其计算公式为：

$$环比增长速度 = \frac{逐期增长量}{前一期水平} = \frac{报告期水平 - 前一期水平}{前一期水平}$$

$$= 环比发展速度 - 1（或100\%）$$

3. 定基增长速度与环比增长速度之间的换算关系

由于定基增长速度不等于环比增长速度的连乘积，即

$$\left(\frac{a_1}{a_0} - 1\right)\left(\frac{a_2}{a_1} - 1\right)\left(\frac{a_3}{a_2} - 1\right)\cdots\left(\frac{a_n}{a_{n-1}} - 1\right) \neq \left(\frac{a_n}{a_0} - 1\right)$$

因此，定基增长速度与环比增长速度不能直接换算。如果要进行换算，则首先必须将环比增长速度还原成环比发展速度，再将各期环比发展速度连乘，得到定基发展速度，最后用定基发展速度减1等于定基增长速度。

> **? 请思考**
>
> 已知某学校的学生数连年增长，2013年比2012年增长10%，2012年比2011年增长6%，2011年比2010年增长3%，求：三年来学校学生增长的总速度。

4. 年距增长速度

为了消除季节变动的影响，需要计算年距增长速度，其计算公式为：

$$年距增长速度 = \frac{年距增长量}{上年同月（季）发展水平}$$

$$= 年距发展速度 - 1（或100\%）$$

例 5 - 8 下面以某地区2009~2013年社会商品零售总额为例计算各种动态指标（见表5-10）。

表 5 - 10　　某地区 2009~2013 年社会商品零售总额

时间		2009	2010	2011	2012	2013
发展水平（亿元）		410.7	444.2	489.7	534.2	591.9
增长量（亿元）	逐期	—	33.5	45.5	44.5	57.7
	累计	—	33.5	79.0	123.5	181.2
发展速度（%）	环比	—	108.2	110.2	109.1	110.8
	定基	100	108.2	119.2	130.1	144.1

续表

时间		2008	2009	2010	2011	2012
增长速度（%）	环比	—	8.2	10.2	9.1	10.8
	定基	—	8.2	19.2	30.1	44.1
增长1%的绝对值（亿元）		—	4.11	4.44	4.90	5.34

三、平均发展速度与平均增长速度

从表5-10的计算结果我们可以看出，发展速度和增长速度各期都不一样，为了研究现象在一段较长时期内平均发展速度和平均增长速度，就需要计算这两个平均速度指标。

平均发展速度是动态数列中的各个环比发展速度的平均数。它说明某种现象在一个较长时期内，逐期平均发展变化的程度。

平均增长速度是各个环比增长速度的平均数，但它不是根据各环比增长速度直接计算的，而是根据平均发展速度计算的。它说明某种现象在一个较长时期内逐期平均增长（或降低）的程度。

平均发展速度与平均增长速度的关系是：

平均增长速度 = 平均发展速度 - 1

平均发展速度和平均增长速度在实际工作中起着重要的作用。这两个指标是编制国民经济计划，进行国民经济宏观调控的重要指标；也经常用来对比不同阶段、不同时期、不同国家或地区同类现象发展变化的情况；它们还可作为各种推算和预测的依据。

根据环比发展速度的连乘积等于定基发展速度，当计算各环比发展速度的平均数时，不能采用算术平均数的方法，而应采用几何平均数的方法。其计算公式通常有三个：

$$\bar{x} = \sqrt[n]{x_1 \times x_2 \times x_3 \times \cdots \times x_n} = \sqrt[n]{\prod x}$$

式中： x——各年的环比发展速度；

$\bar{x}$——平均发展速度；

$\prod$——连乘符号。

由于环比发展速度的连乘积等于相应的定基发展速度，因此平均发展速度的公式也可写成：

$$\bar{x} = \sqrt[n]{\frac{a_n}{a_0}}$$

因为 a_n/a_0 是现象发展的总速度,所以平均发展速度的公式又可写为:
$$\bar{x} = \sqrt[n]{R}$$
式中:R——总发展速度。

由上面的公式可知,计算平均发展速度时,可根据各时期的环比发展速度来计算;也可根据最初水平和最末水平计算;还可根据总的发展速度来计算。究竟采用哪种方法,取决于掌握的资料和手头掌握的工具,然后从中选择最为简单的计算方法以节省时间。

平均发展速度和平均增长速度一般用百分数表示,但像人口平均出生率、死亡率、平均自然增长率等指标的分子明显小于分母,可采用千分数表示。

根据表 5-10 资料分别用三个公式来计算社会商品零售总额的平均发展速度如下:

$$\bar{x} = \sqrt[n]{x_1 \times x_2 \times x_3 \times \cdots \times x_n} = \sqrt[n]{\prod x}$$
$$= \sqrt[4]{108.2\% \times 110.2\% \times 109.1\% \times 110.8\%} = 1.0956$$

$$\bar{x} = \sqrt[n]{\frac{a_n}{a_0}} = \sqrt[4]{\frac{591.9}{410.7}} = 1.0956$$

$$\bar{x} = \sqrt[n]{R} = \sqrt[4]{144.1\%} = 1.0956$$

即平均发展速度为 109.56%;

平均增长速度 = 109.56% - 100% = 9.56%,

即社会商品零售总额平均每年递增了 9.56%。

用几何法计算平均发展速度是最常用的方法,利用它不仅可以计算平均发展速度,还可以推算最末水平 a_n。

例 5-9 某商场 2010 年的销售额是 4000 万元,若以后每年以 12% 的速度递增,到 2014 年销售额应达到多少?

根据 $\bar{x} = \sqrt[n]{\dfrac{a_n}{a_0}}$

所以,$a_n = a_0 \bar{x}^n = 4000 \times 1.2^4 = 8294.4$(万元)

此方法的核心思想是:从最初水平出发,每期都按照求出来的平均发展速度去发展,经过 n 期以后最末水平会达到多少。

另外,为了反映增长速度的实际效果,有时需要计算每增长 1% 所代表的绝对值。增长 1% 的绝对值是指逐期增长量与环比增长速度之比。其计算公式为:

$$\text{增长 1\% 的绝对值} = \frac{\text{逐期增长量}}{\text{环比增长速度} \times 100}$$

$$= \frac{a_n - a_{n-1}}{\frac{a_n - a_{n-1}}{a_{n-1}} \times 100}$$

$$= \frac{a_{n-1}}{100}$$

因而，增长1%的绝对值等于前期水平除以100。计算见表5–10。

> **? 请思考**
>
> "高水平难以高速度，而低水平却可以高速度"，你能理解这是为什么吗？

第四节　动态数列的趋势分析

一、影响动态数列因素的分析

　　动态数列各项发展水平的变化是由许多因素共同作用的结果，它们有些因素是属于基本因素，对事物的发展起决定作用，会使事物的发展呈现出一定的规律性；有些因素是属于偶然的非基本因素，对事物的发展只起局部的非决定性的作用，使事物的发展表现出不规则的波动。为了研究社会经济现象发展变化的规律和趋势，并据此预测未来，就要将这些影响动态数列的因素加以分解并分别进行测定。在具体分析中可按影响因素的性质不同加以分类。一般将社会经济现象动态数列的总变动分解为长期趋势、季节变动、循环变动和不规则变动四种主要因素。

　　1. 长期趋势

　　长期趋势是指客观现象在一个相当长的时期内，受某种稳定性因素影响所呈现的上升或下降趋势，也可以表现为只围绕某一常数值而无明显增减变化的水平趋势。例如，粮食生产由于种植方法的不断改良、日益发达的农田水利等根本因素的影响，从较长时期来看，总趋势是持续增加的，向上发展的。认识和掌握事物的长期趋势，可以把握事物发展变化的基本特点。

2. 季节变动

季节变动是指客观现象受季节更换的影响，在一年或更短的时间内，随时间的变动而呈现的周期性波动。引起季节性变动的原因既有自然因素，也有人为因素，如气候条件、节假日及风俗习惯等。季节变动的影响有以一年为周期的，也有以一日、一周、一月为周期的。认识和掌握季节变动，对于近期行动决策有重要的作用。

3. 循环变动

循环变动是指客观现象以若干年为周期的涨落起伏相间的变动。循环变动不同于长期趋势，它所表现的不是单一方向（上升或下降）的持续运动，而是涨落相间的波浪式发展。循环变动也不同于季节变动，季节变动一般是以一年、一季或一月等为一个周期，它们都在一年以内可以预见；而循环变动没有固定的循环周期，其变动的周期较长，一般在数年以上，且各循环周期和幅度的规律性较低。测定循环变动，掌握变动规律对于人们认识事物，控制和克服其产生的影响具有重要的意义。我国统计工作中近年新开展的宏观经济监测、预警系统的研究，就是为这一目的而建立的，通过研究可对我国的经济发展进行监测，及时发现经济波动的趋势，以便采取反波动的措施。

4. 不规则变动

不规则变动是指客观现象由于突发事件或偶然因素引起的无周期性的变动，也称为随机变动。包括由突发的自然灾害、意外事故或重大政治事件所引起的剧烈变动，也包括大量不可名状的随机因素干扰造成的起伏波动。它们是动态数列中无法由上述三个因素解释的部分。

这四种因素的变化构成了事物在一定时期内的变动。在对动态数列进行分析时，首先要明确的是这四种类型因素变动的构成形式，即它们是如何结合及相互作用的。把这些构成因素和动态数列的关系用一定的数学关系表示，就构成了动态数列影响因素分解模型，一般常用的数学模型有加法模型和乘法模型。

加法模型是假定四种变动因素是互相独立的，则动态数列各期发展水平是各个影响因素相加的总和。其结构为：

$$Y = T + S + C + I$$

式中：T——长期趋势；

S——季节变动；

C——循环变动；

I——不规则变动。

乘法模型是假定四种因素存在着某种相互影响关系，互不独立。因此，动态数列各期发展水平是各个影响因素相乘之积，其结构为：
$Y = T \times S \times C \times I$

由于乘法模型在两边取对数后，也成为加法模型的形式，因此可以理解这两种假使在原则上没有区别，都是假设动态数列各因素是可加的。

❓ 请思考

请从时间长短、起伏规律和形成原因三个方面判断下面这些现象属于动态数列构成因素中的哪一个。

1. 银行的活期储蓄额，发放工资前减少，发放工资后增多。
2. 旅游景点的游客人数，周末达到高峰。
3. 公共汽车乘客人数一天中几个时段为高峰，另外几个时段为低谷。
4. 耐用消费品如电视、冰箱周期性更新导致需求量的变化。
5. 我国粮食产量从长时间来看是不断增长的。
6. 由于雪灾造成的对防寒物资需求量的增大。

二、长期趋势的分析

任何现象的发展变化都受多种因素的影响，这些因素有的是基本因素，有的是偶然因素，由于这些因素综合影响的结果，使现象在不同时间上的发展水平时高时低，因而，有时不易看出现象的变化趋势。但是，运用科学的分析方法，消除那些偶然因素的影响，被研究现象的发展趋势就比较明显地显现出来。在统计上，把原来不易看出现象变化趋势的动态数列，通过加工后，使现象的变化趋势更明显，就是长期趋势分析法，也叫动态数列修匀法。

长期趋势分析的方法很多，常用的有：时距扩大法、移动平均法、数学模型法等。下面我们将分别介绍这些方法的运用。

1. 时距扩大法

这是测定长期趋势最原始、最简便的方法。它是把原来动态数列中所包括的各个时期的资料加以合并，得出较长时距的资料，用以消除由于时距较短现象的偶然因素影响所引起的不均匀状况。经过对原始动态数列扩大时距修匀，可以整理出新的能明显表示现象发展趋势的动态数列。

例 5-10 某企业 2010~2013 年各季度产品产量和季初库存量,资料如表 5-11 所示。2014 年 1 月初的库存量为 12 吨。

表 5-11 某企业 2010~2013 年各季度产品产量和季度库存量资料

年份	2010				2011				2012				2013			
季度	1	2	3	4	1	2	3	4	1	2	3	4	1	2	3	4
产量(万吨)	26	36	10	16	28	36	12	20	32	44	16	24	38	50	30	34
季初库存量(万吨)	4	10	10	5	6	10	10	8	8	12	10	5	10	12	10	10

从表 5-11 中可以看出,2010~2013 年各季度的产量由于受多种因素的影响,因而增长趋势并不明显。同样,季初库存量的发展变化趋势也不明显。如果将按季统计的产量和库存量扩大为时距为年度的数据,则可整理出新的动态数列,如表 5-12 所示。

表 5-12 某企业 2010~2013 年各季度平均产品产量和季度平均库存量

年份	2010	2011	2012	2013
产量(万吨)	88	96	116	152
季平均产量(万吨)	22	24	29	38
季平均库存量(万吨)	7.5	8.75	9	10.75

从表 5-12 中可以看出,产量和库存量都呈明显的上升趋势。

应用时距扩大法时需要注意以下几个问题:

第一,扩大的时距多大为宜取决于现象自身的特点。对于呈现周期波动的动态数列,扩大的时距应与波动的周期相吻合;对于一般的动态数列,则要逐步扩大时距,以能够显示趋势变动的方向为宜。时距扩大太大,将造成信息的损失。

第二,扩大的时距要一致,相应的发展水平才具有可比性。

2. 移动平均法

这种方法实质上是对时距扩大法的改良。它在动态数列中按一定项数逐项移动计算平均数,达到对原始数列进行修匀的目的。修匀的原理与扩大时距法一样,即从较长时期看,短期数据由于偶然因素影响而形成的差异,在加总过程中会相互抵销,故移动平均动态数列能够反映原动态数列的总趋势。下面以某企业 2013 年各月总产值的资料为例,说明移动平均法的计算方法。

例 5 – 11 表 5 – 13 包括奇数项、偶数项两种移动平均。

奇数项移动平均求得的平均值,应对准所平均时期的中间数字,一次平均即可。例如,表 5 – 13 中三项平均栏的第一项为 68.4 [68.4 = (71 + 60 + 74.2/3)] 与 2 月份的数字相对,其他的以此类推。

偶数项移动平均求得的平均值,应位于所平均的中间两项之间。例如,表 5 – 13 中四项移动平均栏的第一项为 69.8 即 [69.8 = (71 + 60 + 74.2 + 74)/4] 应放在第二个月的数字与第三个月的数字之间,以下类同。这样组成的新数列中,每个值都错后半期,可采用修正办法将每个用偶数项计算出的移动平均数下移半期,或再进行一次两项移动平均,使之与具体的时间相对应(如表 5 – 13 中的移正平均)。

表 5 – 13 某企业 2013 年总产值移动平均表 单位：万元

月份	总产值	三项移动平均	四项移动平均	移正平均
1	71.0	—		—
2	60.0	68.4	69.8	—
3	74.2	69.4	72.8	71.3
4	74.0	77.0	79.5	76.2
5	82.8	81.2	82.3	80.9
6	86.8	85.0	86.0	84.2
7	85.4	87.0	89.2	87.6
8	88.8	90.0	90.4	89.8
9	95.8	92.1	92.0	91.2
10	91.7	93.0	94.5	93.3
11	91.5	94.0		—
12	98.8	—		

由这一系列移动平均数构成的新数列,可以较明显地反映出各月产值变动的总趋势。采用移动平均法所计算的新数列比原动态数列的项数要少。一般来说,被平均的项数越多,修匀的作用就越大,而所得的移动平均数就越少;反之,被平均的项数越少,修匀的作用就越小,所得的移动平均数就越多。所以,时距的选择要适中,否则,不利于揭示现象的发展趋势。在一般情况下,数列如果存在自然周期,就应根据周期确定被平均的项数。

3. 数学模型法

它是指用适当的数学模型对动态数列配合一个方程式,据以计算各期的趋势值。在测定长期趋势时,广泛使用这种方法。下面就介绍直线趋势的测定。

如果动态数列逐期增长量相对稳定,即现象发展水平按相对固定的绝对速度变化时,则采用直线(线形函数)作为趋势线,来描述趋势变化,预测前景。

例如,以时间因素作为自变量(t),把数列水平作为因变量(y),拟合的直线趋势方程为:

$$y_e = a + bt$$

参数 a, b 的求法,常用平均法和最小平方法,这里只介绍最小平方法。

最小平方法,也叫最小二乘法,是分析和预测现象长期趋势常用的方法之一。它的基本思想是:要通过对原始数列的数字处理,拟合一条比较理想的趋势直线或趋势曲线,使原数列各数据点与趋势线垂直距离的离差平方和为最小,即 $\sum (y - y_e)^2$ 为最小值。能够满足 $\sum (y - y_e)^2$ 为最小值的直线趋势方程 $y_e = a + bt$,其参数 a, b 可以通过求解下面的联立方程求得,即

$$\begin{cases} \sum y = na + b \sum t \\ \sum ty = a \sum t + b \sum t^2 \end{cases}$$

解得:$a = \dfrac{\sum y}{n} - \dfrac{b \sum t}{n} = \bar{y} - b\bar{t}$

$$b = \dfrac{\sum ty - \dfrac{1}{n}(\sum t)(\sum y)}{\sum t^2 - \dfrac{1}{n}(\sum t)^2}$$

下面以某企业连续9年的销售额资料为例来说明最小平方法的应用。

例5-12 已知某企业2004~2012年的销售额资料如表5-14所示。

表5-14　　　　　　　某企业的销售额　　　　　　　单位:万元

年份	时间(t)	销售额(y)	t^2	ty	预测值(y_e)
2004	1	300	1	300	299.16
2005	2	324	4	648	323.51
2006	3	347	9	1041	347.86
2007	4	372	16	1488	372.21
2008	5	396	25	1980	396.56
2009	6	420	36	2520	420.91

续表

年份	时间 (t)	销售额 (y)	t^2	ty	预测值 (y_e)
2010	7	446	49	3122	445.26
2011	8	469	64	3752	469.61
2012	9	495	81	4455	493.96
∑	45	3569	285	19306	—

将表 5 – 14 中数字代入公式，可得：

$$b = \frac{19306 - \frac{1}{9} \times 45 \times 3569}{285 - \frac{1}{9} \times 45^2} = 24.35$$

$$a = \frac{3569}{9} - \frac{24.35 \times 45}{9} = 274.81$$

则所拟合的直线趋势方程为：$y_e = 274.81 + 24.35t$

将各年代码代入方程，可得出趋势值数列 y_e，如表 5 – 14 所示。若要预测 2014 年的销售额，就将 $t = 11$ 代入方程得：

$y_e = 274.81 + 24.35 \times 11 = 542.66$（万元）

为了简化计算，可以把时间变量 t 的原点移动若干期。其中，最简便的方法是把原数列中间项作为原点。其具体方法是：当动态数列的项数为奇数时，可取中间一项的时间序号等于零，中间以前的时间序号为负值，中间以后的时间序号为正值（如表 5 – 15）；当动态数列的项数为偶数时，中间以前的时间序号为负值，中间以后的时间序号为正值（如表 5 – 16）。

表 5 – 15

时间	t
1	-2
2	-1
3	0
4	1
5	2
合计	0

表 5 – 16

时间	t
1	-5
2	-3
3	-1
4	1
5	3
6	5
合计	0

t 按表 5-15、表 5-16 取值，$\sum t = 0$，所以 a、b 参数方程可简化为

$$\begin{cases} a = \dfrac{\sum y}{n} \\ b = \dfrac{\sum ty}{\sum t^2} \end{cases}$$

三、季节变动的测定

在现实生活中，季节变动是一种极为普遍的现象。例如，许多农副产品的产量都因季节更替而有淡季、旺季之分；商业部门的许多商品的销售量也随着气候变化的影响而形成有规律的周期性变动。季节变动具有三个特点：一是季节变动每年重复进行；二是季节变动按照一定的周期进行；三是每个周期变化强度大体相同。

研究季节变动的目的在于了解季节变动对人们经济生活的影响，以便更好地组织生产和安排生活。分析季节变动，还可以根据季节变动规律，配合适当的季节模型，结合长期趋势，进行经济预测，计划未来行动。

分析和测定季节变动最常用、最简便的方法是按月（季）平均法。这种方法是通过对若干年资料的数据，求出同月份的平均水平与全数列总平均月份水平，然后对比得出各月份的季节比率。季节比率是进行季节变动分析的重要指标，可用来说明季节变动的程度。其计算公式为：

$$季节比率（\%） = \dfrac{同月份平均水平}{总平均月份水平} \times 100\%$$

通过季节比率的计算，可以观察和分析某种社会经济现象季节变动的规律性。季节比率高，说明是"旺季"，反之，说明是"淡季"。现举例说明季节比率的计算和分析。

例 5-13　某商场最近 4 年各月空调的销售量如表 5-17 所示。

具体计算过程如下：

第一步：计算同月份平均水平。

$$1 月份平均数 = \dfrac{10 + 9 + 12 + 9}{4} = 10（台）$$

其余如表 5-17 中的第 7 列所示。

第二步：总平均月份水平。

$$总平均月份水平 = \dfrac{1424}{48} = 29.7（台）$$

$$或\quad 总平均月份水平 = \dfrac{356}{12} = 29.7（台）$$

总平均月份水平 = $\frac{118.6}{4}$ = 29.7（台）

第三步：计算季节比率。

如 1 月份的季节比率 = $\frac{10}{29.7}$ = 33.7%

其余如表 5-17 中第 8 列所示。

第四步：用季节比率进行预测。为了预测以后各年不同月（或季）发展趋势和状况，通常假定按过去资料测定的季节变动模型能够适用于未来。因此，按月（或）季平均预测法的计算公式为：

各月（或季）预测值 = 上年各月（或季）的平均值 × 各月（或季）的季节比率

例如，对 2013 年销售量进行预测。

5 月份的销售量 = 28.5 × 114.6% = 33（台）

8 月份的销售量 = 28.5 × 289.9% = 83（台）

表 5-17　　　　　某商场空调销售量　　　　　单位：台

月 \ 年	2009	2010	2011	2012	四年合计 $\sum$	同月平均 $\sum /4$	季节比率（%）
(1)	(2)	(3)	(4)	(5)	(6)	(7)	(8)
1	10	9	12	9	40	10	33.7
2	19	15	12	10	56	14	47.2
3	20	24	20	36	100	25	84.3
4	24	24	18	14	80	20	67.4
5	32	36	36	32	136	34	114.6
6	42	45	46	43	176	44	148.3
7	41	48	57	30	176	44	148.3
8	88	82	88	86	344	86	289.9
9	30	28	26	28	112	28	94.4
10	22	19	22	21	84	21	70.8
11	16	17	17	18	68	17	57.3
12	8	13	16	15	52	13	43.8
合计	352	360	370	342	1424	356	1200
平均	29.3	30	30.8	28.5	118.6	29.7	100

通过上面计算的由各月份季节比率组成的数列,可以看出空调销售量的季节变动趋势,自1月份其季节比率逐月增长,8月份达到最高峰,9月份开始下降,到12月份降到最低点。

按月平均法计算简便,容易掌握。但是,季节比率的计算不够精确,因为,其一是它不考虑长期趋势的影响;其二是季节比率的高低受各年数值大小的影响。数值大的年份,对季节比率影响较大;数值小的年份,对季节比率的影响较小。

请思考

1. 按月份计算季节比率,那么季节比率之和等于几?按季度计算季节比率,那么季节比率之和又等于几?

2. 你能说明上述例5-13中1月份季节比率为33.7%的经济含义吗?

【本章小结】

动态数列是将某种统计指标按时间先后顺序排列起来所形成的数列,由所属时间和各个指标数值两个基本要素构成。分为总量指标、相对指标、平均指标动态数列三种类型。本章主要讲解发展水平、平均发展水平、增长量、平均增长量四种水平指标以及发展速度、增长速度、平均发展速度、平均增长速度四种速度指标及长期趋势分析预测。

通过对本章的学习,了解动态数列的概念、作用、构成要素、种类、编制原则,学会计算动态数列的水平、速度指标的计算及应用,掌握动态数列的发展趋势分析。

【学习重点和难点】

1. 重点:动态数列平均发展水平指标的计算和各种速度指标的计算。

2. 难点：动态数列类型的识别。间断时点数列计算平均发展水平指标。速度指标的计算，长期趋势和季节变动的分析。

【本章主要概念】

动态数列　增长量　平均增长量发展水平　平均发展水平　发展速度　增长速度　平均发展速度　时期数列　时点数列　增长1%的绝对值

【本章主要思考题与简答题】

1. 简述动态数列的概念和种类。
2. 时期数列和时点数列的区别。
3. 什么是平均发展水平？它与静态平均数的共同点与区别是什么？
4. 定基发展速度与环比发展速度、发展速度与增长速度之间的关系如何？

【习题与实践训练】

一、判断题

1. 在各种动态数列中，指标值的大小都受到指标所反映的时期长短的制约。（　）
2. 定基发展速度反映了现象在一定时期内发展的总速度，环比发展速度反映了现象较前一期的增长程度。（　）
3. 若逐期增长量每年相等，则其各年的环比发展速度是年年下降的。（　）
4. 环比增长速度与定基增长速度之间存在如下关系式：各期环比增长速度的连乘积等于定基增长速度。（　）
5. 用水平法计算的平均发展速度只取决于最初发展水平和最末发展水

平，与中期各期发展水平无关。（　　）

6. 呈直线趋势的动态数列，各逐期增长量大致相同。（　　）

7. 计算平均发展速度有两种方法，即几何平均法和方程式法，根据分析目的的不同选不同的方法。（　　）

8. 平均发展速度是环比发展速度的平均数，也是一种序时平均数。（　　）

9. 将某班学生按考试成绩分组形成的数列是时点数列。（　　）

10. 增长量与基期发展水平指标对比，得到的是发展速度指标。（　　）

二、单项选择题

1. 下列数列中哪一个属于动态数列（　　）。
   A. 学生按学习成绩分组形成的数列
   B. 某地区工业企业数按时间排列形成的数列
   C. 职工按工资水平高低排列形成的数列
   D. 出口额按时间先后顺序排列形成的数列

2. 已知各期环比增长速度为2%、5%、8%和7%，则相应的定基增长速度的计算为（　　）。
   A. $(102\% \times 105\% \times 108\% \times 107\%) - 100\%$
   B. $102\% \times 105\% \times 108\% \times 107\%$
   C. $2\% \times 5\% \times 8\% \times 7\%$
   D. $(2\% \times 5\% \times 8\% \times 7\%) - 100\%$

3. 已知某企业1月、2月、3月、4月的平均职工人数分别为190人、195人、193人和201人，则该企业一季度的平均职工的计算方法为（　　）。

   A. $\dfrac{190+195+193+201}{4}$　　B. $\dfrac{190+195+193}{3}$

   C. $\dfrac{\dfrac{190}{2}+195+193+\dfrac{201}{2}}{4-1}$　　D. $\dfrac{\dfrac{190}{2}+195+193+\dfrac{201}{2}}{4}$

4. 平均发展速度是（　　）。
   A. 定基发展速度的算术平均数　　B. 环比发展速度的算术平均数
   C. 环比发展速度的几何平均数　　D. 增长速度加上100%

5. 定基增长速度与环比增长速度的关系是（　　）。
   A. 定基增长速度是环比增长速度的连乘积
   B. 定基增长速度是环比增长速度之和
   C. 各环比增长速度加1后的连乘积减1
   D. 各环比增长速度减1后的连乘积减1

6. 计算序时平均数时，"首末折半法"适用于（　　）。

A. 时期数列计算序时平均数

B. 间隔相等的间断的时点数列计算序时平均数

C. 间隔不等的时点数列计算序时平均数

D. 由两个时点数列构成的相对数动态数列计算序时平均数

7. 间隔不相等的间断的时点数列求序时平均数的公式是（　　）。

A. $\bar{a} = \dfrac{\left(\dfrac{a_1+a_2}{2}\right)f_1 + \left(\dfrac{a_2+a_3}{2}\right)f_2 + \cdots + \left(\dfrac{a_{n-1}+a_n}{2}\right)f_{n-1}}{\sum f}$

B. $\bar{a} = \dfrac{\sum a}{n}$

C. $\bar{a} = \dfrac{\sum af}{\sum f}$

D. $\bar{a} = \dfrac{\dfrac{a_1}{2} + a_2 + \cdots + \dfrac{a_n}{2}}{n-1}$

8. 设 2009～2013 年各年的环比增长速度为 6%、7%、8%、9% 和 10%，则平均增长速度为（　　）。

A. $\sqrt[5]{6\% \times 7\% \times 8\% \times 9\% \times 10\%}$

B. $\sqrt[5]{106\% \times 107\% \times 108\% \times 109\% \times 110\%}$

C. $\sqrt[5]{106\% + 107\% + 108\% + 109\% + 110\%}$

D. $\sqrt[5]{106\% \times 107\% \times 108\% \times 109\% \times 110\%} - 100\%$

9. 假定某产品量 2013 年比 2008 年增加了 35%，则 2008～2013 年的平均发展速度为（　　）。

A. $\sqrt[5]{35\%}$　　B. $\sqrt[5]{135\%}$　　C. $\sqrt[5]{100\%}$　　D. $\sqrt[5]{150\%}$

10. 编制动态数列总的原则是要使数列里的各项指标具有（　　）。

A. 可加性　　B. 可比性　　C. 同质性　　D. 一致性

三、多项选择题

1. 一个动态数列的基本要素包括（　　）。

A. 变量　　　　　　　　　B. 次数

C. 现象所属的时间　　　　D. 现象所属的地点

E. 反映现象的统计指标值

2. 按统计指标表现的形式看，动态数列可分为如下几种（　　）。

A. 总量指标动态数列   B. 相对指标动态数列
C. 平均指标动态数列   D. 时期指标动态数列
E. 时点指标动态数列

3. 下面哪几项是时期数列(　　　)。

A. 我国近几年来的耕地总面积   B. 我国历年新增人口数
C. 我国历年图书出版量   D. 我国历年黄金储备量
E. 某地区国有企业历年资金利税率

4. 定基发展速度和环比发展速度的关系是(　　　)。

A. 两者都属于速度指标
B. 相应环比发展速度的连乘积等于定基发展速度
C. 相应定基发展速度的连乘积等于环比发展速度
D. 相邻两个定基发展速度之商等于相应的环比发展速度
E. 相邻两个环比发展速度之商等于相应的定基发展速度

5. 累计增长量与逐期增长量(　　　)。

A. 前者基期不变,后者基期逐期在变动
B. 二者存在关系式:逐期增长量之和＝累计增长量
C. 相邻的两个逐期增长量之差等于相应的累计增长量
D. 根据这两个增长量都可以计算平均增长量
E. 这两个增长量都属于速度分析指标

6. 下列哪些指标是序时平均数(　　　)。

A. 一季度平均每月的职工人数
B. 某产品产量某年各月的平均增长量
C. 某企业职工人均产值
D. 某商场职工某年各月人均销售额
E. 某地区近几年出口商品贸易额平均增长速度

7. 增长1%的绝对值(　　　)。

A. 等于前期水平除以100
B. 等于逐期增长量除以环比增长速度乘以100
C. 等于逐期增长量除以环比发展速度
D. 表示增加一个百分点所增加的绝对量
E. 表示增加一个百分点所增加的相对量

8. 下面属于时点数列的有(　　　)。

A. 历年旅客周转量   B. 某工厂每年设备台数
C. 历年商品销售量   D. 历年牲畜存栏数

E. 某银行储户存款余额

9. 时期数列的特点有（　　　　）。
A. 数列中各个指标数值不能相加
B. 数列中各个指标数值可以相加
C. 数列中每个指标数值的大小与其时间长短无直接关系
D. 数列中每个指标数值的大小与其时间长短有直接关系
E. 数列中每个指标数值，通常是通过连续不断登记而取得的

10. 常用的长期趋势时间数列修匀方法主要有（　　　　）。
A. 时距扩大法　　　　　　　B. 几何扩大法
C. 最小平方法　　　　　　　D. 移动平均法
E. 动态平均法

四、填空题

1. 动态数列是由反映_____变化和_____变化的两个要素所构成的。
2. 总量指标动态数列按反映现象的时间状况不同可分为_____和_____两种。
3. 各年末商品库存量数列属于_____数列，各年的基建投资额数列属于_____数列。
4. 社会经济现象发展的动态分析主要包括_____和_____两部分。
5. 发展速度是报告期水平与_____之比。
6. 某高校在校学生2011年比2010年增加8%，2012年比2011年增加12%，2013年比2012年增加10%，则这三年共增加学生_____。
7. 各项环比发展速度的_____等于定基发展速度，累计增长量等于各项逐期增长量的_____。
8. 本期定基发展速度与前一期定基发展速度之比等于_____，本期累计增长量与前期累计增长量之差等于_____。
9. 某公司生产某产品，1月份生产2000件，废品率为0.9%；2月份生产2200件，废品率为1.1%；3月份生产1900件，废品率为0.8%。则第一季度该公司产品的平均废品率为_____。

五、应用能力训练题

1. 新华小区自行车库4月1日存自行车320辆，4月6日调出70辆，4月18日进货120辆，4月26日调出80辆，直至月末自行车数量未发生变动。问：该库4月平均库存自行车多少辆？
2. 已知2010年某市国内生产总值（GDP）为6515亿元，若以平均每

年增长7%速度发展,试推算到2016年将达到什么水平?

3. 已知某企业月初工人数资料如下表所示。

表 5-18

时间	1月1日	3月1日	7月1日	10月1日	12月31日
工人数	1000	600	800	1200	1000

求全年平均月工人数?

4. 已知某企业产值如下表所示。

表 5-19

季度	一	二	三	四
实际 (a)	128	171	185	204
计划 (b)	160	180	185	170
计划完成(%)	80	95	100	120

求全年季度平均计划完成百分比?

5. 某企业部分资料如下表所示。

表 5-20

年份		2010	2011	2012	2013
产量(万吨)					50
增长量(万吨)	逐期				
	累计				
发展速度(%)	环比			110	
	定基				
增长速度(%)	环比		-5		
	定基				
增长1%的绝对值				0.38	

要求计算:(1) 表中空格。(2) 平均增长量。(3) 平均发展速度和平均增长速度。

6. 某市城乡居民年底储蓄存款余额如下表所示,试计算2008~2013年我国城乡居民平均储蓄存款余额。

表 5-21

年份	2008	2009	2010	2011	2012	2013
储蓄存款余额(亿元)	534	596	643	737	869	1036

7. 某工厂2013年下半年各月末工人数及其比重资料如下表所示,计算该工厂2013年下半年工人占全部职工人数的平均比重。

表 5-22

月份	6	7	8	9	10	11	12
月末工人数(人)	550	580	560	565	600	590	590
工人占全部职工人数的比重(%)	80.0	86.0	81.0	80.0	90.0	87.0	85.0

8. 某商店商品销售额及销售人员人数资料如下表所示。

表 5-23

月份	3	4	5	6
商品销售额(万元)	165.0	198.0	177.0	216.9
月末销售人员人数(人)	200	205	208	206

根据上表资料计算:

(1) 第二季度该商店平均每月商品销售额。
(2) 第二季度平均销售员人数。
(3) 第二季度平均每个售货员的销售额。
(4) 第二季度平均每月每个销售员的销售额。

9. 某地区某种产品产量资料如下表所示。

表 5-24

年份	产量(万台)	累计增长量(万台)	定基发展速度(%)	环比发展速度(%)
2008	200			
2009		50		
2010			125	
2011				115
2012				125
2013		160		

根据上表资料计算:

(1) 表中空格处的数量。
(2) 平均增长量。
(3) 平均发展速度。
(4) 平均增长速度。

10. 某市电器商场 2007~2013 年销售某家电器资料如下表所示。

表 5-25

年　份	2007	2008	2009	2010	2011	2012	2013
销售额（万元）	560	1140	1710	2400	3130	3800	4390

试计算：

(1) 逐期增长量和累计增长量。
(2) 定基发展速度和环比发展速度。
(3) 定基增长速度和环比增长速度。
(4) 增长 1% 的绝对值。
(5) 平均增长速度。

11. 我国 1952 年和第一个五年计划工业总产值资料如下表所示。

表 5-26

时　间	1952	1953	1954	1955	1956	1957
工业总产值（亿元）	343	447	520	549	704	784

(1) 计算各种动态分析指标。
(2) 说明如下关系：发展速度和增长速度；定基发展速度和环比发展速度；增长 1% 的绝对值和前期水平；逐期增长量和累计增长量；平均发展速度和环比发展速度；平均发展速度和平均增长速度。

12. 某企业 2013 年资料如下表所示：

表 5-27

月　份	1	2	3	4	5	6	10	12
月末人数（人）	298	300	354	310	280	290	330	368

并且，已知 2012 年末工人数是 340 人。要求计算：

(1) 上半年各月平均工人数。

(2) 下半年各月平均工人数。
(3) 全年各月平均工人数。

13. 请从时间长短、起伏规律和形成原因三个方面判断下面这些现象属于时间数列构成因素中的哪一个？

(1) 超市的顾客人数，周末达到高峰。

(2) 银行的活期储存额，发放工资前减少，发放工资后增多。

(3) 我国的进出口贸易额从长时间来看是不断增长的。

(4) 由于媒体对"苏丹红"的报道，造成部分副食品需求量的急剧下降。

(5) 耐用消费品，如电视、冰箱周期性更新导致需求量变化。

(6) 铁路部门运送旅客的客运量，在一年中有几个时段为高峰，另外几个时段为低谷。

(7) 玩具的销售量每年在12月份达到最大值。

阅读资料

新华社济南2009年10月26日电（记者彭红）随着经济社会快速发展和人民生活质量的不断提高，我国人口预期寿命不断延长，百岁老人不断增加，近十年来百岁老人约以每年2500人的速度增长。这是中国老年学学会25日在"中国长寿之乡"莱州市举办的2009年度中国十大寿星颁奖仪式上公布的数据。

据中国老年学学会最新调查数据显示，截至2009年9月1日，全国健在的百岁老人已达到40592人，约占全国人口总数的3.06/10万，约占世界百岁老人总数的11.94%。各地百岁老人占总人口比例排在前三位的分别是：第一，海南省为13.61/10万；第二，广西壮族自治区为7.04/10万；第三，新疆维吾尔自治区为5.68/10万。

另据了解，2009年5月22日，莱州市被中国老年学学会正式命名为"中国长寿之乡"。这是我国第十个、山东省第一个获此殊荣的城市，也是我国北方地区第一个长寿之乡。截止到2009年3月底，莱州市共有百岁老人87位，占全市总人口的10.1/10万；80岁以上老人2.64万人，占该市总人口的3.1%。为展示长寿风采，经过推荐和评议，莱州市102岁的李淑廷和100岁的曲祥震两位百岁老人被授予2009年中国最佳风采寿星。

第六章 指 数

教学目的和要求

指数分析法是实际工作中广泛应用的一种统计分析方法。通过对本章的学习，要求了解指数的基本概念和基本原理，掌握总指数两种形式的编制方法，并能利用指数体系进行因素分析。

教学内容

1. 指数的概念及种类
2. 综合指数
3. 平均指数
4. 指数体系与因素分析

第一节 指数的种类和作用

指数最早起源于 18 世纪的欧洲，当时欧洲的物价飞涨，社会不安，人们急需了解物价变动的程度。于是就产生了早期的物价指数，指数是用于经济分析的一种特殊的统计分析方法，主要用于反映事物的相对变化程度。

一、指数的概念

从广义上讲，凡是表明社会经济现象数量变动的相对数，都是指数。广义的指数所研究的现象总体是简单现象总体，即总体中的单位数或标志值可以直接加总。例如，某一种产品的产量、成本、产值、利润等，因为一种产品的产量数量可以加总，所以称这种现象为简单现象总体。又如，2013 年与 2012 年相比，我国国内生产总值发展速度为 107.7%，进出口总额的发展速度为 107.6%，都是广义上的指数。

本章所研究的指数是狭义的指数，是反映复杂现象总体数量综合变动的相对数。复杂现象总体是指构成总体的单位数及标志值不能直接相加。例如，具有不同使用价值的机床、汽车、煤炭，其产量、价格、单位成本等都不能直接相加，如何计算这种复杂现象总体的数量变动，就是狭义指数的编制。

二、指数的种类

指数作为一种特殊的统计分析方法，可以从不同的角度进行多种不同的分类。主要分类有：

1. 按研究对象范围不同分为个体指数和总指数

个体指数是反映个别现象数量变动的相对数。比如，要研究个别商品的销售量指数、个别产品的单位成本指数等。个体指数是在简单现象的条件下计算的。常用的个体指数主要有以下几种：

个体产量（销售量）指数：$k_q = \dfrac{q_1}{q_0}$

个体价格指数：$k_p = \dfrac{p_1}{p_0}$

个体单位成本指数：$k_z = \dfrac{z_1}{z_0}$

式中：k——个体指数；

　　　q——产量或销售量；

　　　p——产品或商品的价格；

　　　z——产品的单位成本；

　　　下角标 1——报告期；

　　　下角标 0——基期。

总指数是综合反映不能直接相加或对比的多种现象总体数量变动的相对数。例如，研究使用价值不同的多种商品销售量总指数、多种商品价格总指数都属于总指数。总指数是在复杂现象总体的条件下计算的。总指数的计算形式有综合指数和平均数指数两种。

2. 按所表明现象性质不同分为数量指标指数和质量指标指数

数量指标指数是反映现象数量指标变动的相对数，表明总体总规模的变动。例如，产量指数、销售量指数等。质量指标指数是反映质量指标变动的相对数,表明生产工作质量提高程度的相对数。例如,劳动生产率指数、单位成本指数、商品价格指数等。

3. 按采用基期不同,分为定基指数和环比指数

计算各个时期的指数时,如果采用某一固定时期为基期,这样计算的一系列指数称为定基指数;如果采用各报告期前一个时期为基期,这样计算的一系列指数称为环比指数。

三、在经济活动分析中指数的作用

指数法在经济分析中有着非常广泛的作用,其主要作用以下两个方面:

1. 综合分析复杂现象总体的变动情况

例如,某企业的总成本指数为102%,这说明总成本上升了2%;如果企业的销售额指数为128%,这说明了销售额提高了28%。通过指数的计算,为企业下一步如何加强管理提供了可靠的依据。又如,国家经常向社会公布的消费品零售价格指数、国内生产总值指数等,为国家宏观管理、进行经济决策提供重要依据。

2. 分析复杂现象总体变动中的各因素的影响程度

比如,上例中的企业总成本指数为102%,即总成本上升了2%,具体是什么原因使企业的总成本上升了呢?通过分析可以找出影响总成本变动的因素有产量和单位成本,利用指数因素分析法就能从数量方面具体说明总成本变动的原因。

请思考

你能区分表6-1中各指数的种类吗?在你认为正确的空格内打√。

表6-1

指　　数	个体指数	总指数	数量指标指数	质量指标指数
某一商品单位成本指数				
三种产品的价格指数				
全国消费品零售价格指数				
企业产量指数				
企业工人劳动生产率指数				
甲商品销售量指数				

第二节 综合指数

一、综合指数的概念

综合指数包括两种基本形式:数量指标综合指数和质量指标综合指数,本节专门阐述这两种综合指数的编制方法。

综合指数是两个时期总量指标对比形成的指数。综合指数的编制方法是先综合后对比。下面举例说明综合指数的编制方法。

二、数量指标综合指数的编制方法

例 6-1 根据表 6-2 三种商品销售量资料和价格资料计算三种商品销售量总指数。

表 6-2 三种商品销售量指数计算表

商品名称	计量单位	销售量		价格(元)		销售额(元)		
		q_0	q_1	p_0	p_1	$q_0 p_0$	$q_1 p_1$	$q_1 p_0$
甲	条	200	140	68	70	13600	9800	9520
乙	件	460	500	300	320	138000	160000	150000
丙	双	120	180	240	200	28800	36000	43200
合计	—	—	—	—	—	180400	205800	202720

销售量个体指数的计算公式如下:

$$k_q = \frac{q_1}{q_0}$$

式中:k_q——数量指标个体指数;

q_1——报告期的数量指标;

q_0——基期的数量指标。

三种商品的销售量个体指数分别为:

甲:$k_q = \frac{140}{200} \times 100\% = 70\%$;乙:$k_q = \frac{500}{460} \times 100\% = 108.70\%$;丙:$k_q = \frac{180}{120} \times 100\% = 150\%$。

通过计算个体指数可以看到,三种商品的销售量的变动幅度是不同的。甲种商品销售量下降了30%,乙种商品销售量上涨了8.7%,丙种商品销售量上涨了50%。个体指数是以简单现象为前提而计算的。这些个体指数只反映了每一种商品销售量的变动情况,却反映不了三种商品销售量的综合变动情况。但是,在实际工作中,往往要求计算分析多种商品销售量综合变动的程度。本题就以三种商品为例,研究多种商品销售量的综合变动程度。

因为三种商品的计量单位不同、使用价值不同,三种商品的销售量无法直接相加,因而也无法直接对比,这在统计上叫做无法同度量。如何解决多种现象不能直接相加因而也无法直接对比的问题,就成为总指数的核心问题。我们还以上表6-2资料为例,具体方法步骤如下:

1. 解决复杂现象不能直接综合相加的问题

因为,销售量×价格=销售额,用字母表示:$q \times p = qp$,三种商品的销售量不能直接加总,但通过此经济关系式中的价格,将不能加总的销售量过渡为可以加总的销售额,那么价格就是销售量的同度量因素。即同度量因素是指将不能直接加总的现象的量过渡为可以相加的那个因素。三种商品的价格也不能直接加总,但通过销售量,将不能加总的价格过渡为可以加总的销售额,那么销售量也可以作为价格的同度量因素。在同一个经济关系式中,数量指标和质量指标互为同度量因素,即数量指标的同度量因素是质量指标,质量指标的同度量因素为数量指标。

2. 将同度量因素固定在同一时期,消除同度量因素变动的影响

如果将报告期的销售额与基期的销售额对比,计算过程见表6-2即

$$\frac{\sum q_1 p_1}{\sum q_0 p_0} \times 100\% = \frac{205800}{180400} \times 100\% = 114.08\%$$

,相对数114.08%说明报告期销售额比基期销售额增长了14.8%。之所以增长,不但受销售量变动影响,也同时受价格变动的影响。因此以销售额的变动来反映销售量的变动,必须把同度量因素价格固定,即两个时期的销售额,均采用同一时期的价格计算,并进行对比,借以消除价格变动的影响。

3. 同度量因素所属时期的选择原则

同度量因素所属时期的选择是非常重要的问题,应根据编制指数的具体任务以及实际经济内容来确定。一般采用的原则是:编制数量指标综合指数将质量指标作为同度量因素,并将其固定在基期。计算公式如下:

$$\overline{k_q} = \frac{\sum q_1 p_0}{\sum q_0 p_0}$$

此公式是德国经济统计学家拉斯佩雷斯研究制定的,该公式也叫拉氏

指数公式。

公式中的分子是报告期销售量按基期价格计算的假定销售额,分母是基期的实际销售额。

三种商品销售量指数计算如下:

$$\overline{k_q} = \frac{\sum q_1 p_0}{\sum q_0 p_0} \times 100\% = \frac{202720}{180400} \times 100\% = 112.37\%$$

$$\sum q_1 p_0 - \sum q_0 p_0 = 202720 - 180400 = 22320(元)$$

计算结果表明:三种商品销售量综合上涨了12.37%,由于销售量的增长而增加的销售额为22320元。

数量指标综合指数的同度量因素所属时期的选择,除了采用基期以外,也可以采用某一固定时期。计算公式如下:

$$\overline{k_q} = \frac{\sum q_1 p_n}{\sum q_0 p_n}$$

式中:p_n——某一固定时期的价格。

比如,在实际工作中,经常利用固定价格编制工业产品产量总指数、商品销售量总指数等。

三、质量指标综合指数的编制方法

质量指标综合指数的编制原理与数量指标综合指数的编制原理相同,只是同度量因素的固定时期不同。编制质量指标综合指数的一般原则是:编制质量指标综合指数,将数量指标作为同度量因素,并将其固定在报告期。下面举例说明质量指标综合指数的编制方法。

例6-2 根据表6-2的资料计算三种商品价格综合指数。

首先,计算三种商品的价格个体指数如下:

$$k_p = \frac{p_1}{p_0}$$

式中:p_1——报告期价格;

p_0——代表基期价格;

k_p——个体价格指数。

三种商品的价格个体指数分别为:甲种商品 $k_p = \frac{70}{68} \times 100\% = 102.94\%$;乙种商品 $k_p = \frac{320}{300} \times 100\% = 106.67\%$;丙种商品 $k_p = \frac{200}{240} \times 100\% = 83.33\%$。三种商品的个体价格指数分别说明了三种商品价格的变

动情况。那三种商品价格的综合变动情况是什么样呢?

三种商品价格总指数如下:

$$\overline{k_p} = \frac{\sum p_1 q_1}{\sum p_0 q_1} \times 100\% = \frac{205800}{202720} \times 100\% = 101.52\%$$

$$\sum p_1 q_1 - \sum p_0 q_1 = 205800 - 202720 = 3080(元)$$

计算结果表明:三种商品价格报告期比基期综合上涨增长了1.52%,由于价格提高而增加的销售额为3080元。

编制综合指数,最重要的就是同度量因素所属时期的选择。在实际统计工作中,编制综合指数的一般原则是:数量指标综合指数,将作为同度量因素的质量指标固定在基期。质量指标综合指数,将作为同度量因素的数量指标固定在报告期。但这个原则也不是固定不变的,也不能机械地加以应用。要根据研究现象的不同情况及分析任务的不同要求,来具体确定同度量因素所属时期。

> **请思考**
>
> 1. 举例说明什么是复杂现象总体?如何解决复杂现象总体不能直接相加问题?
>
> 2. 简单说明在编制综合指数时,同度量因素为什么要固定在同一时期水平上?
>
> 3. 单位成本指数 $\overline{k_z} = \dfrac{\sum z_1 q_1}{\sum z_0 q_1} \times 100\% = 98\%$,$\sum z_1 q_1 - \sum z_0 q_1 = -2000(元)$,请说明相对数和绝对数的含义。

第三节 平均数指数

一、平均数指数的编制方法

平均数指数也称平均指数。前面讲述的编制综合指数,既可以说明现象变动的方向和程度,也可以说明现象变动所产生的实际效果,计算方法比较简单,但需要的资料比较全面,既需要基期的资料,又需要报告期的资料,有时在资料不具备时就不能直接用综合指数公式,这时可采用平均数指数公式计算。平均数指数是总指数的另一种形式,有其独立应用的意义。平均数指数是从个体指数出发编制总指数的,用来反映复杂现象总体的变动情况。

平均数指数分为加权算术平均数指数和加权调和平均数指数两种基本形式。

1. 加权算术平均数指数

仍以表6-2所列举某商场销售三种商品资料为例,用加权算术平均数指数方法计算销售量指数。

例6-3 已知三种商品销售量和基期销售额资料,计算销售量指数。

以 k_q 表示商品销售量个体指数,即 $k_q = \dfrac{q_1}{q_0}$,$q_1 = k_q q_0$ 代入数量指标综合指数公式,则有:

$$\text{加权算术平均数指数 } \overline{k_q} = \frac{\sum k_q q_0 p_0}{\sum q_0 p_0}$$

表6-3　　　　　三种商品销售量指数计算表

商品名称	计量单位	销售量			基期销售额(元)	基期销售额乘以个体指数(元)
		基期 q_0	报告期 q_1	个体指数(%) $k_q = \dfrac{q_1}{q_0}$	$q_0 p_0$	$k_q \cdot q_0 p_0$
甲	条	200	140	70.0	13600	9520
乙	件	460	500	108.7	138000	150006
丙	双	120	180	150.0	28800	43200
合计	—	—	—	—	180400	202726

此公式与第四章加权算术平均数公式外形相似,故称该公式为加权算术平均数指数。

式中:$q_0 p_0$——基期的价值指标,称为特定权数,以 $q_0 p_0$ 为权数计算加权算术平均数指数是比较常用的形式。根据表6-3资料计算:

销售量加权算术平均数指数 $\overline{k_q} = \dfrac{\sum k_q q_0 p_0}{\sum q_0 p_0} \times 100\% = \dfrac{202726}{180400} \times 100\% = 112.38\%$

绝对数差额 $= \sum k_q q_0 p_0 - \sum q_0 p_0 = 202726 - 180400 = 22326$(元)。

计算结果表明:三种商品的销售量报告期比基期综合提高了 12.38%,也可以表述为:三种商品销售量的增长幅度不同,但三种商品销售量平均增长了 12.38%,由于销售量增长使销售额增加 22326 元。

证明: $\dfrac{\sum q_1 p_0}{\sum q_0 p_0} = \dfrac{\sum k_q q_0 p_0}{\sum q_0 p_0}$

2. 加权调和平均数指数

仍以上述资料,计算价格平均数指数(见表 6-4)。

表 6-4　　　　　　价格平均数指数计算表

商品名称	计量单位	销售价格（元）			报告期销售额（元）	报告期销售额除以个体指数（元）
		基期 p_0	报告期 p_1	个体指数（%） $k_p = \dfrac{p_1}{p_0}$	$q_1 p_1$	$\dfrac{q_1 p_1}{k_p}$
甲	条	68	70	102.9	9800	9524
乙	件	300	320	106.7	160000	149953
丙	双	240	200	83.3	36000	43217
合计	—	—	—	—	205800	202694

以 k_p 表示质量指标个体指数, $k_p = \dfrac{p_1}{p_0}$,则: $p_0 = \dfrac{p_1}{k_p}$

将其代入质量指标综合指数公式则有:

加权调和平均数指数 $\overline{k_p} = \dfrac{\sum q_1 p_1}{\sum \dfrac{1}{k_p} \cdot q_1 p_1}$

$q_1 p_1$ 表示报告期销售额指标,称为特定权数,以 $q_1 p_1$ 为权数计算加权调和平均数指数是比较常用的形式。此公式外形同第四章加权调和平均数的公式相似,故称该公式为加权调和平均数指数。根据上表资料计算价格总指数为:

销售价格加权调和平均数指数 $\overline{k_p} = \dfrac{\sum q_1 p_1}{\sum \dfrac{1}{k_p} \cdot q_1 p_1} \times 100\% = \dfrac{205800}{202694} \times$

$100\% = 101.5\%$

$$\sum q_1p_1 - \sum \frac{1}{k_p} \cdot q_1p_1 = 205800 - 202694 = 3106(元)$$

计算结果表明：三种商品价格报告期比基期综合提高了 1.5%，由于价格提高，使销售额增加 3106 元。

 小训练

证明：$\dfrac{\sum q_1p_0}{\sum q_0p_0} = \dfrac{\sum q_1p_1}{\sum \dfrac{1}{k_p} \cdot q_1p_1}$

加权算术平均数指数和加权调和平均数指数是综合指数的变形，编制数量指标指数一般用基期价值指标为权数，计算加权算术平均数指数；编制质量指标指数一般用报告期价值指标为权数计算加权调和平均数指数。但也不能否认其他形式的权数的平均数指数的应用。

二、平均数指数的应用

从上面算术平均数指数和调和平均数指数的举例计算结果来看，它们与综合指数方法所计算的结论都是相同的。但是，这种相同是有条件的：数量指标的加权算术平均数指数，在采用基期总值（q_0p_0）为权数的特定情况下，计算结果和一般综合指数的计算结果相同；而质量指标的加权调和平均数指数，在采用报告期总值（q_1p_1）为权数的特定情况下，计算结果和综合指数的计算结果相一致。

因此可以说，以基期总值（q_0p_0）加权计算的数量指标的加权算术平均数指数和以报告期总值（q_1p_1）加权计算的质量指标的加权调和平均数指数是综合指数的变形。

我们说过，综合指数是常用的总指数计算方法，是由于它的组成内容具有较为明确的经济意义，因而作为综合指数变形的这两种平均指数也成为较常用的算式。也就是说，编制数量指标指数多用基期总值（q_0p_0）加权计算的算术平均数指数；编制质量指标指数多用以计算期总值（q_1p_1）加权计算的调和平均数指数。

但是，"变形"带来了指数运用上的局限性。因此，我们必须强调平均数指数又是计算总指数的一种独立形式。所谓"独立形式"，是指当做

"变形"概念的上述两种平均指数以外的其他形式和权数的平均指数。

例如,在编制质量指标指数时,采用以报告期总值加权计算的调和平均数指数 $\dfrac{\sum p_1 q_1}{\sum (p_0/p_1) p_1 q_1}$。还是以基期总值加权计算的算术平均数指数 $\dfrac{\sum (q_1/q_0) p_0 q_0}{\sum p_0 q_0}$,是值得考虑的。前者调和平均数指数依据当年实际数量构成状态编制指数,有所谓"变形"指数上的优点,但取得当年资料难度较大;后者算术平均数指数是"独立形式"的指数,在应用数据取得条件上较为有利。如果基报两期数量指标(权数)没有明显变化,我们也能得到比较正确的结论。所以,平均数指数形式及其权数的应用,可以根据研究现象的实际情况以及资料的条件,加以具体决定。我国的消费价格指数,从长期使用的帕氏指数和近期运用的拉氏指数,充分说明了作为总指数独立形式的平均数指数的现实运用意义。

与综合指数比较,平均数指数形式及其权数在应用上有两个重要特点:

第一,综合指数主要根据全面资料编制,而平均数指数既可以依据全面资料编制,也可以依据非全面资料编制。有些社会经济现象的研究还非得应用非全面资料按平均指数形式来计算不可。以社会商品零售物价指数为例,市场上有成千上万种零售商品,我们不可能取得这些商品的全部资料来编制物价指数,以反映零售商品价格的变动。即使假定选用 200 种代表规格品调查零售物价变动来编制总指数,用综合指数方法也只能包括这 200 种代表规格品价格及相对应的零售量资料,这样编成的指数,反映了代表规格品价格变动,虽然基本上可以代表商品集团价格动态,但各种规格品的零售量并不等于商品集团的全面销售规模,难免会影响到指数的计算结论。而采用平均数指数,除了选用代表规格品计算个体物价指数外,可以采用商品集团零售额为权数进行平均计算,这就可以比较完整地反映出市场上的零售物价动态了。

第二,综合指数一般采用实际资料作为权数来编制。仍用上述社会零售物价指数为例,要用 200 种代表规格品价格相对应的实际零售量资料,既有困难,也不恰当。用平均数指数编制,除了可用实际零售额为权数外,也可以在实际零售资料的基础上推算确定零售比重进行加权平均计算。因此,编制质量指标指数,可以节省不少调查工作量,又能够保证指数计算结论的准确性,这是经济指数编制工作中值得引起重视的实际问题。

第四节 指数体系与因素分析

一、指数体系的概念

社会经济现象存在的普遍联系，在统计中可通过相应的指标体系表现出来。有许多指标体系能表达为经济方程式，例如：

总产值 = 产量 × 出厂价格
销售额 = 销售量 × 销售价格
总成本 = 产量 × 单位成本
原材料消耗总额 = 产量 × 单位产品原材料消耗量 × 单位原材料价格
……

上述这些指标体系，按指数形式表现时，乘积关系仍然成立，例如：

销售量指数 × 销售价格指数 = 销售额指数
产量指数 × 出厂价格指数 = 总产值指数
产量指数 × 单位成本指数 = 总成本指数
产量指数 × 单位产品原材料消耗量指数 × 单位原材料价格指数 = 原材料消耗额指数

上面列举的各个指数，不但经济上有联系，而且数量上还存在对等关系，所以每个整体都称为指数体系。可见指数体系至少要由三个指数构成。指数体系中各指数间数量对等关系，是基于现象间客观上存在的经济联系。所以，指数体系是指在经济上有联系、在数量上存在对等关系的三个或三个以上的指数所构成的一个整体。根据综合指数的编制原则形成的指数体系公式如下：

$$\begin{cases} \dfrac{\sum q_1 p_1}{\sum q_0 p_0} = \dfrac{\sum q_1 p_0}{\sum q_0 p_0} \times \dfrac{\sum q_1 p_1}{\sum q_1 p_0} \\ \left(\sum q_1 p_1 - \sum q_0 p_0 \right) = \left(\sum q_1 p_0 - \sum q_0 p_0 \right) + \left(\sum q_1 p_1 - \sum q_1 p_0 \right) \end{cases}$$

二、指数体系的作用

1. 对现象进行因素分析

可利用指数体系从相对数和绝对数两个方面分析现象受各个因素的变动影响。例如，销售量指数 × 销售价格指数 = 销售额指数，在这个指数体系中，就可以将销售额的变动分解为销售量和销售价格变动两个因素影响的结果。

2. 指数体系还可用于各指数间的互相推算

例如，三个指数形成的指数体系中，已知其中任意两个指数，就可依据指数体系，推算出未知的第三个指数。下面就具体介绍利用指数体系如何进行因素分析。

三、因素分析的应用举例

因素分析法就是从数量上分析研究对象的变动中，分别受各因素影响的方向、程度及绝对数量。在经济管理中，因素分析法对揭露矛盾、挖掘潜力、发现现象发展变化规律都有重要意义。因素分析的内容包括相对数分析和绝对数分析。

1. 总量指标变动的两因素分析

（1）简单现象总体总量指标变动的两因素分析。

例 6-4　某企业职工年工资情况资料如表 6-5 所示。

表 6-5　　　　　　　　某企业职工年工资情况

指标	符号	基期	报告期
工资总额（万元）	qp	1000	1360
职工人数（人）	q	500	400
平均工资（万元）	p	2	3.4

该企业工资总额的变动：

工资总额指数 $=\dfrac{q_1 p_1}{q_0 p_0}=\dfrac{1360}{1000}\times 100\%=136\%$

工资总额的增加额 $=q_1 p_1 - q_0 p_0 = 1360-1000=360$（万元）

其中，由于职工人数的变动影响：

职工人数指数 $=\dfrac{q_1 p_0}{q_0 p_0}=\dfrac{q_1}{q_0}=\dfrac{400}{500}\times 100\%=80\%$

由于职工人数的减少而减少的工资额为：

$(q_1-q_0)p_0=(400-500)2=-200$（万元）

由于平均工资增加的变动影响：

平均工资指数 $=\dfrac{q_1 p_1}{q_1 p_0}=\dfrac{p_1}{p_0}=\dfrac{3.4}{2}\times 100\%=170\%$

由于平均工资的增加而增加的工资额为：

$(p_1 - p_0)q_1 = (3.4 - 2) \times 400 = 560$(万元)

上述各指数的关系如下：

$136\% = 80\% \times 170\%$

360 万元 = 560 万元 + （-200）万元

计算结果说明，报告期工资总额比基期工资总额增加了 360 万元，增长 36%。

其中，由于职工人数减少 20% 而减少的工资额为 200 万元；由于平均工资提高 70% 而增加的工资额为 560 万元。

（2）复杂现象总体总量指标变动的两因素分析。

例 6-5 根据表 6-6 所示三种商品资料，从相对数和绝对数两方面分析销售额变动的原因。

表 6-6 三种商品销售情况

商品名称	计量单位	销售量		价格（元）		销售额（元）		
		q_0	q_1	p_0	p_1	$q_0 p_0$	$q_1 p_1$	$q_1 p_0$
甲	顶	200	140	68	70	13600	9800	9520
乙	件	460	500	300	320	138000	160000	150000
丙	双	120	180	240	200	28800	36000	43200
合计	—	—	—	—	—	180400	205800	202720

三种商品销售额的变动：

销售额指数：$\overline{k_{qp}} = \dfrac{\sum q_1 p_1}{\sum q_0 p_0} = \dfrac{205800}{180400} \times 100\% = 114.08\%$

增加的销售额：$\sum q_1 p_1 - \sum q_0 p_0 = 205800 - 180400 = 25400$（元）

销售额的变动，是由于销售量和价格两个因素变动作用的结果。

其中：

销售量变动的影响：

销售量指数：$\overline{k_q} = \dfrac{\sum q_1 p_0}{\sum q_0 p_0} = \dfrac{202720}{180400} \times 100\% = 112.37\%$

由于销售量的增长对销售额变动的影响：

$\sum q_1 p_0 - \sum q_0 p_0 = 202720 - 180400 = 22320$（元）

价格变动影响：

价格指数：$\overline{k_p} = \dfrac{\sum q_1 p_1}{\sum q_1 p_0} = \dfrac{205800}{202720} \times 100\% = 101.52\%$

由于价格提高而增加的销售额为:

$\sum q_1 p_1 - \sum q_1 p_0 = 205800 - 202720 = 3080(元)$

把以上指数联系起来，组成如下指数体系：

$$\frac{\sum q_1 p_1}{\sum q_0 p_0} = \frac{\sum q_1 p_0}{\sum q_0 p_0} \times \frac{\sum q_1 p_1}{\sum q_1 p_0}$$

114.08% = 112.37% × 101.52%

销售量和价格因素变动对销售额变动影响的绝对额，关系如下：

$\sum q_1 p_1 - \sum q_0 p_0 = (\sum q_1 p_0 - \sum q_0 p_0) + (\sum q_1 p_1 - \sum q_1 p_0)$

25400 元 = 22320 元 + 3080 元

以上指数体系说明，该商场三种商品销售额报告期比基期增加14.08%，是由于销售量提高12.37%和销售价格提高1.52%两个因素共同影响的结果。由于销售量的增加而增加的销售额为22320元，由于价格提高而增加的销售额为3080元，两个因素共同作用，使销售额总共提高25400元。

? 请思考

1. 同样多的人民币却少购买商品12%，问：物价上升了多少？

2. 粮食总产量增长5%，而播种面积却减少4%，问：粮食单位面积产量有什么变化？

3. "某企业的某种产品单位成本上升10%，产量下降10%，总成本没升也没降"，这种说法对吗？为什么？

---

2. 平均指标变动的因素分析

（1）平均指标指数体系。两个平均指标在时间上对比的相对数，称为平均指标指数。平均指标的大小受变量值和权数两个因素的影响。即 $\overline{X} = \frac{\sum xf}{\sum f} = \sum x \cdot \frac{f}{\sum f}$，那么两个时期加权算术平均数进行对比时，即 $\overline{X_1} : \overline{X_0}$ 时，仍存在着这两个因素的影响。平均指标指数是把影响平均指标的两个因素分解，分别编制成独立的指数，又使这三个指数在数量上保持密切关系，形成一个指数体系。它们是可变构成指数、固定构成指数和结构影响指数。它们的关系如下：

第六章 指 数

可变构成指数=固定构成指数×结构影响指数

（2）平均指标指数的编制方法。下面，我们从某公司平均单位成本的变动分析来说明平均指标指数的编制方法。

例 6-6 某公司下属两个企业，生产某种产品，其成本有关资料如表 6-7 所示。

表 6-7　　　　　　　　某公司产量和单位成本

企业	产量（件）		单位成本（元）		总成本（元）		
	f_0	f_1	x_0	x_1	$x_0 f_0$	$x_1 f_1$	$x_0 f_1$
甲企业	400	1200	10	8	4000	9600	12000
乙企业	600	800	12	14	7200	11200	9600
合计	—	—			11200	20800	21600

计算两个时期平均单位成本：

$$\overline{X_1} = \frac{\sum x_1 f_1}{\sum f_1} = \frac{20800}{2000} = 10.4（元）$$

$$\overline{X_0} = \frac{\sum x_0 f_0}{\sum f_0} = \frac{11200}{1000} = 11.2（元）$$

通过计算可以看出，报告期平均单位成本比基期平均单位成本下降了。平均单位成本的下降不仅反映了各组单位成本的变动影响，而且反映了各组产量结构变动的影响。这种既反映各组单位成本的变动影响，又反映各组产量结构变动的影响的总平均单位成本指数，就是平均单位成本可变构成指数，简称可变指数。公式如下：

$$可变指数 = \frac{\sum x_1 f_1}{\sum f_1} : \frac{\sum x_0 f_0}{\sum f_0} = 10.4 : 11.2 = 92.86\%$$

可见，可变指数就是报告期平均指标与基期平均指标之比。以上结果说明，报告期的平均单位成本比基期平均单位成本下降了 7.14%。

那么，如何分析公司总平均单位成本变动中产量结构的变动影响呢？为了分析产量结构（视为数量指标）的变动对该公司总平均单位成本的变动影响，依据综合指数编制原理，就必须消除各企业单位成本（视为质量指标）对公司总平均单位成本的变动影响，把各企业单位成本固定在基期的水平上。这种只反映产量结构变动的总平均单位成本指数，称为总平均单位成本的结构影响指数。公式如下：

结构影响指数 = $\dfrac{\sum x_0 f_1}{\sum f_1} : \dfrac{\sum x_0 f_0}{\sum f_0} = \dfrac{21600}{2000} : 11.2 = 10.08 : 11.2 = 96.43\%$

由以上计算结果可知,由于各企业产量结构变动影响,使公司总平均单位成本下降3.57%。

为了分析各企业单位成本的变动对公司总平均单位成本变动的影响,必须消除产量结构变动影响,把各组产量结构固定,并且固定在报告期水平上。公式如下:

固定构成指数 = $\dfrac{\sum x_1 f_1}{\sum f_1} : \dfrac{\sum x_0 f_1}{\sum f_1} = 10.4 : 10.8 = 96.30\%$

由以上计算结果可知,由于各企业单位成本的变动,使公司总平均单位成本下降了3.7%。

(3) 平均指标变动的因素分析。通过上述计算可以看到,平均指标的可变指数分解为结构影响指数和固定构成指数,它们的关系如下:

可变构成指数 = 固定构成指数 × 结构影响指数
即 92.86% = 96.43% × 96.30%

这些相对数表明该公司报告期比基期总平均单位成本下降了7.14%,其中,由于各企业产量结构变动使总平均单位成本下降了3.57%,由于各企业平均单位成本水平下降使总平均单位成本下降了3.7%。

进行绝对数分析,应明确各指数分子与分母差额的绝对数的含义。

$\dfrac{\sum x_1 f_1}{\sum f_1} - \dfrac{\sum x_0 f_0}{\sum f_0}$,表明总平均指标增减的绝对额;$\dfrac{\sum x_0 f_1}{\sum f_1} - \dfrac{\sum x_0 f_0}{\sum f_0}$,表明各组单位数结构的变动引起的总平均指标增减的绝对额;$\dfrac{\sum x_1 f_1}{\sum f_1} - \dfrac{\sum x_0 f_1}{\sum f_1}$,表明各组平均指标的变动引起的总平均指标增减的绝对额。它们绝对数量关系如下:

$\dfrac{\sum x_1 f_1}{\sum f_1} - \dfrac{\sum x_0 f_0}{\sum f_0} = \left(\dfrac{\sum x_0 f_1}{\sum f_1} - \dfrac{\sum x_0 f_0}{\sum f_0} \right) + \left(\dfrac{\sum x_1 f_1}{\sum f_1} - \dfrac{\sum x_0 f_1}{\sum f_1} \right)$

即 10.40 − 11.20 = (10.80 − 11.20) + (10.40 − 10.80)
− 0.80 元 = − 0.40 元 + (− 0.40) 元

这说明公司各企业平均单位成本的下降使公司总平均单位成本下降0.40元,由于各企业产量结构变动使公司总平均单位成本下降0.40元,两者综合变动使该公司单位成本下降了0.80元。从上例分析中,还可以看到:可变指数的数值可能超过各组指数的范围。例如,该公司平均单位成本指数为92.86%,下降了7.14%,而甲企业单位成本下降20%,乙企业单位成本却上升16.67%,原因在于甲企业的产量结构对公司单位成本的下降影响较大,甲企业单位成本低,下降幅度大,而产量占公司总产量的比重也由基期的40%增加到报告期的60%。

> **请思考**
>
> "某企业报告期平均工资比基期下降,而各组工人平均工资比基期上升,原因是工人人数的变动影响"。这种分析对吗?

3. 总量指标变动的多因素分析

多因素分析主要是对总量指标变动分析而言的。社会经济现象总体总量变动,可以分解为两个因素变动分析,有时也可以分解为两个以上因素变动分析。比如,下列指数体系就是三个因素的变动分析。

产值指数 = 职工人数指数 × 工人占职工人数比重指数 × 工人劳动生产率指数

原材料消耗额指数 = 产品产量指数 × 单位产品原材料消耗量指数 × 单位原材料价格指数

进行多因素指数体系分析的主要步骤是:

第一,在编制多因素指数体系时,其原理与综合指数编制原理相同。为了测定某一因素指标的变动影响,其余因素指标一律视为同度量因素,均要确定固定时期。这时各因素指标在确定为数量指标或质量指标是有相对性的。比如,产品产量、单位产品原材料消耗量、单位原材料价格这三个指标中,单位产品原材料消耗量相对于产品产量是质量指标,而相对于单位原材料价格却是数量指标。

第二,多因素应按照先数量指标,后质量指标的顺序排列。现就原材料消耗额的组成因素顺序来具体说明它们之间的关系。从下列分析中可以看到相邻的两个因素的乘积一定要有经济意义。

原材料消耗额 = 产品产量 × 单位产品原材料单位产品原材料消耗额消耗量 × 单位原材料价格

原材料消耗费

合理排列顺序后，就要确定其中的固定因素所属时期，用于分析这些因素变动对现象总体变动的影响作用。

例 6-7 根据表 6-8 中资料举例说明复杂现象三因素分析。

表 6-8 三因素分析计算表

产品种类	计量单位	产品产量		单位产品原材料消耗量		单位原材料价格（元）		原材料费用总额（万元）			
		q_0	q_1	m_0	m_1	p_0	p_1	$q_1 m_1 p_1$	$q_0 m_0 p_0$	$q_1 m_0 p_0$	$q_1 m_1 p_0$
甲	公斤	100	160	11	10	50	60	9.6	5.5	8.8	8
乙	件	400	500	5	4	10	12	2.4	2	2.5	2
合计	—	—	—	—	—	—	—	12	7.5	11.3	10

该企业使用不同的原材料生产两种产品，原材料计量单位与相应产品的计量单位相同。要求分析原材料费用总额的变动受产量、单位产品原材料消耗量和单位原材料价格变动的影响。

根据资料，经分析确定数量指标和质量指标，按照数量指标在前、质量指标在后的顺序排列。依据"数量指标指数化，将质量指标作为同度量因素，并且固定在基期的水平上；质量指标指数化，将数量指标作为同度量因素，并且固定在报告期的水平上"的指数编制原理，对三个因素进行合理排序后，所列指数体系及绝对量的关系如下：

$$\frac{\sum q_1 m_1 p_1}{\sum q_0 m_0 p_0} = \frac{\sum q_1 m_0 p_0}{\sum q_0 m_0 p_0} \times \frac{\sum q_1 m_1 p_0}{\sum q_1 m_0 p_0} \times \frac{\sum q_1 m_1 p_1}{\sum q_1 m_1 p_0}$$

$$\sum q_1 m_1 p_1 - \sum q_0 m_0 p_0 = \left(\sum q_1 m_0 p_0 - \sum q_0 m_0 p_0\right) + \left(\sum q_1 m_1 p_0 - \sum q_1 m_0 p_0\right) + \left(\sum q_1 m_1 p_1 - \sum q_1 m_1 p_0\right)$$

原材料费用总额指数 $= \dfrac{\sum q_1 m_1 p_1}{\sum q_0 m_0 p_0} = \dfrac{12}{7.5} \times 100\% = 160\%$

原材料费用增加额 $= \sum q_1 m_1 p_1 - \sum q_0 m_0 p_0 = 12 - 7.5 = 4.5$（万元）

其中：

（1）产品产量变动影响：

产品产量指数 $= \dfrac{\sum q_1 m_0 p_0}{\sum q_0 m_0 p_0} = \dfrac{11.3}{7.5} \times 100\% = 150.67\%$

产量变动而增加的原材料费用：

$$\sum q_1 m_0 p_0 - \sum q_0 m_0 p_0 = 11.3 - 7.5 = 3.8（万元）$$

（2）单位产品原材料消耗量变动影响：

单位产品原材料消耗量指数 = $\dfrac{\sum q_1 m_1 p_0}{\sum q_1 m_0 p_0} = \dfrac{10}{11.3} \times 100\% = 88.5\%$

单位产品原材料消耗量的下降而节约的原材料费用：

$$\sum q_1 m_1 p_0 - \sum q_1 m_0 p_0 = 10 - 11.3 = -1.3（万元）$$

（3）原材料价格变动影响：

原材料价格指数 = $\dfrac{\sum q_1 m_1 p_1}{\sum q_1 m_1 p_0} = \dfrac{12}{10} \times 100\% = 120\%$

原材料价格变动而增加的费用：

$$\sum q_1 m_1 p_1 - \sum q_1 m_1 p_0 = 12 - 10 = 2（万元）$$

（4）综合分析：

160% = 150.67% × 88.5% × 120%

4.5 万元 = 3.8 万元 + (-1.3) 万元 + 2 万元

由于产品产量增长 50.67%，原材料费用增加 3.8 万元；由于单位产品原材料消耗量降低 11.5% 而节约的原材料费用 1.3 万元；由于单位原材料价格提高 20% 使原材料费用增加 2 万元。三个因素共同影响使原材料费用增加 4.5 万元，增长 60%。

> **请思考**
>
> 请列出产值的变动受职工人数、工人占职工人数比重和工人劳动生产率变动的三因素指数体系。

第五节　现实中的几种经济指数

一、消费价格指数

1. 消费价格指数概述

消费价格指数在国外被称为消费者价格指数或生活费用指数，是度量一组代表性消费品及服务项目价格水平随时间而变动的相对数,反映居民家庭所购买的生活消费品和服务的价格水平对职工货币工资的影响,是研究居民生活、宏观经济分析和决策、价格总水平监测和调控的依据。其按年度计算的变动率通常被视为反映通货膨胀或通货紧缩程度的指标。

我们编制消费价格指数,首先必须了解消费品的分类。我国现行统计制度将居民消费的商品按用途分为食品、烟酒及用品、衣着、家庭设备用品及维修服务、医疗保健及个人用品、交通和通信、娱乐教育文化用品及服务和居住8个大类,其下又设251个基本分类。例如,衣着这一大类下面分有服装、衣着材料、鞋帽袜及其他衣着四个中类;在鞋帽袜中类下又分为鞋类、袜子、帽子三个小类。

可以想象,社会商品的种类是极为繁多的,如衣着有男女、规格、牌号、质量等级之分,不一而足。在编制指数时,我们需要在商品集团中选取一种或数种代表规格品。代表规格品选择的原则是:消费量较大,价格变动趋势和变动程度有较强的代表性,选中的规格品之间性质差异大,规格品为合格产品。

编制居民消费价格指数,选择代表规格品以及确定商品各分类权数,都需要科学运用抽样调查方法。基层单位价格调查点的抽选方法是:首先,将各种类型的商店、农贸市场、服务网点分别以人均销售额、成交额和经营规模为标志,从高到低排队;其次,分别按销售额和经营规模累计起来;最后,依据调查点的数量进行等距抽样。

2. 消费价格指数的编制

消费价格指数的编制过程主要采用大家所熟知的拉氏公式。大家知道,消费价格指数是月月编制、月月公布的,是环比指数。权数固定在基期上,给指数的计算带来了很大的方便。

二、工业生产指数

工业生产指数亦称工业产量指数。我国工业产量,既以按现行价计算的总产值来体现,又以按不变价格计算的总产值来体现。从理论上说,以现行价计算的总产值指数($\sum p_1 q_1 / \sum p_0 q_0$),借助价格指数紧缩,就是工业产量指数。由于借以紧缩的是难以编制的价格综合指数,因而,实际上按这种间接方法求得工业生产指数是行不通的。长期以来,我国的工业产量指数是以不变价格为同度量因素的固定加权综合指数,即以不同时期的按不变价格计算的总产值对比来反映工业生产的发展动态。其用公式表示为 $\sum q_1 p_n / \sum q_0 p_n$。式中,$p_n$ 为不变价格。

显然，只要具备了完整的不变价格产值资料，我们就能很容易地计算出有关的生产指数，而且可以在不同层次上（如各地区、各部门、各企业等）编制指数，满足各方面的需要。

然而，旧有的不变价格已不适用，新编不变价格难度日益加大。尤其在市场经济条件下，要在整个工业生产领域内运用不变价格来计算产值，面临着很多实际问题。因此，我国工业生产指数编制已改为价格紧缩的间接方法，即运用代表性价格选择和比重加权的平均指数方法编制出地区、部门乃至全国的价格指数，借以紧缩以现价计算的工业总产值指数，推算出暗含的工业生产指数。

三、股票价格指数

股票价格指数简称股价指数，是用来反映股票市场价格变动的一种专用经济指标。

股价指数可以按年、季、月来编制，但因股价涨跌迅速，一般要求按日编制。它以某年某月某一日的股价作为基期股价，这一日称为基日，基日指数通常定为100，以后各日的股价同基日股价相比计算出百分数，即为各日股价指数。

股价指数通常运用综合指数形式，一般以股票发行量为权数，也有以成交量为权数的。

京津沪渝2012年消费价格指数

1. 京：全年居民消费价格指数为103.3%，涨幅比上年回落2.3个百分点。其中，食品价格指数为106.6%，非食品价格指数为102%；消费品价格指数为102.7%，服务项目价格指数为104.2%。全市农产品生产价格指数为104.7%。工业生产者出厂价格指数为101.6%；工业生产者购进价格指数为101.3%。固定资产投资价格指数为101.3%。

2. 津：全年居民消费价格指数为102.8%。其中，城市居民消费价格指数为102.9%，农村居民消费价格指数为102.5%。分类别看，食品类价格指数为104.9%，烟酒及用品类价格指数为102.3%，衣着类价格指数为102.3%，家庭设备用品及维修服务类价格指数为102.9%，医疗保健和个人用品类价格指数为101.9%，交通和通信类价格指数为100.1%，娱乐教育文化用品及服务类价格指数为101.1%，居住类价格指数为102.8%。全年固定资产投资价格指数为101%。

3. 沪：全年居民消费价格指数为102.8%。其中，食品类价格指数为105.8%。固定资产投资价格指数为99.4%。工业生产者出厂价格指数为98.4%，工业生产者购进价格指数为94.7%。

4. 渝：城市居民消费价格指数为102.6%，其中食品价格指数为104.7%。工业生产者出厂价格指数为99.91%。工业生产者购进价格指数99.5%。固定资产投资价格指数为101.8%。

通过对以上有关指数资料的阅读，可以对指数有一个感性认识。

【本章小结】

指数法是实际工作中应用广泛的一种统计分析方法，几乎应用于整个社会经济领域，通过对本章的学习，要求明确统计指数的意义和分类，掌握总指数的编制原理和方法，并能熟练地利用指数体系进行因数分析。

【学习重点和难点】

1. 重点：综合指数、平均数指数的编制；对总量指标进行两因素分析。
2. 难点：同度量因素概念、综合指数编制原理、运用指数体系进行两因素分析。

【本章主要概念】

狭义指数　数量指标综合指数　质量指标综合指数　同度量因素　平均数指数　指数体系

【本章主要思考题与简答题】

1. 什么是指数？它有什么作用？
2. 什么是综合指数？它的编制原理是什么？
3. 简要说明同度量因素的作用是什么？

【习题与实践训练】

一、判断题

1. 分析复杂现象总体的数量变动，只能采用综合指数的方法。（　　）
2. 在实际应用中，计算价格综合指数，需要采用基期的数量指标为同度量因素。（　　）
3. 分析复杂现象总体的数量变动时，若研究的是数量指标的变动，则选择的同度量因素是质量指标。（　　）
4. 某企业的某种产品单位成本2013年6月与上年同期相比上升了8%，产量下降了8%，则总成本没升也没降。（　　）
5. 可变构成指数＝固定构成指数÷结构影响指数。（　　）
6. 设 p 表示价格，q 表示销售量，则 $\sum p_0 q_1 - \sum p_0 q_0$ 表示由商品价格的变动对商品总销售额的影响。（　　）
7. 从指数的性质来看，单位成本指数是数量指标指数。（　　）
8. 总指数有两种计算形式，即个体指数和综合指数。（　　）
9. 商品价格上涨5%，商品销售量增长3%，则商品销售额增长15%。（　　）
10. 计算总指数时，为了解决总体各因素的量不能直接相加而使用的一个媒介因素，叫同度量因素。（　　）

二、单项选择题

1. 统计指数按指数的性质不同，可分为（　　）。
   A. 总指数和个体指数
   B. 数量指标指数和质量指标指数
   C. 平均数指数和平均指标指数

D. 综合指数和平均数指数

2. 下列指数中（　　）是数量指标指数。

A. 商品物价指数　　　　　　B. 平均工资指数

C. 单位成本指数　　　　　　D. 销售量指数

3. 总指数的两种计算形式是（　　）。

A. 个体指数和综合指数

B. 加权算术平均数指数和加权调和平均数指数

C. 综合指数和平均数指数

D. 可变构成指数、固定构成指数和结构影响指数

4. 如果消费价格指数上涨20%，则现在1元钱（　　）。

A. 只值原来的0.80元钱　　　B. 只值原来的0.83元钱

C. 与原来的1元钱等值　　　　D. 无法与原来比较

5. 价格下降后，花同样多的钱可多购买基期商品的10%。则物价指数为（　　）。

A. 90%　　　B. 90.9%　　　C. 110%　　　D. 111.1%

6. 总销售量增加，销售额持平，则物价指数（　　）。

A. 降低　　　B. 增长　　　C. 不变　　　D. 无法确定

7. 已知某商场商品销售量指数为105%，由于销售量增长而增加的销售额为10万元；又知道价格指数为110%，那么由于价格上涨而增加的销售额应为（　　）。

A. 30万元　　　B. 21万元　　　C. 20万元　　　D. 18万元

8. 当我们研究各级工人工资的变动对全体工人平均工资变动的影响程度时，应计算（　　）。

A. 结构影响指数　　　　　　B. 可变构成指数

C. 固定构成指数　　　　　　D. 加权算术平均指数

9. 某商店今年与去年相比，商品销售量下降了20%，销售价格上涨了20%，则商品销售额将（　　）。

A. 不变　　　　　　　　　　B. 上升

C. 下降　　　　　　　　　　D. 可能上升也可能下降

10. 某企业的职工工资水平比上年提高了5%，职工人数增长了2%，则该企业工资总额增长（　　）。

A. 11%　　　B. 10%　　　C. 7.1%　　　D. 7%

三、多项选择题

1. 下列指数中（　　）是质量指标指数。

A. 商品价格指数   B. 平均工资指数

C. 商品销售量指数   D. 职工人数指数

E. 单位成本指数

2. 同度量因素的作用有（   ）。

A. 平均作用   B. 比较作用

C. 权数作用   D. 稳定作用

E. 同度量作用

3. 某地区商业企业职工去年劳动生产率指数为112%，这是（   ）。

A. 个体指数   B. 总指数

C. 平均指标指数   D. 数量指标指数

E. 综合指数

4. 平均指标变动因素分析的指数体系中包括的指数有（   ）。

A. 可变构成指数   B. 加权算术平均数指数

C. 固定构成指数   D. 结构影响指数

E. 加权调和平均数指数

5. 某企业基期产值为100万元，报告期产值比基期增长14%，又知以基期价格计算的报告期假定产值为112万元，则经过计算可知（   ）。

A. 由产量变化使产值增加12万元

B. 产量增加12%

C. 由于产量变化使产值增加20万元

D. 价格增加12%

E. 由于价格变化使产值增加2万元

6. 下列属于数量指标指数的有（   ）。

A. 工业产品产量指数   B. 劳动生产率指数

C. 产品总成本指数   D. 产品单位成本指数

E. 商品价格指数

7. 编制综合指数的原则是（   ）。

A. 质量指标指数以报告期的数量指标作为同度量因素

B. 质量指标指数以基期的数量指标作为同度量因素

C. 数量指标指数以基期的数量指标作为同度量因素

D. 数量指标指数以基期的质量指标作为同度量因素

E. 数量指标指数以某一固定时期的质量指标作为同度量因素

8. 对某商店某时期商品销售额变动情况分析，其指数体系包括（   ）。

A. 销售量指数   B. 销售价格指数

C. 总平均价格指数　　　　D. 固定构成指数

E. 结构影响指数

四、填空题

1. 在平均数指数的基本形式中,编制数量指标指数的常用形式是_____,编制质量指标指数的常用形式是_____。

2. 某商店商品销售额报告期和基期相同,报告期商品价格比基期价格提高了10%,那么,报告期商品销售量比基期_____。

3. 2012年与2011年相比,某机关的职工工资水平提高了5%,职工人数增加了1%,则职工工资总额增长了_____。

4. 三个或三个以上在经济上有联系,数量上保持一定对等关系的指数构成的整体是_____体系。

5. 在编制数量指标指数时,一般以_____作为同度量因素,把它固定在_____;在编制质量指标指数时,一般以_____作为同度量因素,把它固定在_____。

6. 平均数指数是_____的加权平均数。常用的基本形式有两种:一是加权_____平均数指数,二是加权_____平均数指数。

7. 单位成本指数 $= \dfrac{\sum z_1 q_1}{\sum z_0 q_1} = 97\%$,$\sum z_1 q_1 - \sum z_0 q_1 = -2200$(元),则相对数的含义是_____,绝对数的含义是_____。

8. 用同样多的人民币,今年比去年少购买商品5%,则物价指数是____。

9. 职工平均工资增长了3.5%,固定构成指数是115%,则职工人数结构影响指数是_____。

10. 某空调厂2013年6月与2012年6月相比,空调产量增长了16%,总成本上升了17.2%,则单位成本_____。

五、应用能力训练题

1. 区分下表中各系数的种类。

表6-9

指　数	个体指数	总指数	数量指标指数	质量指标指数
某一种商品单位成本指数				
20种商品的价格指数				
企业职工的平均工资指数				
某型号手机的销售量指数				
全国消费品零售价格指数				

2. 某商场3种商品的实际销售额资料如下表所示。

表6-10

商品名称	计量单位	实际销售额（万元）		8月销售量比7月销售量增长（%）
		7月	8月	
甲	件	1000	1200	5
乙	袋	2000	2000	2
丙	台	3000	3200	10

计算分析下列问题：

（1）求各种商品的价格个体指数和销售量个体指数。

（2）求三种商品的价格总指数和销售量总指数。

（3）求三种商品的销售额总指数。

（4）从相对数和绝对数上分析销售额指数与价格总指数、销售量总指数之间的经济关系。

3. 某公司2013年第二季度和第一季度产值和单价资料如下表所示。

表6-11

产品名称	产品产值（万元）		第二季度价格是第一季度的（%）
	第一季度	第二季度	
甲	400	600	150
乙	550	450	81
丙	200	350	175
合计	1150	1400	—

要求：分析三种产品的单价和产量的变动对产值的影响。

4. 某商店商品的价格和销售量资料如下表所示。

表6-12

商品名称	计量单位	价格（元）		销售量	
		基期	报告期	基期	报告期
甲	双	48	45	300	400
乙	件	30	32	400	500

要求:

(1) 计算该商店两种商品的价格总指数和销售量总指数。

(2) 指出在销售额增长的绝对值中,有多少是受价格因素影响的,有多少是受销售量因素影响的?

5. 某企业三种产品生产总成本 2012 年为 129 万元,比 2011 年多 9 万元,单位产品成本比 2011 年降低 3%。试确定:

(1) 总成本指数。

(2) 产量指数。

(3) 由于单位成本降低而节约的总成本。

6. 某地区 2012 年社会商品零售额为 2570 亿元,比 2011 年增长 9.4%,剔除零售物价上涨的因素,社会商品零售额实际增长 6.3%。试计算:

(1) 2012 年与 2011 年比较,零售物价上涨多少?

(2) 计算分析 2012 年比 2011 年社会商品零售额增长的数量和原因。

7. 某管理局所属 3 个工厂生产同种产品,它们的单位产品成本和产量资料如下表所示。

表 6-13

厂名	产量（件）		每件成本（元）	
	2011 年	2012 年	2011 年	2012 年
一厂	1600	2400	10.0	9.0
二厂	1800	2400	10.4	9.2
三厂	2400	1600	9.6	9.6

根据上述资料:

(1) 分别计算三个工厂生产各种产品的 2011 年和 2012 年总平均成本。

(2) 计算平均成本指数,分析由于平均成本下降的节约的总成本金额。

(3) 在平均成本的总变动中,分析各工厂成本水平变动及工厂产量结构变动的影响程度和绝对值。

第七章 抽样推断

教学目的和要求

本章目的在于提供一套利用抽样资料来推断总体的数量特征的方法。通过对本章的学习要求掌握抽样推断中的基本原理和方法，能够利用样本资料推断总体指标。学习中应重点掌握抽样误差的计算、简单随机抽样下总体参数的区间估计及简单随机抽样下样本单位数的计算。

教学内容

1. 抽样推断的特点和作用
2. 抽样的基本概念
3. 抽样误差
4. 抽样估计方法
5. 抽样组织设计

第一节 抽样推断的一般问题

一、抽样推断的概念和特点

1. 抽样推断的概念

所谓抽样推断是指按照随机原则从被研究现象的总体中抽取部分单位进行调查，并根据调查结果对所研究现象总体的数量特征做出具有一定可靠性的估计和推断,从而认识该现象总体的一种统计方法,也叫抽样调查。例如,从全国所有国有工业企业中,抽取一部分工业企业,详细调查其生产经营状况,根据这部分企业的调查资料,来推算全部国有工业企业的实际生产经营状况。由于抽样推断是调查部分对象、获得全面资料的一种非全面调查方法,因而在实际工作中它是应用非常广泛的一种调查方法。

2. 抽样推断的特点

抽样推断和其他统计调查方法相比,有以下几个特点:

(1) 抽样推断是一种由部分推算整体的研究方法。就目的而言,我们是要认识总体的数量特征,但就手段来说,我们却只能掌握部分的实际资料,这就会在认识上形成全局与局部之间的矛盾。这种矛盾在现实中是大量存在的。例如,要了解某一品种棉花纤维的长度,我们不可能对每根纤维都进行检测。又如,要了解某种种子的发芽率,我们也不可能对所有的种子都进行催芽试验;城市居民家庭收支、民意测验;等等,也难以开展挨家挨户的调查。如果在方法上不能解决这个问题,那么统计的认识活动就会受到限制,统计科学也很难得到发展。抽样推断原理解决了这一矛盾,它科学地论证了样本指标和相应的总体参数之间存在着内在联系,而且两者的误差分布也是有规律可循的。这就有效地提供了通过实际调查所得到的部分信息来推断总体数量特征的方法,大大提高了统计分析的认识能力。

(2) 抽样推断建立在随机取样的基础上。按随机原则抽取样本单位,是抽样推断的前提。所谓随机原则,就是总体中样本单位的中选或不中选不受主观因素的影响,每个单位都有相等的中选可能性。坚持随机原则的主要原因是,总体各单位有相等的中选机会,就有更大的可能性使所抽取的样本保持和总体类似的结构,使样本成为真正的总体"缩影"。因而,样本对被估计的总体而言就有更大的代表性,抽样的误差也就小了。当然,坚持随机原则并不意味着不发挥人们对客观事物已有认识的作用。充分利用已有的辅助信息,改善抽样调查的组织形式,减少抽样估计的误差,正是抽样调查所要考虑的。但是,抽样方案一经确定,在具体抽样时,我们就应该排除主观因素的影响,保证随机原则的实现。

(3) 抽样推断运用的是概率估计的方法。利用样本指标来估计总体参数,在数学上运用不确定的概率估计的方法,而不是运用确定的数学分析的方法。因为样本数据与总体参数之间并不存在严格对应的自变量和因变量的关系,所以我们不能利用一定的函数关系来推算总体参数。抽样推断原则上把由样本观察值所决定的统计量(样本指标)看做随机变量。在实践中，抽取一个样本，并计算样本指标作为相应总体指标的估计值后，接着需要研究的问题便是用这样的样本指标来代表相应的总体指标，其可靠程度究竟有多大，这是概率估计所要解决的问题。

（4）抽样推断的误差可以事先计算，并加以控制。抽样推断是以部分资料推算全体，虽然也存在一定的误差，但与其他统计估算不同，其抽样误差范围可以事先通过有关资料加以计算，并且我们能够采取各种组织措施来控制这一误差范围，保证抽样推断的结果达到一定的可靠程度。所以，我们可以说，抽样调查是根据事先给定的误差允许范围进行设计，而抽样推断则是具有一定可靠程度的估计和判断，这些都是其他估算方法所办不到的。

二、抽样推断的作用

抽样推断法是一种应用极为广泛的重要的统计调查方法，它的主要作用有以下五点。

1. 对某些不可能进行全面调查而又需要了解全面情况的社会经济现象，可以采用抽样调查法

例如，对产品的质量需要进行检验，其中，对某些物品的质量检验是属于破坏性或消耗性的，如对灯泡使用寿命的检验，材料抗拉强度的检验，对饮料、罐头等食品的质量检验等，一经进行检验就将消耗或破坏它们的使用价值。在这种情况下，只能采用抽样调查的方法，以样本的调查结果对总体的质量状况做出推断。另外，对于无限总体也不可能进行全面调查，只能采用抽样调查的方法。

2. 对于某些不必要或在经济上不允许经常采用全面调查的社会经济现象，最适宜采用抽样调查的方法

例如，对于人口数量的调查、对于城乡居民的家庭生活调查、对于旅游资源的调查，以及对于水、森林、矿藏等资源的调查等。虽然有些调查，在理论上可以进行全面调查，但由于总体涉及的范围较大，进行一次调查要花费大量的人力、物力、财力和时间，有时没有必要，有时条件也不允许。这时采用抽样调查法便可以同时达到节省人力、物力、财力和时间，并获得全面调查效果的目的。

3. 对于需要及时了解情况的现象，也常采用抽样调查法

由于全面调查费时、费力、费财，资料也不易及时取得，而抽样推断法不仅省人力、资金，而且时间快，方式灵活，能够及时满足了解情况的需要，因而，对于需要及时了解情况的现象，常常采用抽样推断法。例

如，为了及时对旅游者的旅游目的、停留天数、购物等情况进行调查，需要在旅游者启程之前和旅游过程中进行调查，这时就应采用抽样推断法，以便及时获取所需的统计资料。

4. 对全面调查的资料进行评价和修正

全面调查，由于涉及的范围广、工作量大、参加的人员多，发生登记性误差的可能性就大，因而，为了保证全面调查资料的准确性，检验全面调查资料的质量，在全面调查之后，一般都要进行抽样调查。调查人员在总体中再抽取一部分单位重新调查，然后将两次调查的资料进行比较，计算出差错率，并据此对全面调查的资料加以修正。例如，我国人口普查规定，在人口普查工作完毕后，还要按照规定的调查方案抽取若干个地区进行复查，根据抽样调查的资料，计算人口普查的重复和遗漏的差错率，根据这个比率去修正普查资料，从而保证人口普查数据的质量。

5. 抽样推断法还可以用于工业生产过程的质量控制

对于成批或大量连续生产的工业产品，在其生产过程中采用抽样调查方法，可以检查生产过程是否有异常情况，并及时提供有关信息，有效地实施产品质量控制。这种质量控制在产品质量检验中的作用比事后检验要优越得多，它可以通过随时跟踪、抽查，进行质量保证控制。

请思考

下列属于抽样推断的事项有（　　）。

①为了测定车间的工时损失，对车间中的每三班工人中的第一班工人进行调查

②为了解某大学食堂卫生状况，对该校的五个食堂进行调查

③对某市居民1%的家庭调查，以便研究该市居民的消费水平

④对某公司三个分厂中的一个分厂进行调查，以便研究该工厂的能源利用效果

三、抽样推断的内容

抽样推断的前提是我们对总体的数量特征不了解或了解很少。利用抽样推断法去解决这类问题，可以有多种途径，因此，抽样推断的主要内容也就有两个方面，即参数估计和假设检验。虽然它们都是利用样本观察值所提供的信息对总体做出估计或判断，但它们所解决问题的着重点是不同的。

1. 参数估计

由于我们不知道总体的数量特征,因而我们可以这样考虑:依据所获得的样本观察资料,对所研究现象总体的水平、结构、规模等数量特征进行调查。居民家庭生活抽样调查、产品质量抽样调查、民意抽样测验等都属于参数估计的推断方法。由于社会经济统计在绝大多数场合都要求对总体的各项综合指标作出客观的估计,而参数估计恰好能满足这一方面的要求,因而参数估计推断方法在实际工作中被广泛采用。参数估计包括许多内容,如确定估计值,确定估计的优良标准并加以区别,求估计值和被估计参数之间的误差范围,计算在一定误差范围内所作推断的可靠程度等。

2. 假设检验

由于我们对总体的变化情况不了解,因而我们不妨先对总体的状况作某种假设,然后根据抽样推断的原理,依据样本观察资料对所作假设进行检验来判断这种假设的真伪,以决定我们行动的取舍,这种推断方法称为总体参数的假设检验。例如,我们生产某种产品,经过工艺改革,不知道产品质量是否有所提高。我们不妨假设工艺改革没有效果,产品质量和以往正常生产的产品质量没有显著性的差异,所有差异仅仅是由随机性的原因引起的。我们假定假设是真实的,然后考虑样本指标的实际值和假设的总体参数之间的差异是否超过了给定的显著性指标。如果这一差异已经超过这一标准,或者说这种差异仅由于随机因素引起的可能性是很小的,我们就有理由否定原来的假设,而采纳其对立的假设,即认为工艺改革是有效果的,产品质量的差异也是由质量提高引起的,差异是显著的,新的工艺流程值得推广。当然,检验的结果也可能是样本指标的实际值和假设的总体参数之间的差异没有超过给定的显著性标准,那么我们就有理由认为这种差异是由随机性原因引起的,进而接受工艺改革没有效果的原假设,新的工艺流程也不宜推广。

在抽样检验中,要使样本指标的实际值和假设的总体参数完全一致是难以做到的,事实上,两者的差异是客观存在的。现在的问题是,这种差异达到什么程度,总体的假设才算是可信的?因而,这就产生了差异显著性水平的标准问题、确定显著性水平的临界值问题,以及分析各类判断错误的可能性问题等,这些都是假设检验所应该研究的问题。

四、抽样推断中的基本概念

1. 全及总体和样本总体

在抽样调查中,面临着两种总体,即全及总体和样本总体。前者是我们所要研究对象的全体,后者则是我们所要观察对象的全体,这两种总体既有联系又有区别。全及总体又称为母体,简称为总体。它是指根据研究目的所确定的研究对象的全部单位所组成的集合体,是由许多具有某种共同性质的单位组成的。全及总体单位数常用大写英文字母"N"来表示。

在一个总体中,若被研究的标志为品质标志,则把这个总体称为属性总体;若被研究的标志为数量标志,则把这个总体称为变量总体。如反映性别、民族、地区等差异的人口总体就视为属性总体;如反映年龄、身高、体重等差异的人口总体就视为变量总体。

样本总体又称子样,或简称为样本。它是指从全及总体中随机抽取出来的那一部分单位的集合体。样本并非指总体中的一个被抽中的单位,而是指总体中若干个被抽中单位的集合。样本总体的单位数称为样本容量,常用小写英文字母"n"来表示。例如,研究我国入境旅游人口的购物情况,所有入境旅游人口就是全及总体;而从全及总体中被抽中的若干名旅游者所构成的总体,就是样本总体。

对于某一个特定的研究问题来说,全及总体是唯一确定的,而样本总体就不是唯一确定的,是随机的。因为从一个全及总体中可能抽取多个样本总体。一个全及总体可能抽取的样本数目与样本容量以及抽取的方式有关。

2. 总体参数和样本统计量

(1)总体参数。根据总体各单位的标志值或属性标志表现计算的,反映总体数量特征的综合指标称为全及指标。全及指标是总体变量的函数,其数值是由总体各单位的标志值或属性标志表现所决定的,一个全及指标的指标值是确定的、唯一的,所以称为参数。

对于总体中的数量标志,常用的总体参数有总体平均数 $\overline{X}$、总体成数 P 和总体方差 σ^2(或总体标准差 σ)。

由于全及总体是唯一确定的,因而根据全及总体计算的全及指标也是唯一确定的。由于一个全及总体可以抽取多个样本,样本不同,样本的数值就不同,因而样本指标的数值不是唯一确定的,它是一个随机变量。

对于总体中的属性标志,由于各单位标志表现不能用数量来表示,因而总体参数常以成数指标 P 来表示总体中具有某种性质的单位数在总体全部单位数中所占的比重,以 Q 表示总体中不具有某种性质的单位数在总体中所占的比重。

设总体 N 个单位中,有 N_1 个单位具有某种性质,N_0 单位不具有某种性质,$N_1 + N_0 = N$,则有:

$$P = \frac{N_1}{N} \qquad Q = \frac{N_0}{N} = \frac{N - N_1}{N} \qquad P + Q = 1$$

如果属性标志表现只有是非两种，如产品质量标志表现为合格品和不合格品，性别标志表现为男性和女性，则我们可以把"是"的标志表现设为1，而把"非"的标志表现设为0。那么，成数 P 就可以视为（0，1）分布的平均数，并可以求其相应的平均数，方差和标准差。

$$\overline{X}_p = \frac{0 \times N_0 + 1 \times N_1}{N} = \frac{N_1}{N} = P$$

$$\sigma_p^2 = \frac{(0-P)^2 \cdot N_0 + (1-P)^2 \cdot N_1}{N} = \frac{P^2 \cdot N_0 + Q^2 \cdot N_1}{N}$$

$$= P^2 Q + Q^2 P = PQ(P+Q) = PQ = P(1-P)$$

例如，某批零件的合格率 $P = 80\%$，则有：

$$\overline{X}_p = 80\%$$

$$\sigma_p^2 = 80\% \times 20\% = 16\%$$

在抽样调查中，总体参数的意义和计算方法是明确的，但参数的具体数值事先是未知的，需要用抽样来估计。

> **？ 请思考**
>
> 全及指标和样本指标（　　）。
> (1) 都是随机变量
> (2) 都是确定性变量
> (3) 前者是唯一确定的，后者是随机变量
> (4) 前者是随机变量，后者是唯一确定的

（2）样本统计量。根据样本各单位标志值或属性标志值计算的综合指标称为统计量。统计量是样本变量的函数，是用来估计总体参数的，因此和常用的总体参数相对应，而有样本平均数、样本成数和样本方差（样本标准差）等。它们常以小写字母表示。例如：

$$\overline{x} = \frac{\sum x}{n} \qquad \overline{x} = \frac{\sum xf}{\sum f}$$

$$s^2 = \frac{\sum (x - \overline{x})^2}{n} \qquad s^2 = \frac{\sum (x - \overline{x})^2 f}{\sum f}$$

$$\overline{x}_p = \frac{n_1}{n} = p \qquad s_p^2 = p(1-p)$$

样本统计量的计算方法是确定的,但它的取值随着样本变量的变化而发生变化。所以,统计量本身也是随机变量,用来作为参数的估计值,有的误差大些,有的误差又小些,有的发生正误差,有的发生负误差,情况各不相同。

全及指标和样本指标分别见表7-1。

表7-1　　　　　　　　全及指标和样本指标

		全及指标		样本指标	
	名称	公式		名称	公式
变量总体	总体平均数	$\overline{X} = \frac{\sum X}{N}$(简单) $\overline{X} = \frac{\sum XF}{\sum F}$(加权)		样本平均数	$\overline{x} = \frac{\sum x}{n}$(简单) $\overline{x} = \frac{\sum xf}{\sum f}$(加权)
	总体标准差	$\sigma = \sqrt{\frac{\sum(X-\overline{X})^2}{N}}$(简单) $\sigma = \sqrt{\frac{\sum(X-\overline{X})^2 F}{\sum F}}$(加权)		样本标准差	$S = \sqrt{\frac{\sum(x-\overline{x})^2}{n}}$(简单) $S = \sqrt{\frac{\sum(x-\overline{x})^2 f}{\sum f}}$(加权)
	总体方差	$\sigma^2 = \frac{\sum(X-\overline{X})^2}{N}$(简单) $\sigma^2 = \frac{\sum(X-\overline{X})^2 F}{\sum F}$(加权)		样本方差	$S^2 = \frac{\sum(x-\overline{x})^2}{n}$(简单) $S^2 = \frac{\sum(x-\overline{x})^2 f}{\sum f}$(加权)
属性总体	总体成数	$P = \frac{N_1}{N}$		样本成数	$p = \frac{n_1}{n}$
	总体成数标准差	$\sigma_p = \sqrt{P(1-P)}$		样本成数标准差	$S_p = p(1-p)$
	总体成数方差	$\sigma_p^2 = P(1-P)$		样本成数方差	$S_p^2 = p(1-p)$

3. 样本容量和样本个数

样本容量和样本个数是两个既有联系又完全不同的概念。样本容量是指一个样本所包含的单位数。一个样本应该包含多少单位最合适,是抽样设计必须认真考虑的问题。我们必须结合调查任务的要求以及总体标志值的变异情况来考虑。样本容量的大小不但关系到抽样调查的效果,而且关系到抽样方法的应用。我们通常将单位数少于 30 的样本称为小样本,将单位数等于或大于 30 的样本称为大样本。社会经济统计的抽样调查多属于大样本调查。

样本个数又称样本可能数目,是指从一个总体可能抽取的样本个数。一个总体可能抽取多少样本和样本容量以及抽样方法等因素都有关系,是一个比较复杂的问题。一个总体有多少样本,则样本统计量就有多少种取值,从而形成了该统计量的分布。而统计量的分布又是抽样推断的基础。虽然在实践中我们只抽取个别或少数样本,但要判断所取样本的可能性,就必须联系到全部可能样本数目所形成的分布。

4. 重复抽样和不重复抽样

在抽样调查中,从全及总体中抽取样本单位的方法有两种,即重复抽样和不重复抽样。

(1) 重复抽样。重复抽样也称重置抽样、放回抽样、回置抽样等。它是指从总体 N 个单位中随机抽取容量为 n 的样本时,每次从总体中抽取一个单位,把结果登记下来后,重新放回,再从全及总体中抽选下一个样本单位。在这种抽样方式中,同一单位可能有多次被重复抽中的机会。可见,重复抽样的总体单位数在各次抽选中都是不变的,每个单位中选的机会在每次抽选中都是均等的。

(2) 不重复抽样。不重复抽样也称不重置抽样、不放回抽样、不回置抽样等。它是指从总体 N 个单位中随机抽取容量为 n 的样本时,每次从总体中抽取一个单位后,不再放回去,下一次则从剩下的总体单位中继续进行抽取,如此反复构成一个样本,就是说,每个总体单位只能被抽中一次,所以从总体中每抽取一次,总体就少一个单位,因此,先后抽出来的各个单位被抽中机会是不相等的。

在相同样本容量的要求下,不重复抽样可能配合的样本个数比重复抽样可能配合的样本个数少。当采用不重复抽样,而全及总体所包含的单位数不多时,越到后来,留在总体中的单位就越少,被抽中的机会就越大。不过,当全及总体单位数很多,样本总体单位数占的比重很小时,则对先后抽出来的各个单位被抽中的机会影响不大。由于不重复抽样简便易行,因而在实际工作中一般采用不重复抽样方式。

第二节 抽样误差

一、抽样误差的意义

用抽样指标来估计全及指标是否可行,关键问题在于抽样误差。抽样误差的大小表明抽样效果的好坏,如果误差超过了允许的限度,那么抽样调查也就失去了意义,所以,我们有必要对此加以专门讨论。

抽样误差是指由于随机抽样的偶然因素使样本各单位的结构不足以代表总体各单位的结构,而引起抽样指标和全及指标之间的绝对离差,如抽样平均数与总体平均数的绝对离差、抽样成数与总体成数之间的绝对离差等。例如,在班级100个同学中,有60个男同学和40个女同学,现在随机抽取10个同学为样本,由于随机的原因未必都能抽到6个男同学和4个女同学,使得利用样本计算的性别比例指标不能代表班级同学的性别比例指标,而使样本指标与总体指标之间存在绝对离差,这就是抽样误差。

必须指出,抽样推断的误差来源可以有多种。抽样误差不同于登记误差。登记误差在第二章有过说明,它是指在调查过程中由于观察、测量、登记、计算上的差错所引起的误差,是所有统计调查都可能发生的。抽样误差不是由于调查失误所引起的,它是随机抽样所特有的误差。

虽然抽样误差是一种代表性误差,但并不是所有代表性误差都是抽样误差。由于违反抽样调查随机原则,有意地抽选较好或较差的单位进行调查,这种系统性原因造成的样本代表性不足所引起的误差称为系统偏误,它不是抽样误差。系统偏误和登记误差都属于思想、作风、技术问题,可以防止或避免,而抽样误差则是不可避免、难以消灭的,只能加以控制。

二、抽样平均误差

抽样误差描述了具体样本指标与总体指标之间的离差绝对数,在用样本指标估计相应的总体指标时,它可以反映估计的准确程度。但是由于抽样误差是随机变量,具有取值的多样性和不确定性特点,因而就不能以它的某一个样本的具体误差数值来代表所有样本与总体之间的平均误差情况,这就产生了如何用一个指标来衡量抽样误差平均水平的问题。抽样平均误差就是用来反映抽样误差一般水平的指标。

所谓抽样平均误差,就是所有可能出现的样本指标(平均数或成数)的标准差,是由于抽样的随机性而产生的样本指标与总体指标之间的平均离差。我们所说的抽样误差可以事先计算和控制,就是指抽样平均误差而言的。抽样平均误差是用抽样指标推断总体指标时,计算误差范围的基础。

抽样平均误差的计算,与抽样方法和抽样组织形式有直接关系,采用不同的抽样方法和抽样组织形式计算抽样平均误差,其公式是不同的。

通常我们用抽样平均数的标准差或抽样成数的标准差来作为衡量其抽样误差一般水平的尺度。按照标准差的一般意义,抽样平均数(或成数)的标准差是按抽样平均数(或成数)与其平均数的离差平方和计算的,但由于抽样平均数的平均数等于总体平均数,而抽样成数的平均数等于总体成数,因而抽样指标的标准差恰好反映了抽样指标和总体指标的平均离差程度。

设以 $\mu_{\bar{x}}$ 表示抽样平均数的平均误差,μ_p 表示抽样成数的平均误差,M 表示全部可能的样本数目,则:

$$\mu_{\bar{x}} = \sqrt{\frac{\sum (\bar{x} - \bar{X})^2}{M}}$$

$$\mu_P = \sqrt{\frac{\sum (p - P)^2}{M}}$$

这些公式表明了抽样平均误差的意义。但是由于我们并不知道总体平均数和总体成数,而且也无法计算全部样本的抽样指标值,因而按上述公式来计算抽样平均误差实际上是不可能的。在实践中,我们可以通过其他方法加以推算。现在我们分别就抽样平均数和抽样成数的抽样平均误差的计算问题加以讨论。

1. 抽样平均数的平均误差

它又分重复抽样和不重复抽样两种情况。

(1) 重复抽样。在重复抽样的条件下,抽样平均数的平均误差与总体的变异程度和样本容量大小两个因素有关。

它们的具体关系如下:

$$\mu_{\bar{x}} = \frac{\sigma}{\sqrt{n}}$$

从这一公式可以看出,抽样平均误差的大小和总体标准差 σ 成正比变化,而和样本容量 n 的平方根成反比变化。现在用具体例子加以验证。

例 7-1 设有 4 个工人,其月工资分别为 700 元、900 元、1300 元、

1500 元。求这一总体的平均工资 $\bar{X}$ 和工资标准 σ。

$$\bar{X} = \frac{\sum X}{N} = \frac{700 + 900 + 1300 + 1500}{4} = 1100（元）$$

$$\sigma = \sqrt{\frac{\sum (X - \bar{X})^2}{N}}$$

$$= \sqrt{\frac{(700-1100)^2 + (900-1100)^2 + (1300-1100)^2 + (1500-1100)^2}{4}}$$

$$= \sqrt{100000} = 316.2（元）$$

现在直接用重复抽样的方法,从 4 人中抽 2 人构成样本,并求样本的平均工资,用以代表 4 人总体的平均工资水平。将所有可能的样本以及样本的平均工资列表,如表 7-2 所示。

表 7-2　　　　　　　　重复抽样平均误差计算过程

样本序号	样本变量 (x)		样本平均 ($\bar{x}$)	平均数离差 $[\bar{x}-E(\bar{x})]$	离差平方 $[\bar{x}-E(\bar{x})]^2$
1	700	700	700	-400	160000
2	700	900	800	-300	90000
3	700	1300	1000	-100	10000
4	700	1500	1100	0	0
5	900	700	800	-300	90000
6	900	900	900	-200	40000
7	900	1300	1100	0	0
8	900	1500	1200	100	10000
9	1300	700	1000	-100	10000
10	1300	900	1100	0	0
11	1300	1300	1300	200	40000
12	1300	1500	1400	300	90000
13	1500	700	1100	0	0
14	1500	900	1200	100	10000
15	1500	1300	1400	300	90000
16	1500	1500	1500	400	160000
合计	—	—	17600	0	800000

样本平均数的平均数为：

$$E(\bar{x}) = \frac{\sum \bar{x}}{M} = \frac{17600}{16} = 1100(元)$$

抽样平均误差为：

$$\mu_{\bar{x}} = \sqrt{\frac{\sum(\bar{x}-\bar{X})^2}{M}} = \sqrt{\frac{800000}{16}} = 223.6(元)$$

现在直接按重复抽样误差公式计算抽样平均误差为：

$$\mu_{\bar{x}} = \frac{\sigma}{\sqrt{n}} = \frac{316.2}{\sqrt{2}} = 223.6（元）$$

所得结果与由定义计算的抽样平均误差完全相同。

（2）不重复抽样。在不重复抽样的条件下，抽样平均数的平均误差不但和总体变异程度、样本容量有关，而且与总体单位数的多少有关。它们的关系如下：

$$\mu_{\bar{x}} = \sqrt{\frac{\sigma^2}{n}\left(\frac{N-n}{N-1}\right)}$$

式中，N 为总体单位数。与重复抽样公式对比可以知道，不重复抽样误差等于重复抽样误差在开方内乘以修正因子 $(N-n)/(N-1)$。由于这个因子总是小于1，因而不重复抽样误差总是小于重复抽样误差，但在总体单位数 N 很大的情况下，这个因子就十分接近于1，因而两种抽样误差相差很小。不重复抽样平均误差公式可以表示为如下近似式：

$$\mu_{\bar{x}} = \sqrt{\frac{\sigma^2}{n}\left(1 - \frac{n}{N}\right)}$$

例 7-2 现在仍引用上述例 7-1 的例子，假设用不重复抽样的方法从总体中抽2人，求平均工资加以验证。

表 7-3　　　　　　　　不重复抽样平均误差计算过程

样本序号	样本变量 (x)		样本平均数 ($\bar{x}$)	平均数离差 $[\bar{x}-E(\bar{x})]$	离差平方 $[\bar{x}-E(\bar{x})]^2$
1	700	900	800	-300	90000
2	700	1300	1000	-100	10000
3	700	1500	1100	0	0
4	900	700	800	-300	90000
5	900	1300	1100	0	0

续表

样本序号	样本变量 (x)	样本平均数 ($\bar{x}$)	平均数离差 $[\bar{x}-E(\bar{x})]$	离差平方 $[\bar{x}-E(\bar{x})]^2$
6	900 1500	1200	100	10000
7	1300 700	1000	-100	10000
8	1300 900	1100	0	0
9	1300 1500	1400	300	90000
10	1500 700	1100	0	0
11	1500 900	1200	100	10000
12	1500 1300	1400	300	90000
合计	— —	13200	0	400000

样本平均数的平均数为：

$$E(\bar{x}) = \frac{\sum \bar{x}}{M} = \frac{13200}{12} = 1100 \text{（元）}$$

抽样平均误差为：

$$\mu_{\bar{x}} = \sqrt{\frac{\sum (\bar{x}-\bar{X})^2}{M}} = \sqrt{\frac{400000}{12}} = 182.6 \text{（元）}$$

根据已经计算的总体平均数 $\bar{X}=1100$ 元，总体标准差 $\sigma=316.2$ 元，也可以按不重复的抽样误差公式计算：

$$\mu_{\bar{x}} = \sqrt{\frac{\sigma^2}{n}\left(\frac{N-n}{N-1}\right)} = \sqrt{\frac{100000}{2}\left(\frac{4-2}{4-1}\right)} = 182.6 \text{（元）}$$

两者计算结果完全相同。由此可见，在不重复抽样的条件下，抽样平均数的平均数 $E(\bar{x})$ 仍然等于总体平均数 $\bar{X}$，而它的抽样平均误差为 182.6 元，比重复抽样的平均误差 223.6 元小。

在计算抽样平均误差时，我们通常得不到总体标准差的数值，要用样本标准差 s 来代替总体标准差 σ，概率论的研究证明：样本的标准差相当接近总体标准差。

2. 抽样成数的平均误差

抽样成数的平均误差表明各样本成数和总体成数绝对离差的一般水平。由于总体成数可以表现为总体是非标志（0，1）分布的平均数，而且它的标准差也可以从总体成数推算出来，前面已经论证过：

$\overline{X}_P = P$

$\sigma_P = \sqrt{P(1-P)}$

因此，我们容易从抽样平均数的抽样平均误差和总体标准差的关系中推算出抽样成数平均误差的计算公式。

（1）重复抽样。

$\mu_p = \sqrt{\dfrac{P(1-P)}{n}}$

式中：P——总体成数；

n——样本单位数。

（2）不重复抽样。

$\mu_p = \sqrt{\dfrac{P(1-P)}{n}\left(\dfrac{N-n}{N-1}\right)}$

在总体单位数 N 很大的情况下，μ_P 的近似式为：

$\mu_P = \sqrt{\dfrac{P(1-P)}{n}\left(1-\dfrac{n}{N}\right)}$

在得不到总体成数 P 的资料时，我们也可以用实际样本的抽样成数 p 来代替。

例 7-3 估计某地区 10000 名适龄儿童的入学率，随机从这一地区抽取 400 名儿童，检查有 320 名儿童入学，求抽样入学率的平均误差。

根据已知条件：

$p = \dfrac{320}{400} \times 100\% = 80\%$

$\sigma_p^2 = p(1-p) = 80\% \times 20\% = 16\%$

在重复抽样的情况下，入学率的抽样平均误差为：

$\mu_p = \sqrt{\dfrac{P(1-P)}{n}} = \sqrt{\dfrac{0.16}{400}} = 2\%$

在不重复抽样的情况下，入学率的抽样平均误差为：

$\mu_p = \sqrt{\dfrac{P(1-P)}{n}\left(1-\dfrac{n}{N}\right)} = \sqrt{\dfrac{0.16}{400}\left(1-\dfrac{400}{10000}\right)} = 1.96\%$

计算结果表明，用样本的入学率来估计总体的入学率，其误差的绝对值平均来说在 2% 左右。

请思考

抽样误差是（　　）。
①由于样本数目过少引起的
②由于观察、测量、计算的失误引起的
③抽样过程中的偶然因素引起的
④指调查中产生的系统性误差
⑤指随机性的代表性误差

三、影响抽样平均误差的因素

影响抽样平均误差的因素主要有：

1. 抽样单位数的多少

在其他条件不变的情况下，抽样单位数越多，抽样误差就越小；反之，抽样单位数越少，则抽样误差就越大。抽样单位数越大，样本就越能反映总体的数量特征，如果抽样单位数扩大到接近总体时，这时抽样调查也就近于全面调查，抽样误差就缩小到几乎完全消失的程度。

2. 总体被研究标志的变异程度

在其他条件不变的情况下，总体单位标志的变异程度越小则抽样误差也越小，抽样误差和总体变异度成正比变化。这是因为，总体变异度小，表示总体各单位标志值之间的差异小，则抽样指标与总体指标之间的差异也就小。如果总体单位标志值相等，则标志变动度等于零，抽样指标就完全等于总体指标，抽样误差也就不存在了。

3. 抽样的组织形式和抽样方法

在其他条件不变的情况下，不重复抽样下的样本比重复抽样下的样本代表性强，其抽样误差相应也要小。在不同的抽样组织方式下，抽样误差也不同。

了解影响抽样误差的因素，对我们控制和分析抽样误差十分重要。在上述影响抽样误差的三个因素中，总体标志的变异程度是客观存在的因素，是调查者无法控制的，但样本数目和抽样方式及抽样的组织形式却是调查者能够选择和控制的。因此，在实际工作中，我们应当根据分析研究的目的和具体情况，做好抽样设计和实施工作，以达到经济有效的抽样效果。

> **? 请思考**
>
> 在重复抽样的情况下,假定抽样单位数增加3倍(其他条件不变),则抽样平均误差为原来的(　　)倍。
>
> ① $\frac{1}{2}$　② $\frac{1}{3}$　③ $\sqrt{3}$　④ 2

四、抽样极限误差

1. 抽样极限误差的概念

抽样极限误差是从另一个角度考虑抽样误差问题的。用样本指标估计总体指标时,要想达到完全准确、毫无误差,几乎是不可能的。样本指标和总体指标之间总会有一定的差距,所以在估计总体指标时就必须同时考虑估计误差的大小。我们不希望误差太大,它会影响样本资料的价值。误差越大,样本资料的价值便越小,误差超过了一定限度,样本资料也就毫无价值了。所以,在进行抽样估计时,应该根据所研究对象的差异程度和分析任务的需要确定可允许的误差范围,在这个范围内的数字就算是有效的。这就需要研究抽样极限误差的问题。

抽样极限误差是指样本指标和总体指标之间抽样误差的可能范围。由于总体指标是一个确定的数,而样本指标则是围绕着总体指标左右变动的量,它与总体指标可能产生正离差,也可能产生负离差,样本指标变动的上限或下限与总体指标之差的绝对值就可以表示抽样误差的可能范围,我们将这种以绝对值形式表示的抽样误差可能范围称为抽样极限误差。

设 $\Delta_{\bar{x}}$、Δ_p 分别表示抽样平均数极限误差和抽样成数极限误差,则有:

$\Delta_{\bar{x}} = |\bar{x} - \bar{X}|$

$\Delta_p = |p - P|$

上面等式可以变换为下列等价的不等式关系:

$\bar{X} - \Delta_{\bar{x}} \leqslant \bar{x} \leqslant \bar{X} + \Delta_{\bar{x}}$

$P - \Delta_p \leqslant p \leqslant P + \Delta_p$

上面第一式表明抽样平均数 $\bar{x}$ 是以总体平均数 $\bar{X}$ 为中心,在 $\bar{X} - \Delta_{\bar{x}}$ 至 $\bar{X} + \Delta_{\bar{x}}$ 之间变动,区间 $(\bar{X} - \Delta_{\bar{x}}, \bar{X} + \Delta_{\bar{x}})$ 称为样本平均数的估计区间,区间的总长度为 $2\Delta_{\bar{x}}$,在这个区间内样本平均数和总体平均数之间的绝对离差不超过 $\Delta_{\bar{x}}$。同样,上面第二式表明,抽样成数是以总体成数 P 为中心,在

$P - \Delta_p$ 至 $P + \Delta_p$ 之间变动,抽样成数在 $(P - \Delta_p, P + \Delta_p)$ 区间内与总体成数的绝对离差不超过 Δ_p。

由于总体平均数和总体成数是未知的,它需要用实测的抽样平均数和抽样成数来估计,因而抽样极限误差的实际意义是希望估计区间 $\bar{x} \pm \Delta_{\bar{x}}$ 能以一定的可靠程度将总体平均数 $\bar{X}$ 盖住,$p \pm \Delta_p$ 能以一定的可靠程度将总体成数 P 盖住,因而上面的不等式应变换为:

$$\bar{x} - \Delta_{\bar{x}} \leq \bar{X} \leq \bar{x} + \Delta_{\bar{x}}$$
$$p - \Delta_p \leq P \leq p + \Delta_p$$

2. 抽样极限误差的计算公式

基于概率估计的要求,抽样极限误差通常需要以抽样平均误差 $\mu_{\bar{x}}$ 或 μ_p 为标准单位来衡量。把极限误差 $\Delta_{\bar{x}}$ 或 Δ_p 分别除以 $\mu_{\bar{x}}$ 或 μ_p,得到相对数 t,它表示误差范围为抽样平均误差的若干倍,t 是测量估计可靠程度的一个参数,称为抽样平均误差的概率度。

$$t = \frac{\Delta_{\bar{x}}}{\mu_{\bar{x}}} = \frac{|\bar{x} - \bar{X}|}{\mu_{\bar{x}}} \quad \text{或} \quad \Delta_{\bar{x}} = t\mu_{\bar{x}}$$

$$t = \frac{\Delta_p}{\mu_p} = \frac{|p - P|}{\mu_P} \quad \text{或} \quad \Delta_p = t\mu_p$$

抽样估计的概率度是表明抽样指标和总体指标的误差不超过一定范围的概率保证程度。由于抽样指标值随着样本的变动而变动,它本身是一个随机变量,因而抽样指标和总体指标的误差仍然是一个随机变量,并不能保证误差不超过一定范围这个事件是必然事件,而只能给以一定程度的概率保证。因此,就有必要来计算抽样指标和总体指标的误差不超过一定范围的概率大小,即计算抽样指标落在一定区间范围内的概率,这种概率称之为抽样估计的概率度。

根据计算极限误差的基本公式 $\Delta = t \cdot \mu$,概率度 t 的大小根据对推断结果要求的把握程度来确定,即根据概率度的大小来确定。概率论和数理统计证明,概率度 t 与概率保证程度 $F(t)$ 之间存在着一定的函数关系,给定不同的 t 值,就可以计算出 $F(t)$ 来;相反,给出一定的概率保证程度,则可以根据总体的分布,获得对应的 t 值。在实际应用中,我们所研究的总体大部分为正态总体,对于正态总体而言,为了应用的方便编有"正态分布概率表"供使用时查阅。根据"正态分布概率表",已知概率度 t 可查得相应的概率保证程度 $F(t)$;相反,已知概率保证程度 $F(t)$ 也可查得相应的概率度 t。现将其中几个常用的对应数值列于表 7-4 中。

表7-4　　　　　　　　　常用概率度与概率保证度表

概率度 t	概率 F(t) (%)
1	68.27
2	95.45
3	99.73
1.64	90.00
1.96	95.00
2.58	99.00

从极限误差的计算公式看，极限误差 Δ 与概率度 t 和抽样平均误差 μ 成正比，即三者之间存在如下关系：①在 μ 保持不变的情况下，增大 t 值，把握程度相应增加，误差范围 Δ 也随之扩大，这时估计的精确度将降低；反之，要提高估计的精确度，就得缩小 t 值，此时把握程度也会相应降低。②在 t 保持不变的情况下，抽样平均误差 μ 小，则误差范围 Δ 就小，估计的精确度就高；反之，抽样平均误差 μ 大，误差范围 Δ 也大，估计的精确度就低。

由此可见，估计的精确度与可靠度要求是一对矛盾，我们在做出估计时必须在两者之间进行慎重的选择。

例7-4　要估计某乡粮食亩产和总产水平，从8000亩粮食作物中，用不重复抽样抽取400亩。求得平均亩产为450公斤。如果确定抽样极限误差为5公斤，这就要求某乡粮食亩产为450±5公斤，即在445~455公斤之间，而粮食总产量为8000×(450±5)公斤，即在356万~364万公斤之间。

例7-5　要估计某农作物秧苗的成活率，从播种这一品种的秧苗地块随机抽取秧苗1000棵，其中，死苗80棵，则样本秧苗成活率 $P = 1 - 80/1000 = 92\%$。如果确定抽样极限误差 Δ_p 为2%，这就要求该种秧苗的成活率 P 为92%±2%，即在90%~94%之间。

> **请思考**
> 在一定的误差范围要求下（　　）。
> ①概率度大，要求可靠性低，抽样数目相应要多
> ②概率度大，要求可靠性高，抽样数目相应要多
> ③概率度小，要求可靠性低，抽样数目相应要少
> ④概率度小，要求可靠性高，抽样数目相应要少
> ⑤概率度小，要求可靠性低，抽样数目相应要多

第三节 抽样估计方法

抽样估计就是指利用实际调查的抽样指标来估计相应的全及总体指标的数值。由于全及指标是表明总体数量特征的参数，如总体平均数、总体成数等，因而这种估计也称为参数估计。总体参数的抽样估计有点估计和区间估计两种方法。

一、点估计

参数点估计的基本特点是根据抽样资料计算样本指标，直接作为相应全及指标的估计值。例如，以实际计算的抽样平均数作为相应总体平均数的估计值，以实际计算的抽样成数作为相应总体成数的估计值等。这种估计是基于我们对所研究的全及指标的具体指标值虽然不知道，但对它的指标结构形式是清楚的。例如，我们研究某县的粮食亩产水平，虽然实际的平均亩产量数值是未知的，但平均亩产量指标是由总体各单位变量代数和除以单位总数求得的，这个指标的结构形式是已知的。很自然地，可以认为，如果抽样调查所取得的样本数据有足够的代表性，那么根据已知的指标结构形式计算抽样指标，便可作为相应总体指标的估计值。

设用样本平均数 $\bar{x}$ 作为总体平均数 $\bar{X}$ 的估计值，样本成数 p 作为总体成数 P 的估计值，则有：

$$\bar{x} = \bar{X} \qquad p = \bar{P}$$

总体参数点估计方法的优点是原理直观，计算简便、易行，在实际工作中经常采用。但它也有不足之处，即这种估计方法没有说明抽样估计的误差，更没有指明误差在一定范围内的概率保证程度。因此，只有当抽样误差即使大一些也不妨碍对问题的认识和判断时，才可以使用这种方法。

二、区间估计

1. 抽样估计的精度

根据实际调查的样本指标的具体数值来估计相应的总体指标且完全没有误差，实际上是难以做到的，因此，我们在进行抽样估计时总要提出估计精度的要求，以便作为评价估计好坏的标准。在上一节我们讨论了极限

第七章 抽样推断

抽样误差，即允许的抽样误差范围 $\Delta_{\bar{x}}$，事实上就是给定了评价的标准。但是，应该指出，允许的抽样误差范围 $\Delta_{\bar{x}}$ 是指抽样平均数与总体平均数离差的绝对值，同一数值对于不同的现象可能具有完全不同的意义。例如，在粮食亩产量抽样调查中，规定允许误差范围 $\Delta_{\bar{x}} = 10$ 公斤，这对于亩产水平超过 500 公斤以上的高产地区可能是合适的，而对于亩产水平仅为100～200公斤的低产地区，10 公斤的误差占产量水平的5%～10%，无论如何都超过了可接受的范围，因为在农业生产中粮食增产5%已属于难得的丰产，现在估计的误差就在5%以上，显然这种估计就没有意义了。

现在我们来考虑可允许的相对误差范围，即以样本平均数为基数的误差率：

$$误差率 = \frac{\Delta_{\bar{x}}}{\bar{x}} = \frac{|\bar{x} - \overline{X}|}{\bar{x}}$$

并根据误差率来计算估计精度：

$$估计精度 = 1 - 误差率 = 1 - \frac{\Delta_{\bar{x}}}{\bar{x}} = 1 - \frac{|\bar{x} - \overline{X}|}{\bar{x}}$$

例如，给定估计精度不小于90%，从以下推算可知，这意味着相对误差率不大于10%，或总体平均数与样本平均数的比率应该保持在90%～110%之间。

$$1 - \frac{|\bar{x} - \overline{X}|}{\bar{x}} \geq 90\%$$

$$-10\% \leq \frac{\bar{x} - \overline{X}}{\bar{x}} \leq 10\%$$

$$90\% \leq \frac{\overline{X}}{\bar{x}} \leq 110\%$$

同时，我们还可以根据样本平均数 $\bar{x}$ 对任何给定的精度要求，推算出可以允许的抽样误差范围。例如，已知样本平均数为 500 公斤，根据估计精度为90%的要求，我们即可推算出允许的抽样误差范围为：

$$\Delta_{\bar{x}} = |\bar{x} - \overline{X}| = 10\% \times \overline{X} = 10\% \times 500 = 50（公斤）$$

2. 抽样估计的置信度

我们已经学习了如何确定允许的抽样误差范围，从主观愿望上说，我们当然希望抽样调查的结果，即样本指标的估计值都能够落在允许的误差范围内，但这并非易事。由于抽样指标值随着样本的变动而变动，它本身是个随机变量，因而抽样指标和总体指标的误差仍然是个随机变量，并不能保证误差必然不超过一定范围，而只能给以一定程度的概率保证。抽样估计置信度就是表明抽样指标和总体指标的误差不超过一定范围的概率保证程度。

所谓概率，就是指在随机事件进行大量试验中，某种事件出现的可能

— 223 —

性大小,通常可以用某种事件出现的频率来表示。抽样估计的概率保证程度就是指抽样误差不超过一定范围的概率大小,可以用以下形式表示:

$$P(|\bar{x}-\bar{X}|\leq\Delta_{\bar{x}})=P_1+P_2+\cdots+P_k$$

上述等式左边括号内的$(|\bar{x}-\bar{X}|\leq\Delta_{\bar{x}})$表示样本平均数与总体平均数的误差范围不超过$\Delta_{\bar{x}}$。$P(|\bar{x}-\bar{X}|\leq\Delta_{\bar{x}})$则表示误差不超过这一范围的概率。等式右边表示属于这一区间范围内各种样本平均值出现的概率之和。

例7-6 已知4个工人的月工资分别为700元、900元、1300元、1500元,总平均工资为1100元,总体标准差为316.2元。用重复抽样的方法从中取2人为样本,计算样本月平均工资数并整理月平均工资的分布(见表7-5)。

表7-5　　　　　　　　　样本月平均工资的分布

样本平均数($\bar{x}$)	700	800	900	1000	1100	1200	1300	1400	1500
频　数(f)	1	2	1	2	4	2	1	2	1
频率(概率)$\left(\dfrac{f}{\sum f}\right)$	$\dfrac{1}{16}$	$\dfrac{2}{16}$	$\dfrac{1}{16}$	$\dfrac{2}{16}$	$\dfrac{4}{16}$	$\dfrac{2}{16}$	$\dfrac{1}{16}$	$\dfrac{2}{16}$	$\dfrac{1}{16}$

我们可以根据以上分布写出月平均工资落在各种区间范围内的概率P,例如:

$$P(1000\leq\bar{x}\leq1200)=\frac{2}{16}+\frac{4}{16}+\frac{2}{16}=\frac{1}{2}$$

$$P(900\leq\bar{x}\leq1300)=\frac{1}{16}+\frac{2}{16}+\frac{4}{16}+\frac{2}{16}+\frac{1}{16}=\frac{5}{8}$$

$$P(800\leq\bar{x}\leq1400)=\frac{2}{16}+\frac{1}{16}+\frac{2}{16}+\frac{4}{16}+\frac{2}{16}+\frac{1}{16}+\frac{2}{16}=\frac{7}{8}$$

我们容易将上述概率形式变换为抽样误差的形式,即求得抽样平均数与总体平均数误差绝对值不超过一定范围的概率。例如:

$$P(|\bar{x}-\bar{X}|\leq100)=\frac{1}{2}\qquad P(|\bar{x}-\bar{X}|\leq200)=\frac{5}{8}$$

$$P(|\bar{x}-\bar{X}|\leq300)=\frac{7}{8}$$

这说明,在重复抽样中,抽样平均数与总体平均数绝对误差不超过100元的概率为1/2,即有50%的概率保证在一次抽样中使上述误差得以实现。同理,抽样误差不超过200元的概率为5/8,抽样误差不超过300元的概率为7/8等。由此可见,抽样误差范围和估计置信度是密不可分的,而且抽样误差范围越小,估计的置信度也越小。

当总体很大时,要依靠列表来求得抽样误差的置信度几乎是难以做到的。理论已经证明,在样本单位数足够多($n \geqslant 30$)的条件下,抽样平均数的分布接近于正态分布。这一分布的特点是,抽样平均数以总体平均数为中心,两边完全对称分布,也就是说,抽样平均数的正误差和负误差的可能性是完全相等的。而且,抽样平均数越接近总体平均数,出现的可能性越大,概率越大;反之,抽样平均数越远离总体平均数,出现的可能性越小,概率越小,而趋于0。

例7-7 设样本粮食平均亩产量 $\bar{x}$ 为350公斤,又知抽样平均误差 $\mu_{\bar{x}} = 6.25$ 公斤,求总体粮食平均亩产量 $\bar{X}$ 在345~355公斤之间的估计置信度。根据公式可得:

$$t = \frac{\Delta_{\bar{x}}}{\mu_{\bar{x}}} = \frac{|\bar{x} - \bar{X}|}{\mu_{\bar{x}}} = \frac{5}{6.25} = 0.8$$

查"正态分布概率表",当 $t = 0.8$ 时,估计置信度 $F(t) = 0.5763$,即总体平均亩产在345~355公斤之间的概率保证程度为57.63%。现在如果允许误差范围扩大至10公斤,即总体平均亩产在340~360公斤之间,则概率度 t 为:

$$t = \frac{\Delta_{\bar{x}}}{\mu_{\bar{x}}} = \frac{|\bar{x} - \bar{X}|}{\mu_{\bar{x}}} = \frac{10}{6.25} = 1.6$$

查"正态分布概率表",当 $t = 1.6$ 时,$F(t) = 0.8904$,这时概率保证程度提高到89.04%,即基本上达到了足够可信的程度。

3. 区间估计的模式

在进行区间估计的时候,根据所给定的条件不同,总体平均数和总体成数的估计有以下两套模式可供选择使用。

(1)根据已给定的误差范围,求概率保证程度。具体步骤如下:

第一步,抽取样本,计算抽样指标,即计算样本平均数 $\bar{x}$ 或抽样成数 p,作为总体指标的估计值,并计算样本标准差 s,以推算抽样平均误差。

第二步,根据给定的抽样极限误差范围 Δ,估计总体指标的上限和下限。

第三步,将抽样极限误差 Δ 除以抽样平均误差 μ,求出概率度 t,再根据 t 值查"正态分布概率表"求出相应的概率保证程度。

例7-8 对工厂生产设备中某种型号的机械零件进行耐磨性能检查,抽查的样本资料如表7-6所示,要求耐磨时数的允许误差为10小时($\Delta_{\bar{x}} = 10$)。试估计这批机械零件的平均耐磨时数。

表7-6　　　　　　　某型号机械零件耐磨性资料

耐磨时数（小时）	组中值（s）	零件数（个）
900 以下	875	1
900～950	925	2
950～1000	975	6
1000～1050	1025	35
1050～1100	1075	43
1100～1150	1125	9
1150～1200	1175	3
1200 以上	1225	1
合　计	—	100

第一步，计算 $\bar{x}$，s，$\mu_{\bar{x}}$：

$$\bar{x} = \frac{\sum xf}{\sum f} = \frac{105550}{100} = 1055.5 \text{（小时）}$$

$$s = \sqrt{\frac{\sum (x-\bar{x})^2 f}{\sum f}} = 51.91 \text{（小时）}$$

$$\mu_{\bar{x}} = \frac{\sigma}{\sqrt{n}} = \frac{51.91}{\sqrt{100}} = 5.191 \text{（小时）}$$

第二步，根据给定的 $\Delta_{\bar{x}} = 10$ 小时，计算总体平均数的上下限：

下限 = $\bar{x} - \Delta_{\bar{x}} = 1055.5 - 10 = 1045.5$（小时）

上限 = $\bar{x} + \Delta_{\bar{x}} = 1055.5 + 10 = 1065.5$（小时）

第三步，根据 $t = \dfrac{\Delta_{\bar{x}}}{\mu_{\bar{x}}} = \dfrac{10}{5.191} = 1.93$，查"正态分布概率表"得：概率 $F(t) = 94.64\%$。

推断的结论是：根据要求耐磨时数的允许误差范围10小时，估计这批机械零件耐磨时数在（1045.5，1065.5）小时之间的概率把握程度为94.64%。

例7-9　仍用上例资料，设该种型号零件质量标准规定，耐磨时数达1000小时以上为合格品，要求合格率估计的允许误差范围不超过4%，试估计该批机械零件的合格率。

第一步，计算 p，s_p^2，μ_p：

$$p = \frac{n_1}{n} = \frac{91}{100} \times 100\% = 91\%$$

$s_p^2 = p(1-p) = 0.91 \times 0.09 = 0.0819$

$\mu_p = \sqrt{\dfrac{p(1-p)}{n}} = \sqrt{\dfrac{0.0819}{100}} = 2.86\%$

第二步,根据给定的 $\Delta p = 4\%$,求总体合格率的上下限:

下限 $= p - \Delta_p = 91\% - 4\% = 87\%$

上限 $= p + \Delta_p = 91\% + 4\% = 95\%$

第三步,根据 $t = \dfrac{\Delta_p}{\mu_p} = 1.4$,查"正态分布概率表"得概率 $F(t) = 83.85\%$。

通过计算得出结论,根据要求,合格率允许误差范围不超过4%,估计这批零件的合格率在87%~95%之间的概率把握程度为83.85%。

(2) 根据已给定的置信度,求抽样极限误差。具体步骤如下:

第一步,抽取样本,计算抽样指标,即计算样本平均数 $\bar{x}$ 或抽样成数 p,作为总体指标的估计值,并计算样本标准差 s,以推算抽样平均误差。

第二步,根据给定的置信度 $F(t)$ 要求,查概率表求得概率度 t 值。

第三步,根据概率度 t 和抽样平均误差 μ 推算抽样极限误差 Δ,并根据抽样极限误差求出被估计总体指标的上限和下限。

例 7-10 对我国某中等城市进行居民家庭人均旅游消费支出调查,随机抽取 400 户居民家庭,调查得知,居民家庭人均年旅游消费支出为 400 元,标准差为 100 元,要求以 95% 的概率保证程度,估计该市人均年旅游消费支出额。

第一步,根据抽样资料和已知资料计算得:

年人均消费支出 $\bar{X} = 400$ 元

样本标准差 $s = 100$ 元

$\mu_{\bar{x}} = \dfrac{\sigma}{\sqrt{n}} = \dfrac{100}{\sqrt{400}} = 5$ 元

(总体标准差 σ 以样本标准差 s 代替)

第二步,根据给定的概率保证程度 $F(t) = 95\%$,查"正态分布概率表"得:$t = 1.96$

第三步,计算 $\Delta_{\bar{x}} = t\mu_{\bar{x}} = 1.96 \times 5 = 9.80$ 元,则该市居民家庭年人均旅游消费支出额:

下限 $= \bar{x} - \Delta_{\bar{x}} = 400 - 9.80 = 390.20$(元)

上限 $= \bar{x} + \Delta_{\bar{x}} = 400 + 9.80 = 409.80$(元)

结论:在95%的概率保证程度下,估计该市居民家庭年人均旅游消费支出额在 390.20~409.80 元之间。

例7-11 为了了解国内旅游人数情况,在一些地区随机调查5000人,结果发现800人有今年国内旅游计划,要求以95%的概率保证程度,估计国内旅游人数比率的可能范围。

第一步,根据抽样资料计算:

样本国内旅游人数比率 $p = \dfrac{n_1}{n} = \dfrac{800}{5000} \times 100\% = 16\%$

样本方差 $s_p^2 = p(1-p) = 0.16 \times 0.84 = 0.1344$

抽样平均误差 $\mu_p = \sqrt{\dfrac{p(1-p)}{n}} = \sqrt{\dfrac{0.1344}{5000}} = 0.518\%$

$[P(1-P)$ 用 $p(1-p)$ 代替$]$

第二步,根据给定的置信度 $F(t) = 95\%$,查"正态分布概率表"求得:概率度 $t = 1.96$。

第三步,计算 $\Delta_p = t\mu_p = 1.96 \times 0.518\% = 1.015\%$,则总体比率的上下限为:

下限 $= p - \Delta_p = 16\% - 1.015\% = 14.985\%$

上限 $= p + \Delta_p = 16\% + 1.015\% = 17.015\%$

结论:在95%的概率保证条件下,国内旅游人数的比率在15%~17%之间。

第四节 必要样本单位数的确定

一、样本单位数的确定

如何科学地组织抽样调查,保证随机抽样条件的实现,并合理有效地取得各项数据,是抽样中一个至关重要的问题。

首先,在抽样设计中,要保证随机原则的实现。随机取样是抽样调查的前提,失去这个前提,抽样调查的理论和方法也就失去了存在的意义。从理论上说,随机原则就是要保证总体每一个单位都有同等的机会被抽中。但在实践上,如何保证这个原则的实现,需要考虑许多因素和可能采用的方法。

其次,样本的容量究竟要多大才算是适度的?例如,在民意测验中,一般要调查多少人才能反映全国十几亿人口的态度和意见?商家需要调查多少消费者才能了解人们对于该商店所提供服务的满意程度等。调查单位多了会增加组织抽样等调查费用,造成不必要的浪费;调查单位太少又不能有效地反映真实情况,直接影响调查的效果。因此,在抽样设计中应该重视对研究现象变异程度、估计误差的要求和样本容量之间的关系,做出适当的抉择。

最后,要认识到不同的抽样组织形式,会有不同的抽样误差,因而抽样的效果也是不同的。一种科学的组织形式往往可能以尽可能少的样本单位数取得更好的抽样效果。因此,抽样设计必须选择合适的组织形式,并对所用方法的抽样误差做出正确的估计,进一步和其他组织形式的抽样误差进行对比,做出必要的效果分析。

在抽样设计中还必须重视调查费用这个基本因素。实际上,任何一项抽样调查都是在一定费用的限制下进行的。抽样设计应该力求采用调查费用最省的方案。一般地说,提高精确度的要求与节省费用的要求往往有矛盾,抽样误差要求越小,则调查费用需要越多。因此,抽样误差最小的方案并非是最好的方案,在许多情况下,允许一定范围的误差仍能够满足分析的要求。我们的任务就是在一定误差要求下,选择费用最小的抽样设计方案。

综上所述,抽样设计应该掌握两个基本原则:

第一,保证实现抽样的随机性原则,即保证总体各个单位的相互独立性,以及任何一个单位在每次抽样中被抽中机会的均等性。

第二,保证实现最大的抽样效果原则,即在一定的调查费用下,选取抽样误差最小的方案;或在给定调查精确度的要求下,选取调查费用最省的方案。

影响抽样误差的因素之一,是样本单位数的多少。在抽样调查中,事先确定必要的样本单位数,是一项重要的工作。由于样本单位数 n 是抽样极限误差公式的组成部分,因而样本单位数与抽样极限误差有密切的关系。因此,可以根据抽样极限误差公式推导。现以简单随机抽样为例,测定总体平均数或总体成数,所需抽取的样本单位数 n。

1. 根据平均数极限误差确定样本单位数

(1) 重复抽样。

$$n_{\bar{x}} = \frac{t^2 \sigma^2}{\Delta_{\bar{x}}^2}$$

(2) 不重复抽样。

$$n_{\bar{x}} = \frac{N t^2 \sigma^2}{N \Delta_{\bar{x}}^2 + t^2 \sigma^2}$$

2. 根据成数极限误差确定样本单位数

（1）重复抽样。

$$n_p = \frac{t^2 P(1-P)}{\Delta_p^2}$$

（2）不重复抽样。

$$n_p = \frac{Nt^2 P(1-P)}{N\Delta_p^2 + t^2 P(1-P)}$$

$n_{\bar{x}}$ 或 n_p 是指在抽样误差不超过预先规定的数值，即满足极限误差小于或等于 $\Delta_{\bar{x}}$ 或 Δ_p 下，至少应抽取的样本单位数。

3. 确定必要抽样单位数应注意的问题

在必要抽样单位数确定的过程中，可能会遇到一些应用性问题，主要应注意以下几个方面：

（1）总体指标未知的问题。公式中涉及总体标准差与总体成数资料，一般是未知的，可利用以前的经验数据或样本数据代替。若遇到有不止一个经验数据或样本数据时，宜选择方差最大的一个。如当总体成数未知时，可选取使成数方差达到最大（0.25）或接近最大的成数值代入。

（2）估计对象导致数目不相等的问题。对于同一资料既要估计平均数又要估计成数时，根据这两种估计所求的必要抽样单位数可能不相等，这时应选择其中抽样单位数目较大的进行抽样，以保证抽样推断的精确性和可靠性。

（3）抽样方式导致数目不相等的问题。按重复抽样公式计算的必要抽样单位数要比按不重复抽样公式确定的必要抽样单位数目大。在条件允许的情况下，为保证抽样的精度和可靠度，原则上，一切抽样调查在计算必要抽样单位数时，都可采用重复抽样公式计算。

（4）计算的样本单位数不一定是整数，如果带小数，一般不采取四舍五入的办法化成整数，而是用比这个数大的邻近整数代替。

二、影响样本单位数的因素

由以上的分析和计算可知，影响样本单位数的因素有以下几个：

1. 总体标准差

在其他条件不变的情况下，总体标准差与抽样单位数目成正比关系。总体标准差大，说明总体各单位之间的差异程度高，各单位标志值较平均数的离散程度大，因此，抽样数目就要越多；反之，总体标准差小，则抽样数目就可越少。

2. 抽样极限误差

在其他条件不变的情况下，抽样极限误差与抽样单位数目成反比关系。如果允许的误差范围越大，则对抽样估计的精度要求越低，则抽样单位数目就可越少；反之，若允许的误差范围越小，对精度的要求越高，则抽样单位数目就要求越多。

3. 抽样方法及抽样的组织形式

抽样方式和抽样组织形式不同，抽样数目的多少也不同。如在其他条件不变的情况下，重复抽样的抽样数目多于不重复抽样条件下的抽样单位数目；在适宜的条件下，类型抽样比简单重复抽样的抽样单位数目少。

4. 抽样推断的可靠程度即概率的大小

抽样推断的可靠程度要求越高，样本单位数越多。反之，抽样推断的可靠程度要求越低，样本单位数越少。

此外，抽样单位数的多少，一方面要考虑耗费的人、财、物和时间的许可条件；另一方面要考虑能否达到研究的预期目的。一般而言，抽样单位数越多，抽样误差越小，抽样的代表性越大。但是，抽样单位数越多，耗费的人力、物力、财力和时间也越多，从而又导致研究结果的时效性差。因此，在确定抽样单位数时，还要考虑到这个方面的费用与可能。

例 7-12 仍利用表 7-6 中资料，确定必要抽样单位数目。

根据表 7-6 中的资料已知和计算得到：

$\bar{x}=1055.5$ 小时，$s=51.91$ 小时，$\Delta_{\bar{x}}=10$ 小时，$t=1.93$，$p=90\%$（耐磨时数达 1000 小时以上的比重），$\Delta_p=4\%$。

按抽样平均数的重复抽样公式，确定必要抽样单位数为：

$$n_{\bar{x}}=\frac{t^2\sigma^2}{\Delta_{\bar{x}}^2}\approx\frac{1.93^2\times51.91^2}{10^2}=100.4\approx101 \text{（个）}$$

按抽样成数的重复抽样公式，确定必要抽样单位数为：

$$n_p=\frac{t^2P(1-P)}{\Delta_p^2}\approx\frac{1.93^2\times0.9(1-0.9)}{0.04^2}=209.5\approx210 \text{（个）}$$

根据计算结果，进行抽样调查时所确定的必要抽样单位数应为 210 个。

第五节 抽样的组织形式

抽样调查根据所研究总体的内在特征不同，有不同的具体组织形式。不同抽样组织形式下的抽样调查，不仅关系到人力、物力、财力的节约程度,而且还直接影响到调查结果的准确程度。抽样组织形式不同,抽样的平均误差也不同,所以,选择适宜的抽样组织形式,有利于提高抽样调查的效果。

根据抽样调查的基本原则和特点,考虑到具体研究对象性质的不同,抽样调查的组织形式可以分为以下几种:

一、简单随机抽样

简单随机抽样又称纯随机抽样。它是对总体中的所有单位不进行任何重新分组、排队,而是完全随机地直接从总体 N 个单位中抽取 n 个单位,作为一个样本进行调查。在抽样中保证总体中每个单位都有同等被抽中的机会。

简单随机抽样是抽样中最基本也是最单纯的形式,它适用于均匀总体,即具有某种特征的单位均匀地分布于总体的各个部分,使总体的各部分都是同等分布的。

获得简单随机样本的具体做法有两种:

1. 抽签法

抽签法,即先把全及总体各个单位按照某种自然的顺序编上号,并做成号签,再把号签掺和起来,任意抽取所需单位数,然后按照抽中的号码抽取对应的调查单位加以登记调查。

2. 查随机数表法

所谓随机数表是指含有一系列组别的随机数字的表格。这种表格的编制,既可以借助电子计算机产生,也可以采用数码机产生或调查者自己编制。表中数字的出现及其排列是随机形成的。查随机数表时,可以竖查、横查、顺查、逆查;既可以用每组数字左边的头几位数,也可以用其右边的后几位数,还可以用中间的某几位数字。这些都需事前完全自定好。但一经决定采用某一种具体做法,就必须保证对整个样本的抽取完全遵从同一规则。

例如,假设要从 30 人中抽 5 人进行调查,就先将 30 人编号,如 01,02,03,…,29,30。同时,要确定使用随机数表的方法,如顺查、选用后两个数字。这时就可以随机决定一组数字为起点数字。假定抽出第 4 行第 5 列数组 33760 为起点数,则顺查后两个数字为 60,38,14,15,02,86,26,29,57,57,42,69,…,最先出现的 30 以内的数码分别为 14,15,2,26,29。这就是抽中的 5 个人。对重复出现的号码,只需取前面出现的一个就行了。

简单随机抽样在理论上最符合随机原则,但在实际应用中有很大的局限性。第一,无论用抽签法还是用随机数表法取样,均需对全及总体各个单位逐一编号。我们进行抽样调查所面对的全及总体一般都是很大的,单位很多,编号查号的工作量很大。第二,当全及总体各单位标志变异程度较大时,简单随机抽样的代表性就比较差。第三,对某些事物根本无法进行简单随机抽样,如对正在连续生产的大量产品进行质量检查,就不可能对全部产品进行编号抽检。由于这些原因,限定了简单随机抽样形式的应用,但这种抽样方式在理论上来说最符合随机原则,它的抽样误差容易得到数学上的论证,因而可以作为设计其他更复杂的抽样组织的基础,同时也是衡量其他抽样组织形式抽样效果的比较标准。

二、类型抽样

类型抽样又称分层抽样。它的特点是先对总体各单位按主要标志加以分组,然后再从各组中按随机的原则抽选一定单位构成样本。

设总体由 N 个单位构成,把总体划分为 K 组,使 $N = N_1 + N_2 + \cdots + N_k$,然后从每组的 N_i 个单位中抽取 n_i 单位构成样本容量为 n 的样本,使 $n = n_1 + n_2 + \cdots + n_k$,这种抽样方法称为类型抽样。

通过分类,我们可以把总体中标志值比较接近的单位归为一组,减少各组内的差异程度,这时再从各组抽取样本单位就有更大的代表性,因而抽样误差也就相对缩小了。在总体单位标志值大小悬殊的情况下,运用类型抽样可以得到比较准确的效果。类型抽样在实际工作中也得到了广泛的应用,如农产量抽样按地理条件分组,职工家计调查按国民经济部门分组,产品质量抽检按加工车床型号分组等,都收到了明显的效果。

由于分类是按有关的主要标志进行的,因而各组的单位数一般是不同的。类型抽样通常是按各组总体单位数占全及总体单位数的一定比例来抽取样本。单位数较多的组应该多取样,单位数较少的组则应该少取样,以保持各组样本单位数与该组样本总容量之比等于各组样本总体单位数与全及总体单位数之比,即

$$\frac{n_1}{N_1} = \frac{n_2}{N_2} = \cdots = \frac{n_k}{N_k} = \frac{n}{N}$$

所以,各组的样本单位数为:

$$n_i = \frac{nN_i}{N}$$

现在由各组分别取样,我们可以计算各组抽样平均数 $\bar{x}_i$ 为:

$$\bar{x}_i = \frac{\sum_{j=1}^{n_i} x_{ij}}{n_i} \quad (i=1,2,\cdots,k)$$

再将各组抽样平均数 $\bar{x}_i$ 以各组总体单位数 N_i 或样本单位数 n_i 为权数计算加权平均数，即得到所求的抽样平均数 $\bar{x}$ 为：

$$\bar{x} = \frac{\sum_{i=1}^{k} N_i \bar{x}_i}{N} = \frac{\sum_{i=1}^{n} n_i \bar{x}_i}{n}$$

类型抽样的抽样平均误差 $\mu_{\bar{x}}$ 可以这样考虑：由于类型抽样是对每一组抽样，因而不存在组间误差，抽样平均误差取决于各组内方差的平均水平。我们首先计算各组内方差：

$$\sigma_i^2 = \frac{\sum(x_{ij}-\bar{X}_i)^2}{N_i} \approx \frac{\sum(x_{ij}-\bar{x}_i)^2}{n_i} \quad (i=1,2,\cdots,k)$$

再以各组样本单位数 n_i 为权数，计算各组内方差的平均数：

$$\overline{\sigma^2} = \frac{\sum n_i \sigma_i^2}{n}$$

样本平均数的抽样平均误差 $\mu_{\bar{x}}$，可按下列公式计算：

在重复抽样条件下：

$$\mu_{\bar{x}} = \sqrt{\frac{\sigma_i^2}{n}}$$

在不重复的抽样条件下：

$$\mu_{\bar{x}} = \sqrt{\frac{\sigma_i^2}{n}\left(1-\frac{n}{N}\right)}$$

例 7－13 某乡粮食播种面积为 20000 亩，现在按平原和山区面积比例抽取其中 2%，计算出各组平均亩产 $\bar{x}_i$ 和各组标准差 σ_i，如表 7－7 所示，求样本平均亩产 $\bar{x}$ 和抽样平均误差 $\mu_{\bar{x}}$。

表 7－7　　　　　　　类型抽样平均误差计算的条件

土地类型	全部面积 N_i（亩）	样本面积 n_i（亩）	样本平均亩产 $\bar{x}_i$（公斤）	亩产标准差 σ_i（公斤）
平原	14000	280	560	80
山区	6000	120	350	150
合计	20000	400	—	—

$$\bar{x} = \frac{\sum n_i \bar{x}_i}{n} = \frac{280 \times 560 + 120 \times 350}{400} = 497 \text{（公斤）}$$

$$\overline{\sigma^2} = \frac{\sum n_i \sigma_i^2}{n} = \frac{280 \times 80^2 + 120 \times 150^2}{400} = 11230 \text{（公斤）}$$

抽样平均误差 $\mu_{\bar{x}}$，计算如下：

在重复抽样条件下：

$$\mu_{\bar{x}} = \sqrt{\frac{\sigma_i^2}{n}} = \sqrt{\frac{11230}{400}} = 5.3 \text{（公斤）}$$

在不重复抽样条件下：

$$\mu_{\bar{x}} = \sqrt{\frac{\sigma_i^2}{n}\left(1 - \frac{n}{N}\right)} = \sqrt{\frac{11230}{400}\left(1 - \frac{400}{20000}\right)} = 5.25 \text{（公斤）}$$

从以上计算过程可以看出，类型抽样的抽样平均误差与组间方差无关，仅取决于组内方差的平均水平。由于总体方差等于组间方差与组内平均方差之和，因而类型抽样误差一般小于简单抽样误差。此外，我们在进行类型抽样分组时应该尽可能扩大组间方差，缩小组内方差，即各组间的差异可以大，而各组内的差异必须小，这样可以减少抽样误差，提高抽样效果。

三、等距抽样

等距抽样也称机械抽样或系统抽样。它先按某一标志对总体各单位进行排队，然后依一定顺序和间隔来抽取样本单位。由于这种抽样是在各单位大小顺序排队基础上，再按某种规则依一定间隔取样的，因而其可以保证所取得的样本单位比较均匀地分布在总体的各个部分，有较高的代表性。

作为总体各单位顺序排列的标志，可以是无关标志也可以是有关标志。所谓无关标志，是指和单位标志值的大小无关或不起主要影响作用的标志，如工业产品质量抽查按时间顺序取样，农产量抽样调查按田间的地理顺序取样，居民家计调查按街道的门牌号码抽取调查户等。

设总体由 N 个单位构成，现在需要抽取一个容量为 n 的样本。先将总体 N 个单位按某一无关标志排队，然后将 N 划分为 n 个单位数相等的部分，每部分包含 k 个单位，取 $N/n = k$。现在在第一部分中顺序从 1，2，…，k 个单位中随机抽取第 i 个单位，而在第二部分中抽取第 $i+k$ 个单位，在第三部分中抽取第 $i+2k$ 个单位……在第 n 个部分中抽取第 $i+(n-1)k$ 个单位，共 n 个单位构成一个样本。由此可见，等距抽样每个样本单位

的间隔均为 k，当第一个单位随机确定之后，其余各个单位的位置也就确定了。

在对总体各单位的变异情况有所了解的情况下，我们也可以采用有关标志进行总体单位排队。所谓有关标志，是指作为排队顺序的标志和单位标志值的大小有密切的关系，如农产量抽样调查，利用各县或乡近3年平均亩产量或当年估计亩产量排队，抽取调查单位。又如，职工家计调查，按上年职工平均工资排队，抽取调查企业或调查户等。按有关标志排队充分地利用了类型抽样的一些特点，有利于提高样本的代表性。

等距抽样的抽样平均误差，和标志排列的顺序有关，情况比较复杂。如果用来排队的标志是无关标志，而且随机起点取样，那么其抽样误差就十分接近简单随机抽样的误差。为了简便起见，我们可以采用简单随机抽样误差公式来近似反映。如果按有关标志排队，是将总体所要调查的标志由大到小或由小到大排队，每个抽样间隔相当于类型抽样的各层，因此，其抽样误差的计算与类型抽样类似。

四、整群抽样

整群抽样也称集团抽样。它先将总体各单位划分成许多群，然后从其中随机抽取部分群，对中选群的所有单位进行全面调查。

在抽样调查中，当没有总体单位的原始记录可以利用时，我们常常采用整群抽样。例如，要调查某市去年年底育龄妇女的生育人数，但又没有去年的育龄妇女的档案资料，无法对育龄妇女抽样，我们可以采用整群抽样的方式，将该市按户籍派出所的管辖范围分成许多区域，随机抽选其中若干区域，并按户籍册全面调查抽中的派出所辖区内育龄妇女的生育人数。整群抽样因为要对中选群进行全面调查，所以调查单位很集中，大大简化了抽样工作，节省了经费开支。例如，我们要调查家庭副业的发展情况，不是直接抽取居民户，而是以村为单位，从中抽取若干村，然后对中选村的全体居民户进行调查，这样就方便多了。

设将总体的全部单位 N 划分为 R 群，现在从总体 R 群中随机抽取 r 群组成样本，并对中选 r 群的所有 M 单位进行调查。由于对各群全面调查，因而第 i 群样本平均数为：

$$\bar{x}_i = \frac{\sum_{j=1}^{n_i} x_{ij}}{M} \quad (i=1, 2, \cdots, r)$$

全样本平均数为：

$$\bar{x} = \frac{\sum_{i=1}^{r} \bar{x}_i}{r}$$

由于假设各群的单位数相等,因而我们只用简单算术平均法求全样本的平均数。从上式可以看出,整群抽样实质上是以群代替单位标志值之后的简单随机抽样。因此,其样本平均数的抽样平均误差 $\mu_{\bar{x}}$,可以根据群间方差来推算。

设 δ^2 为群平均数的群间方差,则有:

$$\delta^2 = \frac{\sum(X_i - \bar{X})^2}{R}$$

或 $\delta^2 = \frac{\sum(x_i - \bar{x})^2}{r}$

整群抽样都采用不重复抽样的方法,所以抽样平均误差为:

$$\mu_{\bar{x}} = \sqrt{\frac{\delta^2}{r}\left(\frac{R-r}{R-1}\right)}$$

例 7-14 某化肥厂日夜连续生产,每分钟产量为 100 袋。现在采用整群抽样来检验一昼夜生产的化肥每袋的重量和包装的一等品率。每次抽一分钟的产量以 144 分钟为一个间隔,共抽取 10 分钟的产量进行分批检验,其平均袋重为 49.5 公斤,其群间方差为 2.65 公斤,一等品包装的比重为 85%,其群间方差为 0.5%。

试以 95.45% 的置信度,估计该厂 24 小时化肥产量每袋平均袋重的范围;估计一等品包装比重的范围。

像这样的整群抽样题目,我们首先要掌握如何确定 R 和 r。这里以"一分钟的产量"为一群,一昼夜可以划分的群数是:

$$R = \frac{60 \times 24}{1} = 1440 \text{(群)}$$

以 144 分钟的间隔抽一分钟的产量,共抽 10 分钟,即

$$r = \frac{1440}{144} = 10 \text{(群)}$$

$$\mu_{\bar{x}} = \sqrt{\frac{\delta^2}{r}\left(\frac{R-r}{R-1}\right)} = \sqrt{\frac{2.65}{10} \times \left(\frac{1440-10}{1440-1}\right)} = 0.513$$

$\Delta_{\bar{x}} = t\mu_{\bar{x}} = 2 \times 0.513 = 1.03$(公斤)

$\bar{X} = \bar{x} \pm \Delta_{\bar{x}} = 49.5 \pm 1.03$(公斤)

即以 95.45% 的置信度估计该昼夜 24 小时的化肥产量的平均每袋重量在 48.47~50.53 公斤之间。

$$\Delta_P = t\mu_p = t\sqrt{\frac{\delta^2}{r}\left(\frac{R-r}{R-1}\right)} = 2\sqrt{\frac{0.5\%}{10} \times \left(\frac{1440-10}{1440-1}\right)} = 4.51\%$$

即以95.45%的置信度估计该昼夜24小时所生产的化肥一等品包装袋比重在80.49%~89.51%之间。

整群抽样是对中选群进行全面调查,所以只存在群间抽样误差,不存在群内抽样误差。这一点和类型抽样只存在组内抽样误差,不存在组间抽样误差恰好相反。因此,整群抽样和类型抽样虽然都要对总体各单位进行分组,但分组所起的作用则是完全不同的。类型抽样分组的作用在于尽量缩小组内的差异程度,以达到扩大组间方差、提高估计准确性的目的;而整群抽样分组的作用则在于扩大群内的差异程度,以达到缩小群间方差、提高估计准确性的目的。

整群抽样的好处是组织工作方便,确定一群便可以调查许多单位。但是抽样单位比较集中,限制了样本在总体中分配的均匀性,所以代表性较低,抽样误差较大。在实际工作中,采用整群抽样方法通常都要增加一些样本单位,以减少抽样误差,提高估计准确性。

 请思考

1. 先将全及总体各单位按某一标志排列,再依固定顺序和间隔来抽取必要的单位数的抽样组织形式,被称为(   )。

①纯随机抽样   ②机械抽样   ③分层抽样   ④整群抽样

2. 先将全及总体各单位按主要标志分组,再从各组中随机抽取一定单位组成样本,这种抽样调查组织形式,被称为(   )。

①纯随机抽样   ②机械抽样   ③分层抽样   ④整群抽样

3. 先将全及总体各单位划分成若干群,再以群为单位从其中按随机原则抽选一些群,对中选群的所有单位进行全面调查,这种抽样调查组织形式,被称为(   )。

①纯随机抽样   ②机械抽样   ③分层抽样   ④整群抽样

4. 没有重复抽样的组织形式,被称为(   )。

①纯随机抽样   ②机械抽样   ③分层抽样   ④整群抽样

5. 某工厂连续性生产,为检查产品质量,在24小时中每隔30分钟,取下一分钟的产品进行全部检查,这是(   )。

①纯随机抽样   ②机械抽样   ③分层抽样   ④整群抽样

【本章小结】

本章主要讲述两类内容：一是通过讲述抽样推断的基本原理，计算抽样误差，学会如何进行参数估计；二是通过计算样本容量，了解抽样组织形式的概念及特点，学会如何进行抽样。抽样推断是在抽样调查的基础上，利用样本的统计量据以推断总体参数的一种统计分析方法。它是建立在随机取样的基础上，运用概率估计的方法，由部分推断总体，抽样推断的误差可以事先计算并加以控制。

由于抽样方法有重复抽样和不重复抽样两种，因而，不同方法抽取的样本数也不同。因此，计算出的平均数和成数的抽样平均误差有重复和不重复之分。

抽样估计的方法有点估计和区间估计，其中，区间估计是主要的一种。

抽样的组织形式有简单随机抽样、类型抽样、等距抽样、整群抽样及多阶段抽样。

【学习重点和难点】

1. 重点：抽样推断的几个基本概念；简单随机抽样方式下抽样平均误差的计算；总体平均数及成数的区间估计方法；样本容量的确定。
2. 难点：抽样误差概念的理解及极限误差的计算

【本章主要概念】

抽样误差　抽样极限误差　抽样平均误差　必要样本容量　区间估计

【本章主要思考题与简答题】

1. 什么是重复抽样和不重复抽样？它们有什么区别？重复抽样误差为什么总比不重复抽样大？

2. 什么是抽样平均误差？影响抽样平均误差大小的主要因素有哪些？

3. 什么是必要样本单位数？哪些因素影响它的大小？

4. 抽样极限误差、概率度、抽样误差三者之间是什么关系？

【习题与实践训练】

一、判断题

1. 抽样推断中，作为推断对象的总体和作为观察对象的样本都是确定的、唯一的。（　　）

2. 样本容量是指从一个总体中可能抽取的样本个数。（　　）

3. 样本成数是指在样本中具有某种性质的单位数在全部单位数中所占的比重。（　　）

4. 抽样极限误差总是大于抽样平均误差。（　　）

5. 在总体方差一定的条件下，样本单位数越多，则抽样平均误差越大。（　　）

6. 抽样估计的置信度就是表明抽样指标和总体指标的误差不超过一定范围的概率保证程度。（　　）

7. 在其他条件不变的情况下，提高抽样估计的可靠程度，可以提高抽样估计的精确度。（　　）

8. 样本单位数的多少与总体各单位标志值的变异程度成反比，与抽样极限误差范围的大小成正比。（　　）

9. 点估计就是以样本的实际值直接作为总体参数的估计值。（　　）

10. 在简单重复随机抽样中，如果抽样极限误差扩大为原来的两倍，其他条件不变，则样本单位数只需要原来的1/4。（　　）

二、单项选择题

1. 在抽样推断中，必须遵循的原则是（　　）。
   A. 随意原则　　　　B. 随机原则
   C. 可比原则　　　　D. 对等原则

2. 能够事先加以计算和控制的误差是（　　）。
   A. 抽样误差　　　　B. 登记性误差
   C. 系统性误差　　　D. 测量误差

3. 某企业连续性生产，为检查产品质量，在24小时中每隔30分钟抽取一分钟的产品进行全部检查，这是（　　）。
   A. 整群抽样　　　　B. 简单随机抽样
   C. 类型抽样　　　　D. 纯随机抽样

4. 抽样平均误差是（　　）。
   A. 全部样本指标的平均数
   B. 全部样本指标的平均差
   C. 全部样本指标的标准差
   D. 全部样本指标的标志变异系数

5. 在同等条件下，重复抽样与不重复抽样相比较，其抽样平均误差（　　）。
   A. 前者小于后者　　B. 前者大于后者
   C. 两者相等　　　　D. 无法确定哪一个大

6. 抽样极限误差和抽样平均误差之间的关系为（　　）。
   A. 极限误差可以大于、等于或小于平均误差
   B. 极限误差一定大于平均误差
   C. 极限误差一定小于平均误差
   D. 极限误差一定等于平均误差

7. 当抽样平均误差为0.8，极限误差为2时，则概率度为（　　）。
   A. $t=2$　　　B. $t=2.5$
   C. $t=3$　　　D. $t=3.5$

8. 在总体内部情况复杂，单位数较多，且各单位之间的变异程度较大时，宜采用（　　）进行调查。
   A. 整群抽样　　　　B. 分类抽样
   C. 纯随机抽样　　　D. 等距抽样

9. 在一定抽样平均误差的条件下（　　）。
   A. 缩小极限误差，可以提高推断的可靠程度

B. 缩小极限误差，推断的可靠程度不变

C. 扩大极限误差，可以提高推断的可靠程度

D. 扩大极限误差，可以降低推断的可靠程度

10. 总体平均数是（　　）。

  A. 一个确定值　　　　　B. 样本平均数的和

  C. 随机变量　　　　　　D. 等于样本平均数

三、多项选择题

1. 抽样调查的特点是（　　）。

  A. 按随机原则抽取样本

  B. 按随意原则抽取样本

  C. 由部分推断总体

  D. 可以事先计算并控制抽样误差

  E. 缺乏科学性和可靠性

2. 按组织方式不同，抽样调查有（　　）。

  A. 纯随机抽样　　　　　B. 等距抽样

  C. 类型抽样　　　　　　D. 整群抽样

  E. 重复抽样和不重复抽样

3. 抽样调查中的抽样误差是（　　）。

  A. 不可避免的

  B. 可以事先计算并加以控制

  C. 抽样估计值与总体参数值之差

  D. 可以避免的

  E. 受总体标志变动程度的影响

4. 影响抽样误差的主要因素有（　　）。

  A. 样本容量的大小

  B. 总体标志变异程度的大小

  C. 不同的组织方式

  D. 抽样周期的长短

  E. 不同的抽样方法

5. 要提高抽样推断的精确度，可采用的方法有（　　）。

  A. 增加样本容量　　　　B. 减少样本容量

  C. 改善抽样的组织方式　D. 改善抽样的方法

  E. 增加样本个数

6. 影响样本容量的主要因素有（　　）。

A. 总体被研究标志的变异程度大小

B. 抽样的组织方式

C. 对推断精确度的要求

D. 对推断把握程度的要求

E. 抽样调查单位的方法

7. 在简单重复随机抽样条件下，欲使误差范围缩小 1/2，其他要求保持不变，则样本容量必须（　　　　）。

A. 增加 2 倍　　　　　B. 增加 3 倍

C. 增加到 4 倍　　　　D. 减少 2 倍

E. 减少 3 倍

8. 在抽样推断中（　　　　）。

A. 样本指标的数值不是唯一的

B. 总体指标是一个随机变量

C. 可能抽取许多个样本

D. 统计量是样本变量的函数

E. 全及指标又称为统计量

四、填空题

1. 抽样推断是在_____的基础上，利用样本资料计算样本指标，并据以推算_____特征的一种统计分析方法。

2. 在重复抽样的条件下，抽样平均误差与_____成正比，与_____成反比。

3. 简单随机抽样在抽取样本单位时有重复抽样和_____两种不同的方法。

4. 对被研究标志变动较大的总体进行抽样推断时，宜采用_____的组织方式调查。

5. _____反映了样本指标与总体指标之间的抽样误差的可能范围。

6. _____反映了样本指标与总体指标之间的平均误差程度。

7. 计算抽样平均误差，若未知总体平均数方差时，可用_____来代替。若未知总体成数方差时，可以用_____代替。

8. 抽样估计的方法有两种，即_____和_____。

9. 样本单位数达到或超过_____称为大样本。

10. 抽样调查过程中可能发生的误差分为_____和_____两类。

五、应用能力训练题

1. 从外贸进口的一批商品 100000 件抽取 100 件检验其质量，发现有

10件不合格。试按重复抽样与不重复抽样方法分别计算产品合格率抽样平均误差。

2. 在一项新家电产品的市场调查中,我们随机选取400位顾客为样本,询问他们是否喜欢产品,其中,72.11%的顾客表示喜欢该产品,试在95%的概率保证下,估计该产品在顾客中的占有率。

3. 平安保险公司利用由36个投保人组成的简单随机样本来估计全体投保人的平均年龄,其精确度建立在95%的概率保证下,抽样平均数的抽样极限误差要小于或等于2.35岁的基础上。已知总体的标准差为7.2岁。假定该保险公司根据工作需要,希望提高精确度,使抽样极限误差降低至小于或等于2岁,那么需要多大的样本容量?

4. 红星化工厂有1500名工人,用简单随机重复抽样的方法抽选出50名工人作为样本,调查其工资水平,资料如下表所示。

表7-8

月平均工资(元)	2524	2534	2540	2550	2560	2580	2600	2660
工人人数(人)	4	6	9	10	8	6	4	3

根据上述资料计算:
(1) 样本平均数和抽样平均误差。
(2) 以95.45%的概率估计该厂工人的月平均工资和工资额的区间。

5. 从一批出口产品中按不重复随机抽样方法抽选200件,检测出废品8件,又知道抽样数是该产品总数的1/20,当概率为95.45%时,可否认为这批产品的废品率不超过5%?

6. 为了了解某城市分体式空调的零售价格,随机抽取若干个商场中的40台空调,平均价格为3800元,样本标准差为400元。根据上述资料:
(1) 计算抽样平均误差。
(2) 以99.73%的可靠性估计该城市分体式空调的价格区间。

7. 从某年级学生中按简单随机抽样方式抽取100名学生,对会计学课的考试成绩进行检查,及格的有82人。试以95.45%概率保证程度推断全年级学生的及格率区间范围。如果其他条件不变,将允许误差缩小一半,应抽取多少名学生检查?

8. 外贸公司出口一种食品,规定每包规格不低于150克,用不重复抽样的方法抽取其中的100包进行检查,其结果如下表所示。

表7-9

每包重量（克）	包数（包）
148~149	10
149~150	20
150~151	50
151~152	20
合计	100

根据以上资料计算：

（1）以99.73%的概率估计这批食品平均每包重量的范围，以确定平均重量是否达到规定要求？

（2）以同样的概率估计这批食品合格率范围。

阅读资料

手机在国内市场上已经快速普及了。按照信息产业部的统计，截至2005年2月底，国内移动电话拥有量已经达到3.44673亿户。应该说手机的普及为人们的沟通提供了更加便利的条件。但是，一个不容忽视的事情是：产品质量问题突出，引发大量消费投诉。主要包括手机质量不稳定或设计存在缺陷等问题。2004年全国消费投诉统计显示，手机的投诉占投诉总量的9.6%，也就是说，每10件投诉中就有一件是投诉手机，而这也是继2002年、2003年之后有关于手机的投诉再次高居榜首。2005年3月30日，信息产业部电信管理局副局长鲁阳在"2005年中国移动通信产业高峰论坛"上通报说，2005年年初对22家手机企业的22种型号的手机进行了质量监督抽查，发现产品的合格率仅为63.6%。在此状况下，利用统计知识提供科学信息，达到对客观现象的正确认识，并且为管理决策提供依据，在实践中被证明是行之有效的方法。

某手机生产厂商接到顾客对其C型号手机的质量投诉后，针对该问题进行了一次市场问卷调查。对"您是否遇到此类质量问题"设置了两个可能的选项：是或不是。该公司发出2000份问卷，结果问卷回收率为91.5%，其中有效问卷1825份。在有效问卷中，回答"是"的问卷有219份。则以95%的置信度，可以求出该型号手机的顾客中遇到此类质量问题的比例区间，计算方法及结果如下：

$n_1 = 219$，$n = 1825$，$P = \dfrac{n_1}{n} = \dfrac{219}{1825} \times 100\% = 12\%$，经查表，95%的置信度对应着 $t = 1.96$。

则 $\mu_p = \sqrt{\dfrac{p(1-p)}{n}} = \sqrt{\dfrac{12\%(1-12\%)}{1825}} = 0.76\%$

$\Delta_P = t\mu_p = 1.49\%$

下限 $= p - \Delta p = 10.51\%$，上限 $= p + \Delta p = 13.49\%$

所以，$10.51\% \leqslant p \leqslant 13.4\%$

由此能以95%把握推测，使用该公司C型号手机的所有顾客中有10.5%~13.49%遇到过类似质量问题。

迄今为止，根据公司销售部门记录，已销售C型号手机3128部，那么，我们可以以同样的概率预测已销手机当中，大约有329~422（3128×10.51%≈329；3128×13.49%≈422）部手机存在质量问题。

公司的售后服务部门在得到这些统计信息后，查阅C型号手机所有销售日期记录，找出销售数量密集时段，推算出产品保修期期限，为布置维修任务及维修人员工作安排提供了重要参考。

公司的零部件采购部门预先与供货商联系维修部件的所有型号、供应数量等问题，为维修所需零部件供应提供了保障。

与此同时，公司的管理部门提出了狠抓产品质量，一心一意为客户着想的工作口号；产品研发部门则以此为契机，组织人员在技术上重点攻关，力争在短时间内克服产品质量缺陷，攻破难关；公司负责企业文化宣传的部门，经过精心的准备，设计了大量文化活动方案，宣传企业的文化理念，积极应对因手机质量问题而招致的有损于公司形象的舆论，疏导顾客排解怨气。

经过公司上下各部门的团结协作，公司化解了因产品质量问题引发的各种矛盾与风险，顺利渡过难关，继续保持良好的公司形象和销售业绩。

统计能提供信息，是管理的工具，正确地使用它，将对我们的工作提供很大的便利。

第八章 相关分析与回归分析

教学目的和要求

相关分析是研究变量之间相互关系的重要统计方法。通过对本章的学习，要了解相关分析的意义、相关的种类、回归分析的意义；理解回归分析与相关分析的区别和联系，熟练掌握相关系数的计算和应用，掌握简单线性回归方程的建立、应用和分析方法，并能对实际问题进行分析。

教学内容

1. 相关分析
2. 相关系数
3. 回归分析

第一节 相关分析的意义、种类和作用

一、相关分析的意义

统计分析的一项重要课题是，根据辩证唯物主义和历史唯物主义关于事物普遍联系和相互作用的原理，进行社会经济现象相互联系的分析研究。

我们可以列举许许多多关于社会经济生活相互依存、相互制约、相互影响的例子。例如，企业的规模和经营费用的关系、工资增长和GDP（国

内生产总值)增长的关系、家庭收入水平和恩格尔系数的关系、劳动机械化水平与劳动生产率的关系等。无疑,从数量上研究这些现象相互依存的关系,分析现象变动的影响因素和作用强度,对于加强经济的科学管理、发挥统计工作的职能都有现实意义。

对于社会经济现象相互联系的分析研究仍然离不开对现象总体特点的剖析。

我们知道,现象总体包含有许多单位,表明单位特征的数量标志可能有一个、两个、三个或者很多个,只要我们留意观察就会发现总体中往往有两个有关系的数量标志——变量,它们的变量值是一一对应的。例如,居民家庭既有收入的标志,也有消费支出的标志,从而每一家庭有年收入金额的数量,相应地也有年消费金额的数量。播种面积有收获量的标志,也有施肥量的标志,对每亩播种面积来说,这两个数量也是对应的。工厂有资金标志,就有产值标志;有产量标志,就有成本标志、利润标志;有原材料投入标志,就有产出标志。对于同类工厂来说,资金与产量、产量与成本、产量与利润,它们的数量表现是对应的。每个人有身高标志,也有体重标志,它们的数量表现也是成对的。一般来说,在总体中,如果对变量 x 的每一个数值,相应还有第二个变量 y 的数值,则各对变量的变量值所组成的总体称为二元总体。如果总体是由两个以上相互对应的变量组成,那它便是多元总体。

对于这样的总体,我们关心的问题是:

第一,两变量是不是存在关系,关系的密切程度如何,如家庭的消费支出是否和它的收入水平有关,商品销售量是不是和它的价格有关,关系密切到什么程度等。

第二,如果存在关系,那么关系的具体形式是什么,例如,是线性关系,还是曲线关系;怎样找出一个合适的方程来表示这种关系。

第三,怎样根据一个变量的变动来估计另一个变量的变动,如从居民收入的变化估计商品销售额的变化,从投资额的变化估计生产总值的变化等。

相关分析就是研究两个或两个以上变量之间相互关系的统计分析方法,它是研究二元总体和多元总体的重要方法。这其中,二元总体分析方法提供了一般的模式,本章就是对这种总体进行相关关系分析的。

二、相关关系的概念

在自然现象或社会现象中,许多现象之间存在着相互依存、相互制约的关系。一些现象在数量上的发展变化经常伴随着另一些现象数量上的发展变化。我们的目的是如何根据统计数据确定变量间的关系、形态及其关联程度,并探索其内在的规律性。人们在实践中发现,变量之间的关系可分为两种类型,即函数关系和相关关系。

函数关系是指现象之间存在的严格依存的确定的关系。一种现象的数量变化完全决定着另一种现象的数量变化,这种关系可以通过精确的数量表达式来反映。例如,在商品价格不变的情况下,销售额与销售量之间的关系;圆的面积与半径之间的关系。

函数关系是一种严格的一一对应的关系,但在实际生活中,变量之间的关系往往并不那么简单。当一种现象的数量发生变化时,另一种现象的数量可能在一定的范围内发生变化,出现不同的数值。例如,身高和体重的关系,一般来说,身高越高则体重越重,但是身高和体重却不是一一对应的,身高 1.75 米的人,对应的体重有许多个数值。因为,影响体重的因素不只有身高,还有遗传、地区差别等因素。我们把现象之间这种确实存在着的数量关系,但却不是严格确定的关系,称为相关关系。

函数关系与相关关系既有区别,又有联系。由于观察和实验中的误差,函数关系往往通过相关关系表现出来。而当对现象之间的内在联系和规律性了解得更加清楚的时候,相关关系有可能转化为函数关系。一般来说,在社会经济领域里函数关系反映了现象之间的理想状态,相关关系则反映了现象之间的现实化状态。只有在大量观察时,在平均意义上,相关关系才能被描述。

三、相关关系的特点

1. 现象之间确实存在数量上的依存关系

如果一个现象发生数量上的变化,则另一个现象也会发生数量上的变化。在相互依存的两个变量中,可以根据研究目的,把其中的一个变量确定为自变量,把另一个对应变化的变量确定为因变量。例如,把身高作为自变量,则体重就是因变量。

2. 现象之间数量上的关系是不确定的

相关关系的全称为统计相关关系,它属于变量之间的一种不完全确定的关系。这意味着一个变量虽然受另一个(或一组)变量的影响,却并不由这一个(或一组)变量完全确定。例如,前面提到的身高和体重之间的关系就是这样一种关系。

请思考

请指出下列哪些关系是相关关系?哪些关系是函数关系?
1. 物体的体积随着温度的升高而膨胀,随着压力的加大而收缩。
2. 家庭收入越多,其消费支出也有增长的趋势。
3. 物价上涨,商品的需求量下降。
4. 农作物的收获量和雨量、气温、施肥量有着密切的关系。
5. 圆的半径越长,其面积也越大。

四、相关关系的种类

现象之间的相互关系很复杂,它们涉及的因素多少不同,作用方向不同,表现出来的形态也不同。相关关系大体有以下几种分类:

1. 按相关关系的方向分,可分为正相关和负相关

当两个因素(或变量)的变动方向相同时,即自变量 x 的值增加(或减少),因变量 y 的值也相应地增加(或减少),这样的关系就是正相关。例如,家庭消费支出随收入增加而增加就是正相关。如果两个因素或变量变动的方向相反,即自变量的数值增大(或减小),因变量随之减小(或增大),则称为负相关。例如,商品流通费用率随着商品经营的规模增大而逐渐降低。

2. 按自变量的多少分,可分为单相关和复相关

单相关是指两个变量之间的相关关系,即所研究的问题只涉及一个自变量和一个因变量,如职工的生活水平与工资之间的关系就是单相关。复相关是指三个或三个以上变量之间的相关关系,即所研究的问题涉及若干个自变量与一个因变量。例如,同时研究成本、市场供求状况、消费倾向对利润的影响时,这几个因素之间的关系是复相关。

3. 按相关关系的表现形态分,可分为线性相关与非线性相关

线性相关是指在两个变量之间,当自变量 x 数值发生变动时,因变量 y 数值发生大致均等的变动。它在相关图的分布上,近似地表现为直线形式。例如,工龄和劳动生产率大致呈直线相关。非线性相关是指在两个变量之间,当自变量 x 数值发生变动时,因变量 y 的数值发生不均等的变动。它在相关图的分布上,表现为抛物线、双曲线、指数曲线等非直线形式。例如,从人的生命全过程来看,年龄与医疗费支出呈非线性相关。

4. 按相关程度分，可分为完全相关、不完全相关和不相关

完全相关是指两个变量之间具有完全确定的关系，即因变量 y 的数值完全随自变量 x 的变动而变动，它在相关图上表现为所有的观察点都落在同一条直线上；这时，相关关系就转化为函数关系。不相关是指两个变量之间不存在相关关系，即两个变量变动彼此互不影响。自变量 x 变动时，因变量 y 的数值不随之作相应变动。例如，家庭收入多少与孩子的多少之间不存在相关关系。不完全相关是指介于完全相关和不完全相关之间的一种相关关系。例如，妇女的结婚年龄与受教育程度之间的关系。不完全相关关系是统计研究的主要对象。

请思考

请指出下面相关关系的种类？
1. 商品流通费和商品销售额之间的关系。
2. 单位产品中的固定成本和产品产量之间的关系。
3. 人的体重和其家庭收入之间的关系。
4. 产品的变动成本和产品产量之间的关系。

五、相关分析的主要内容

1. 确定现象之间有无关系

这是相关与回归分析的起点，只有存在相互依存关系，才有必要进行进一步的分析。

2. 确定相关关系的表现形式

只有判明了现象之间相互关系的具体表现形式，才能运用相应的相关分析方法去解决问题。例如，如果把曲线相关误认为是直线相关，按直线相关来分析，那便会出现认识上的偏差，导致错误的结论。

3. 测定相关关系的密切程度和方向

运用恰当的方法，对具有相关关系的变量，求得一个表明其相关密切程度的指标——相关系数，以此来反映现象之间相关关系的密切程度。只有对达到一定密切程度的相关关系，才可求得具有一定意义的回归方程。

第二节 相关系数

一、相关关系的判断

相关表和相关图是研究相关关系的直观工具。一般在进行详细的定量分析之前，可以先利用它们对现象之间存在的相关关系的方向、形式和密切程度作大致的判断。在统计中，制作相关表或相关图，可以直观地判断现象之间大致呈现何种关系。相关图表是相关分析的重要方法。

1. 相关表的编制

我们对现象总体两种相关标志作相关分析，研究其相互依存关系，首先要通过实际调查取得一系列成对的标志值资料，作为相关分析的原始数据。根据资料是否分组，相关表可分为简单相关表和分组相关表。相关表仍然是统计表的一种。

（1）简单相关表。简单相关表是资料未经分组的相关表，是把因素标志值按照从小到大的顺序并配合结果标志值一一对应而平行排列起来的统计表。简单相关表是现象标志之间相关研究初步结果的表现，x 与 y 两标志的标志值（变量值）如表 8-1 所示。

表 8-1　　　　　　　　简单相关表

x	x_1	x_2	x_3	…	x_n
y	y_1	y_2	y_3	…	y_n

注：n 为总体单位数。

例 8-1　为研究分析产量（件）和单位成本（元）的关系，设有从 30 个同类企业调查得到的原始资料如表 8-2 所示。

表 8-2　　　　　　　产量和单位成本原始资料

产量（件）	20	30	20	20	40	30	40	80	80	50	40	30	20	80	50
单位成本（元）	18	16	16	15	16	15	15	14	14	15	15	16	18	14	14

续表

产量（件）	20	50	20	30	50	20	50	40	20	80	40	20	50	80	30
单位成本（元）	16	16	18	16	15	18	15	14	16	14	15	16	14	15	15

根据上述资料，编成简单相关表，如表 8-3 所示。

表 8-3　　　　　　　　产量与单位成本简单相关表

产量（件）	20	20	20	20	20	20	20	20	30	30	30	30	30	40
单位成本（元）	15	16	16	16	16	18	18	18	15	15	15	16	16	14
产量（件）	40	40	40	40	50	50	50	50	50	80	80	80	80	80
单位成本（元）	15	15	15	16	14	14	15	15	16	14	14	14	14	15

从表 8-3 中可以直观地发现，随着产量的增加，单位成本也有降低的趋势。尽管在同样产量的情况下，单位成本存在差异，但是两者之间仍然存在一定的依存关系。

（2）分组相关表。在得到的观察资料数量很大的情况下，按简单相关表来研究相关关系是很困难的。我们应该编制分组相关表。分组相关表是在简单相关表的基础上，将原始数据进行分组而编成的统计表。由于相关表中有两个变量，因而，分组相关表可分为单变量分组相关表和双变量分组相关表两种。

根据资料的具体情况，自变量分组可以是单项式的，也可以是组距式的。根据上例，按产量分组而形成的单变量分组表如表 8-4 所示。

表 8-4　　　　　　　　单变量分组相关表

产量 x（件）	企业数 n	平均单位成本 y_i（元）
20	9	16.80
30	5	15.60
40	5	15.00
50	6	14.80
80	5	14.20

现象依存关系分析，通常使用单变量分组相关表形式，本书在阐述关

于分组和平均指标的作用时已经提过这个问题。

若将这种单变量分组相关表和简单相关表加以比较，我们不难发现，单变量分组相关表使得冗长的资料简化了，能够更清晰地反映出两变量之间的相关关系。从表8-4可以看出，产量和单位成本之间存在着负相关的直线趋势。

双变量分组相关表是对自变量和因变量都进行分组而制成的相关表。这种表形似棋盘，故又称棋盘式相关表。其编制程序是：首先，分别确定自变量和因变量的组数；其次，按两个变量的组数设计棋盘型表格；最后，计算各组次数置于相对应方格之中。根据上例，产量和单位成本均采取单项式分组，分别有5个变量值和4个变量值，就设置5组和4组，因此，我们要设计一个5×4的棋盘方格表。编制结果如表8-5所示。

表8-5　　　　　　　　　双变量分组相关表

单位成本 y（元）	产量 x（件）					合计
	20	30	40	50	80	
18	4	—	—	—	—	4
16	4	3	1	1	—	9
15	1	2	3	3	1	10
14	—	—	1	2	4	7
合　计	9	5	5	6	5	30

从表8-5可以看出，单位成本集中在左上角到右下角的斜线上，表示产量与单位成本是负相关的。

双变量分组相关表设置两个合计栏，分别表明各个变量分组的次数分布状况。表中交叉格中的次数表明两个变量相关点的次数。制作双变量分组相关表，要把自变量置于横行，其变量值从小到大自左至右排列；因变量置于纵栏，其变量值从大到小自上而下排列。之所以做这种安排，是为了使相关表和相关图取得一致形式，能直观地看出变量之间相关的方向。

2. 相关图的编制

利用直角坐标系第一象限，把自变量置于横轴上，因变量置于纵轴上，而将两变量相对应的变量值用坐标点形式描绘出来，用以表明相关点分布状况的图形，就是相关图。

相关图可以按未经分组的原始资料来编制，也可以按分组的资料，包括按单变量分组相关表和双变量分组相关表来编制。通过相关图我们会发现,当 y 对 x 是函数关系时,所有的相关点都会分布在某一条线上;在相关关系的情况下,由于其他因素的影响,这些相关点并非处在一条线上,但所有相关点的分布也会显示出某种趋势。所以,相关图会很直观地显示现象之间相关的方向和密切程度。

例 8-2 对某社区居民家庭月收入（x）与消费支出（y）进行调查得到原始资料如表 8-6 所示。

表 8-6　　　　居民家庭月收入和消费原始资料　　　　单位:元

家庭编号	1	2	3	4	5	6	7	8	9	10
月收入	2500	1500	3000	6200	8800	2000	9200	4000	1800	7500
消费支出	2000	1200	2800	4200	6000	1800	6500	3600	1500	5300

根据以上原始资料,将消费支出按从小到大的顺序排列,可编制以下相关表。

表 8-7　　　　居民家庭消费和月收入相关表　　　　单位:元

消费支出	1200	1500	1800	2000	2800	3600	4200	5300	6000	6500
月收入	1500	1800	2000	2500	3000	4000	6200	7500	8800	9200

从表 8-7 中可以看出,随着收入的提高,居民的消费支出也有相应提高的趋势,两者之间存在明显的正相关关系。据此绘制的相关图见图 8-1。

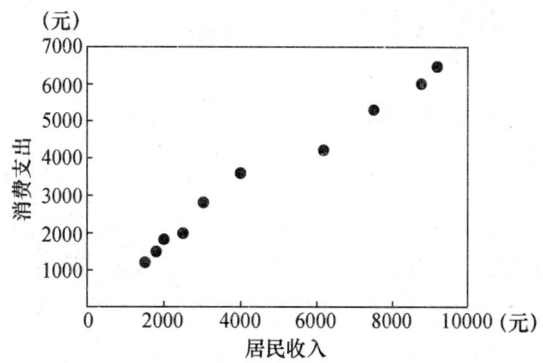

图 8-1　消费支出与居民家庭月收入的相关图

二、相关关系的测定——相关系数

相关表和相关图大体上说明变量之间有无关系,但它们的相关关系的紧密程度却无法表达,因此,需运用数学解析方法,构筑一个恰当的数学模型来显示相关关系及其密切程度。对现象之间的相关关系的紧密程度做出确切的数量说明,就需计算相关系数。

1. 相关系数的概念

相关系数是在直线相关条件下,说明两个现象之间相关关系密切程度的统计分析指标,通常用 r 表示相关系数。

2. 相关系数的计算

(1) 符号系数。相关表和相关图只能大体上反映标志之间的相关关系,我们还应该进一步用统计分析指标来表明相关的密切程度。

可以这样认为,两变量之间的关系建立在两变量值变异的比较上,也就是说,变量 x 与其平均数 $\bar{x}$ 的离差 $(x-\bar{x})$ 与变量 y 与其平均数 $\bar{y}$ 的离差 $(y-\bar{y})$ 是否具有某些程度的"一致性"。

x,y 两变量之间的相关关系,通过两变量与各自平均值离差的资料来分析,最早的尝试是计算所谓符号系数。它把两个同号平均值的离差数列作对称比较。如果一个数列的离差与另一个数列的离差有很多同号,我们就可以认为这两个标志之间存在正相关关系;如果大多数为异号,我们就可以认为它们之间存在负相关关系。当与平均值离差的同号与异号大体一样时,显然两者不存在相关关系,或者为极微弱相关。符号系数 K 就是建立在与平均值离差符号对照原则上的,它能使我们知道相关方向和相关的大体程度。其计算公式如下:

$$K = \frac{\sum C - \sum H}{\sum C + \sum H}$$

式中:$\sum C$——离差同号次数和;

$\sum H$——离差异号次数和。

符号系数从 -1 到 $+1$。当 $K=-1$,即所有离差符号都不一致时,我们就可以说标志之间的相关是负相关;当 $K=+1$,即所有离差符号一致时,我们就可以说标志之间存在正相关关系;当 $K=0$ 时,标志之间就不存在相关了。下面的例子是以 10 个工厂机械化水平与单位产品劳动消耗量资料来计算符号系数(见表 8-8)。

这里,$\bar{x}$,$\bar{y}$ 均按简单算术平均数求得,分别等于 64.5% 和 11.8 分,

$\sum C = 2, \sum H = 8$。

符号系数 $K = (2-8)/(2+8) = -0.6$。因而，我们可以认为劳动机械化水平与单位产品劳动消耗量之间存在相当密切的负相关。

表 8-8   符号系数计算表

工厂编号	机械化水平 x（%）	单位产品劳动消耗量 y（分）	离差符号 $x-\bar{x}$	$y-\bar{y}$	同号（C）异号（H）
1	60	14	-	+	H
2	61	12	-	+	H
3	62	13	-	+	H
4	63	15	-	+	H
5	64	14	-	+	H
6	65	12	+	+	C
7	66	10	+	-	H
8	67	13	+	+	C
9	68	8	+	-	H
10	69	7	+	-	H

符号系数的优点在于意义明了、计算方便，其缺点在于掩盖了离差绝对值上的不同。指标只能反映相关的一般趋势。

（2）相关系数公式的建立与剖析。测定变量之间相关密切程度的、比较完善的指标是相关系数。

在各种相关中，单相关是基本的相关关系，是复相关和偏相关的基础。单相关有线性相关和非线性相关两种表现形式。测定线性相关系数的方法是最基本的相关分析方法，是测定其他相关系数方法的基础。我们着重研究线性的单相关系数。

相关系数是按积差方法计算的。它同样是以两变量与各自平均值的离差为基础。不过，它是通过两个离差相乘来反映两变量之间的相关程度。相关系数基本公式如下：

$$r = \frac{\sigma_{xy}^2}{\sigma_x \sigma_y}$$

式中：$\sigma_{xy}^2 = [\sum (x-\bar{x})(y-\bar{y})]/n$ 称为协方差；

$$\sigma_x = \sqrt{\frac{\sum (x - \bar{x})^2}{n}} \text{ 是 } x \text{ 的标准差;}$$

$$\sigma_y = \sqrt{\frac{\sum (y - \bar{y})^2}{n}} \text{ 是 } y \text{ 的标准差。}$$

所以,相关系数可表现为如下形式:

$$r = \frac{\sum (x - \bar{x})(y - \bar{y})}{n\sigma_x \sigma_y}$$

或

$$r = \frac{\sum (x - \bar{x})(y - \bar{y})}{\sqrt{\sum (x - \bar{x})^2 \sum (y - \bar{y})^2}}$$

对于相关系数 r,我们要理解其中协方差的意义和变量标准差的作用。

1) 协方差 σ_{xy}^2 的意义。它是积差平均数,是用来度量 x,y 关系的一个重要指标,其作用在于:

第一,显示 x 与 y 是正相关还是负相关。在平面坐标上,以两个变量的平均值为原点,我们将平面划分为四个象限。当相关点分布在第一象限时,$(x-\bar{x})$ 为正数,$(y-\bar{y})$ 也为正数,所以积差 $(x-\bar{x})(y-\bar{y})$ 为正数;当相关点分布在第三象限时,则 $(x-\bar{x})$ 为负数,$(y-\bar{y})$ 也为负数,所以积差 $(x-\bar{x})(y-\bar{y})$ 仍为正数,从而协方差也表现为正数。也就是说,协方差 σ_{xy}^2 为正数,表示 x 与 y 分布在第一象限、第三象限,是正相关。当相关点分布在第二象限时,则 $(x-\bar{x})$ 为负数,而 $(y-\bar{y})$ 为正数,所以积差 $(x-\bar{x})(y-\bar{y})$ 为负数;当相关点分布在第四象限时,则 $(x-\bar{x})$ 为正数,而 $(y-\bar{y})$ 为负数,所以积差 $(x-\bar{x})(y-\bar{y})$ 仍为负数,从而协方差也表现为负数。也就是说,协方差为负数,表示 x 与 y 分布在第二象限、第四象限,是负相关。相关系数的正负号完全取决于协方差的正负号,因此当相关系数为正数时,x,y 为正相关;相关系数为负数时,x,y 为负相关。

第二,协方差显示 x 与 y 相关程度的大小。相关点在四个象限呈散乱分布的状态,表示 x 与 y 相关程度很低,这时的 $\sum (x-\bar{x})(y-\bar{y})$ 因正负项相互抵消,所得绝对值很小,即协方差的绝对值很小,从而相关系数的绝对值也很小,表示 x,y 相关程度很低。相关点分布在 $y=\bar{y}$ 线上,表示 y 与 x 的变化无关;相关点分布在 $x=\bar{x}$ 线上,表示 x 值与 y 的变化无关。这时 $\sum (x-\bar{x})(y-\bar{y})$ 都等于 0,即协方差为 0,从而相关系数等于 0,表示

x 与 y 不相关。相关点十分靠近某一直线，表示 x 与 y 相关关系密切，这时 $\sum(x-\bar{x})(y-\bar{y})$ 少有正负项抵消或不存在正负项抵消，则所得绝对值比较大，表示 x 与 y 的相关关系密切。相关点全部落在直线上，表示 x 与 y 完全相关。

2）标准差 σ_x 和 σ_y 的作用。协方差本已足够揭示两个变量间的关系，那么为什么在相关系数中将协方差除以标准差 $\sigma_x\sigma_y$？请看下面公式的变换：

$$r = \frac{\sum(x-\bar{x})(y-\bar{y})}{n\sigma_x\sigma_y} = \frac{\sum\left(\frac{x-\bar{x}}{\sigma_x}\right)\left(\frac{y-\bar{y}}{\sigma_y}\right)}{n}$$

这意味着 x，y 与各自平均值的离差，分别用各自标准差为尺度加以标准化，然后再求标准数量的协方差。

经过离差标准化再求其协方差，有两方面作用：

第一，x，y 协方差是名数，不同现象的变异情况不同，相关程度就不能直接以协方差大小加以比较。标准化结果协方差化为不名数，就可以比较不同现象相关程度的高低。我们用表8-9两个资料来说明：

表8-9　　　　　　　　　不同总体两变量的数据

资料一		资料二	
x	y	x	y
1	1.0	1	1.25
2	1.5	2	1.00
3	2.0	3	2.00
4	2.5	4	3.00
5	3.0	5	2.75

通过计算，这两个资料协方差都等于1，但是相关程度是不相同的。资料一中的所有相关点 (x, y) 都落在直线 $y = 0.5 + 0.5x$ 上，具有完全线性相关的关系。而资料二中的相关点 (x, y) 只在直线 $y = 0.5 + 0.5x$ 周围波动，它们的相关关系并不那么密切。这说明两项资料的变异情况不同，所以我们不能用协方差来比较它们的相关密切程度。如果对协方差分别除以各自标准差，求得相关系数，我们就可以对它们进行相互比较了。通过计算，资料一的相关系数等于1，表示 x 与 y 是完全相关的；资料二的相

关系数等于 0.89,表明变量的相关密切程度比资料一的低。这个结论是符合实际情况的。

第二,x,y 协方差数值可无限增多或减少,而将变量离差标准化的结果使相关系数的绝对值不超过 1,即相关系数在 -1 与 $+1$ 之间变动,这就便于说明问题了:当相关系数为 ± 1 时,表明 x 与 y 完全线性相关;当相关系数为 0 时,表示 x 与 y 不相关;相关系数的绝对值越接近于 1,表明 x,y 的相关程度越高。

(3) 相关系数的性质。现在将相关系数 r 的性质总结如下:

第一,当 $|r|=1$ 时,x 与 y 变量为完全线性相关,x 与 y 之间存在着确定的函数关系。

第二,当 $-1 \leqslant r \leqslant +1$ 时,表示 x 与 y 存在着一定的线性相关。$|r|$ 的数值越大,越接近于 1,表示 x 与 y 直线相关程度越高;反之,$|r|$ 的数值越小,越接近于 0,表示 x 与 y 直线相关程度越低。通常判断的标准是,$|r|<0.3$ 称为微弱相关,$0.3<|r|<0.5$ 称为低度相关,$0.5<|r|<0.8$ 称为显著相关,$0.8<|r|<1$ 称为高度相关。

第三,当 $|r|>0$ 时,表示 x 与 y 为正相关;当 $r<0$ 时,表示 x 与 y 为负相关。

第四,当 $|r|=0$ 时,表示 y 的变化与 x 无关,即 x 与 y 完全没有直线相关。

相关系数为 0 即所谓零相关。零相关未必就是不相关,因为可能存在其他非线性相关。

3. 计算相关系数的简化式

利用相关系数的基本公式计算相关系数,相当烦琐,我们可以利用代数推演的方法得到许多计算相关系数的简化式。

在实际问题中,如果根据原始资料计算相关系数,可运用相关系数的简捷法计算:

$$r = \frac{n\sum xy - \sum x \sum y}{\sqrt{n\sum x^2 - (\sum x)^2}\sqrt{n\sum y^2 - (\sum y)^2}}$$

例 8-3 根据表 8-10 中的资料,已知居民收入与消费支出之间为直线相关,计算居民收入与消费支出的相关系数。

表 8-10　　　　　居民收入与消费支出的相关系数

编号	居民收入（x）	消费支出（y）	x^2	y^2	xy
1	15	12	225	144	180
2	18	15	324	225	270
3	20	18	400	324	360
4	25	20	625	400	500
5	30	28	900	784	840
6	40	36	1600	1296	1440
7	62	42	3844	1764	2604
8	75	53	5625	2809	3975
9	88	60	7744	3600	5280
10	92	65	8464	4225	5980
合计	465	349	29751	15571	21429

解　$r = \dfrac{10 \times 21429 - 465 \times 349}{\sqrt{10 \times 29751 - 465^2} \sqrt{10 \times 15571 - 349^2}} = 0.99$

计算结果说明居民收入与消费支出之间存在高度的正相关关系。

> **? 请思考**
>
> 　　如果将上述例子中的自变量和因变量互换位置，重新计算相关系数，你能得出什么结论？

第三节　回归分析

一、回归分析的意义

就一般意义而言，相关分析包括回归和相关两方面的内容。因为，回归与相关都是研究两个变量相互关系的分析方法。但就具体方法所解决的问题而言，回归分析和相关分析是有明显差别的。相关系数能确定两个变量之间相关方向和相关的密切程度，但不能指出两变量相互关系的具体形式，也无法从一个变量的变化来推测另一个变量的变化情况。回归分析就是对具有相关关系的两个或两个以上变量之间数量变化的一般关系进行测定，确立一个相应的数学表达式，以便从一个已知量来推测另一个未知量，为估算预测提供基础的一个重要方法。

回归分析和相关分析是互相补充、密切联系的。相关分析需要回归分析来表明现象数量关系的具体形式，而回归分析则应该建立在相关分析的基础上。依靠相关分析表明现象的数量变化具有密切相关，进行回归分析求其相关的具体形式才有意义。在相关程度很低的情况下，回归函数的表达式的代表性就几乎不存在了。

回归有不同的种类。按自变量的个数分，回归有一元回归和多元回归。只有一个自变量的称为一元回归，又称简单回归。有两个或两个以上自变量的称为多元回归，或称复回归。按照回归线的形状分，回归有线性回归（直线回归）和非线性回归（曲线回归）。其中，线性回归是基本的，本章只介绍一元线性回归，即简单线性回归分析方法。

相关关系说明现象之间有关系，但它不能说明一个现象发生一定量的变化时，另一个现象将会发生多大的变化。也就是说，它不能说明两个变量之间的一般关系值。

回归分析是指对具有相关关系的现象，根据其变量之间的数量变化规律，并通过一定的数学表达式描述它们之间的关系，进而确定一个或几个变量的变化对另一个特定变量的影响程度，为估算和预测提供了一个重要的方法。

回归分析建立的数学表达式称为回归方程（或回归模型），回归方程为线性方程的，称为线性回归。回归方程为非线性方程的，称为非线性回归。两个变量之间的回归称为一元回归（简单回归），三个或三个以上变量之间的回归称为多元回归。

二、回归分析的特点

回归分析与相关分析比较，具有以下特点：

一是在相关分析中，各变量都是随机变量；而在回归分析中，因变量是随机变量，自变量不是随机的，而是给定的数值。

二是在相关分析中，各变量之间是对等关系，调换变量的位置，不影响计算的结果。在回归分析中自变量与因变量之间不是对等的关系，调换其位置，将得到不同的回归方程。因此，在进行回归分析时，必须根据研究目的，先确定哪一个是自变量，哪一个是因变量。

三是相关分析计算的相关系数是一个绝对值在 0~1 之间的抽象系数，其数值的大小反映变量之间相关关系的程度。回归分析建立的回归方程反映的是变量值之间的具体变动关系，不是抽象的系数。根据回归方程，利用自变量的给定值可以估计或推算出因变量的数值。

三、回归分析的主要内容

1. 建立相关关系的回归方程

利用回归方程，配合一个表明变量之间数量上相关的方程式，而且根据自变量 x 的变动，来预测因变量 y 的变动。

2. 测定因变量的估计值与实际值的误差程度

通过计算估计标准误差指标，可以反映因变量估计值的准确程度，从而将误差控制在一定范围内。

四、回归直线方程的拟合

1. 回归方程的建立

大家知道，当两个变量的增量按一定比例变化，或者说两个变量的增长比率为常数时，我们就说两个变量是完全线性相关的。我们可写出其方程式为：

$$y = a + bx$$

这是简单线性方程式的一般形式。式中 a，b 两参数唯一地确定一条直线方程。

由于现象数量之间常常是按比例地变化，而且许多现象非线性的变化在较短的时间内也近似于线性变化，因而，我们可以利用线性分析方法。在数学运算上线性分析有很大方便。显然，通过简单线性回归方程所进行的回归分析有特别重要的意义。

我们知道，变量 y 的数值不但受变量 x 变动的影响，还受其他随机因素变动的影响。比如，家庭的消费支出不但受收入水平的影响，还受其他因素，如风俗习惯、气候等因素的影响，因而 x 与 y 的关系也不表现为完全线性相关。通过相关图，我们就可以直观地发现，各个相关点并不都落在一条直线上，而是在直线上下变动，只呈现线性相关的趋势。简单线性回归分析的任务就是设法在这些分散的具有线性关系的相关点之间配合一条最优的直线，以表明两变量之间具体的变动关系。

现在，我们试图在相关图的散点中引出一条模拟的回归直线，以表明

两变量 x 与 y 的关系,我们称它为估计回归线。拟合回归线的相应方程式称为回归方程,即

$$y_c = a + bx$$

这是简单的线性回归方程。

式中：y_c——y 的估计值；

a——直线的起点值,在数学上称为直线的纵轴截距；

b——自变量增加一个单位时因变量的平均增加值,数学上称为斜率,也称回归系数。

a 和 b 都叫做待定参数,是需要根据实际资料求解的数值。一旦我们解出 a 和 b,变量之间一般关系的回归直线就能确定下来。

这条回归线,若依据目测,随手画出,确实简单方便。一旦描绘出这条回归线,给出 x 的某一数值即可估计 y 的可能值。但是,这种随手描绘的回归线终将因人因时而异,可信度很差。而借助于数学上的最小平方法来描述 x 与 y 的线性关系,将是最优的选择。

大家知道,估计值(y_c)与实际值(y)难免有离差,其离差可正可负。它们的代数和,就绝对值来说可以很小,甚至正负离差可能相互抵销而为 0。

我们用最小平方法计算的直线参数 a,b 能得到这样一个直线方程:逐次地给每个总体单位以实际值 x,并计算相应的结果标志值(y_c),则实际值(y)与估计值(y_c)的离差平方和,即 $\sum(y-y_c)^2$ 为最小。也就是说,这条直线与相关点的距离比任何其他直线与相关点的距离都小,所以说,其是最优的理想直线。

现在我们来讨论 $y_c = a + bx$ 中的参数 a,b 的计算问题。y 对于 y_c 的离差平方和为：

$$Q = \sum(y - y_c)^2 = \sum(y - a - bx)^2$$

要使 Q 值达到最小,其必要条件是它对 a 和 b 的一阶偏导数等于 0：

$$\frac{\partial Q}{\partial a} = -2\sum(y - a - bx) = 0$$

$$\frac{\partial Q}{\partial b} = -2\sum x(y - a - bx) = 0$$

由此可以整理写成以下标准方程式：

$$\sum y = na + b\sum x$$

$$\sum xy = a\sum x + b\sum x^2$$

对上述两方程联立便得到：

$$b = \frac{n\sum xy - \sum x \sum y}{n\sum x^2 - (\sum x)^2}$$

$$a = \bar{y} - b\bar{x} = \frac{\sum y}{n} - b\frac{\sum x}{n}$$

例 8-4 现以某商品各月份价格及消除季节变动后的销售量数据进行回归分析。相关数据见表 8-11。

表 8-11　　　　　　某商品各月价格和销售量资料

月份	价格（元/公斤）	销售量（千吨）	月份	价格（元/公斤）	销售量（千吨）
1月	8	16.5	7月	9	14.0
2月	9	14.5	8月	10	13.5
3月	11	12.4	9月	11	12.1
4月	14	10.5	10月	12.0	11.9
5月	12	12.0	11月	12	12.1
6月	11	12.2	12月	11	12.3

我们把该商品的价格和销售量资料依价格从小到大顺序排列，很容易发现，价格的提高和销售量的下降保持了一定的比例，即销售量随价格做近于等差级数的变化。所以，销售量和价格的关系是直线型的。

现根据上面的资料列出表 8-12，进行计算：

表 8-12　　　　　　销售量与价格成直线型关系

月份	价格 x（元/公斤）	销售量 y（千吨）	x^2	y^2	xy
1月	8	16.5	64	272.25	132.0
2月	9	14.5	81	210.25	130.5
7月	9	14.0	81	196.00	126.0
8月	10	13.5	100	182.25	135.0
3月	11	12.4	121	153.76	136.4
12月	11	12.3	121	151.29	135.3
6月	11	12.2	121	148.84	134.2
9月	11	12.1	121	146.41	133.1
11月	12	12.1	144	146.41	145.2
5月	12	12.0	144	144.00	144.0

续表

月份	价格 x（元/公斤）	销售量 y（千吨）	x^2	y^2	xy
10月	12	11.9	144	141.61	142.8
4月	14	10.5	196	110.25	147.0
合计	130	154.0	1438	2003.32	1641.5

$$b = \frac{n\sum xy - \sum x \sum y}{n\sum x^2 - (\sum x)^2} = \frac{12 \times 1641.5 - 130 \times 154}{12 \times 1438 - 130^2} = -0.9045$$

$$a = \bar{y} - b\bar{x} = \frac{\sum y}{n} - b\frac{\sum x}{n} = \frac{154}{12} - (-0.9045) \times \frac{130}{12} = 22.632$$

$$y_c = a + bx = 22.632 - 0.9045x$$

我们应该注意方程参数 b 所代表的意义。b 称为回归系数，它表示当 x 每变动一个单位时，y 平均来说变动多少（在上面的例题中，表示价格每提高 1 元，则月销售量将平均减少 904.5 吨）。而且，当 b 的符号为正时，自变量和因变量按相同方向变动；当 b 的符号为负时，自变量和因变量按相反方向变动。

根据回归方程，我们可以给出一个自变量来估计或预测因变量的平均可能值。例如，若销售价格为 10 元，销售量 $y_c = 22.632 - 0.9045 \times 10 = 13.587$ 千吨。

2. 回归分析与相关分析特点比较

在阐述了相关系数和回归方程后，再进一步比较回归分析和相关分析的特点是比较容易的。

第一，回归分析是研究两变量之间的因果关系，所以我们必须通过定性分析来确定哪个是自变量，哪个是因变量。相关分析要求两变量存在相关关系，但不问是什么关系。一般来说，回归中两变量一定呈相关关系，而相关的两变量就不一定呈回归关系，可以是回归关系，也可以不是回归关系。

第二，回归分析是研究两变量具有因果关系的数学形式。相关分析中两变量可以都是随机的变量，各自接受随机因素的影响。而在回归分析中因变量是随机的，我们给定自变量来观察对应的因变量数值变化情况，所以自变量不是随机变量。

第三，回归分析对于因果关系不甚明确或可以互为自变量的两变量，可以求出 y 倚 x 的回归方程（y 在 x 上的回归）：

$y_c = a + bx$

还可以求出 x 倚 y 的回归方程（x 在 y 上的回归）：

$x_c = c + dy$

前者，如前所述：回归系数为：

$$b = \frac{n\sum xy - \sum x \sum y}{n \sum x^2 - (\sum x)^2}$$

后者，标准方程为：

$$\sum x = nc + d \sum y$$

$$\sum yx = c \sum y + d \sum y^2$$

回归系数为：$d = \dfrac{n\sum xy - \sum x \sum y}{n \sum y^2 - (\sum y)^2}$

这时，相关系数是两个回归系数的几何平均数：

$$r = \frac{n\sum xy - \sum x \sum y}{\sqrt{\left[\sum x^2 - \dfrac{1}{n}(\sum x)^2\right]\left[\sum y^2 - \dfrac{1}{n}(\sum y)^2\right]}}$$

而相关分析两变量是对等的，两变量(x, y)的相关系数与互换两变量(y, x)的相关系数是一样的，也就是说，相关系数只有一个。

第四，回归方程在进行预测估计时，只能给出自变量的数值来估计因变量的可能值。也就是说，对于 $y_c = a + bx$，只能由已知的 x 来推算 y 的估计值 y_c，而不能给定 y_c 逆推 x。虽然在数学形式上，我们可以将自变量和因变量互相调换，进行逆运算，但是在实际工作中，这种调换往往会失去实际意义。例如，雨量可以影响农作物的收获量，雨量是自变量，收获量是因变量，但农作物的收获量绝不能影响雨量，如果以收获量为自变量便没有任何实际意义。所以，对于回归方程，确定了具体自变量后便只能做单向推算。

应该指出，利用最小二乘法求出的回归方程，只是与给定资料范围相配合的最优方程，若超出此范围，其就不一定是最优的了。因此，借此方程进行内插与外推时要充分注意其有效性。内插在给定资料的范围内进行。例如，前述某商品价格和销售量资料的回归方程 $y_c = 22.632 - 0.9045x$，价格最低的1月份某商品每公斤8元，价格最高的4月份某商品每公斤14元。进行内插推算，给定的 x 值在 8～14 元之间，计算得出的销售量的估计值 y_c 才是有效的。外推预测更要慎重，给出的 x 值应紧挨给定资料区间的上下限，否则，所进行的外推预测的有效性就将明显减弱。若

x 值远离给出的区间,直线回归也许会变为某种曲线回归,外推预测就失去了意义。

顺便指出,"回归"(Regression)一词是由英国生物学家 F. 葛尔登首先提出的,他在研究遗传学中发现,具有高个双亲的子女和具有矮个双亲的子女,其身高均表现出向一般人平均身高回复(回归)的趋势。他在这一研究中所建立的数学公式被称为回归方程式。基于历史原因,我们至今仍沿用回归方程式这一提法。其实,其真实的含义应是关系方程式或估计方程式。

五、估计标准误差

1. 估计标准误差的意义

估计标准误差指标是用来说明回归方程代表性大小的统计分析指标,也简称为估计标准差或估计标准误差,其计算原理与标准差基本相同。估计标准误差说明理论值(回归线)的代表性。若估计标准误差小,说明回归方程准确性高,代表性大;反之,说明估计不够正确,代表性小。

2. 估计标准误差的计算

回归方程的一个重要作用在于,根据自变量的已知值推算因变量的可能值。这个可能值或称估计值、理论值、平均值,它和真正的实际值可能一致,也可能不一致。因而,这就产生了估计值的代表性问题。y_c 值与 y 值一致,表明推断准确;y_c 值与 y 值不一致,表明推断不够准确。显而易见,将一系列 y_c 值与 y 值加以比较,我们可以发现其中存在着一系列离差,有的是正差,有的是负差。回归方程的代表性如何,一般是通过估计标准误指标来加以检验的。估计标准误差是用来说明回归方程代表性大小的统计分析指标,其计算原理与标准差基本上相同。其计算公式为:

$$S_{yx} = \sqrt{\frac{\sum(y - y_c)^2}{n - 2}}$$

式中:S_{yx}——估计标准误差,其下标 yx 表示 y 倚 x 而回归;
　　　y——因变量实际值;
　　　y_c——根据回归方程推算出来的因变量估计值;
　　　$n - 2$——回归估计自由度。

因为模型 $y_c = a + bx$ 包括估计量 a 和 b,所以,模型失去了两个自由度。

例 8 – 5　现以某工厂产品产量和单位成本资料来说明估计标准误差的

计算方法。具体过程如表8-13、表8-14所示。

表8-13　　　　　某工厂产量与单位成本资料

月份	产量x（千件）	单位成本y（元/件）	x^2	y^2	xy
1	2	73	4	5329	146
2	3	72	9	5184	216
3	4	71	16	5041	284
4	3	73	9	5329	219
5	4	69	16	4761	276
6	5	68	25	4624	340
合计	21	426	79	30268	1481

$$b = \frac{n\sum xy - \sum x \sum y}{n\sum x^2 - (\sum x)^2}$$

$$= \frac{6 \times 1481 - 21 \times 426}{6 \times 79 - 21^2} = -1.82$$

$$a = \bar{y} - b\bar{x} = \frac{426}{6} + 1.82 \times \frac{21}{6} = 77.37 （元）$$

所以　　　$y_c = a + bx = 77.37 - 1.82x$

给定x值，计算y_c值（见表8-14）：

表8-14　　　单位成本倚产量回归方程及估计标准误差计算

月份	x	y	$y_c = 77.37 - 1.82x$	$(y - y_c)$	$(y - y_c)^2$
1	2	73	73.73	-0.73	0.5329
2	3	72	71.91	0.09	0.0081
3	4	71	70.09	0.91	0.8281
4	3	73	71.91	1.09	1.1881
5	4	69	70.09	-1.09	1.1881
6	5	68	68.27	-0.27	0.0729
∑	21	426	—	—	3.8182

把计算结果代入公式即得：

$$S_{yx} = \sqrt{\frac{\sum(y - y_c)^2}{n - 2}} = \sqrt{\frac{3.8182}{6-2}} = 0.977 （元）$$

结果表明，估计标准误差是0.977元，这是就平均而言的。单位成本实际值与理论值的离差有正有负，平均起来等于 0.977 元。只有在估计标准误差小的情况下，用回归方程作估计或预测 S_{yx} 才具有实用价值。

当实际观察值甚多而且数值较大时，根据上述公式计算估计标准误差十分麻烦，若改用以下简化式则省事很多：

$$S_{yx} = \sqrt{\frac{\sum y^2 - a\sum y - b\sum xy}{n-2}}$$

$$= \sqrt{\frac{30268 - 77.37 \times 426 + 1.82 \times 1481}{6-2}} = 0.977(元)$$

3. 估计标准误差与相关系数的关系

这两者在数量上具有如下的关系：

$$r = \sqrt{1 - \frac{S_{yx}^2}{\sigma_y^2}}$$

$$S_{yx} = \sigma_y \sqrt{1 - r^2}$$

式中：r——相关系数；

r^2——判定系数；

σ_y——因变量数列的标准差；

S_{yx}——估计标准误差。

从上面的计算公式中可以看出，r 和 S_{yx} 的变化方向是相反的。当 r 越大时，S_{yx} 越小，这时相关密切程度较高，回归直线的代表性较大；当 r 越小时，S_{yx} 越大，这时相关密切程度较低，回归直线的代表性较小。

> **? 请思考**
>
> 请问：当 $S_{yx}=0$ 时，r 等于几？两变量间是什么关系？

六、在回归分析中应当注意的问题

第一，在定性分析的基础上进行定量分析，是保证正确运用回归分析的必要条件。也就是说，在确定哪个变量作自变量，哪个变量作因变量之前，必须对所研究的问题有充分正确的认识。

第二，在回归方程中，回归系数的绝对值只能表示自变量与因变量之间的联系程度，以及两变量之间的变动比例。因为，其值大小直接取决于变量所用计算单位的大小。

第三，在进行回归分析时，为了使计算和预测更准确，应将相关系数、回归方程和估计标准误差结合使用。

第四，要具体问题具体分析。回归方程是根据资料计算出来的，是一种经验数据，如果条件发生变化了，则推算或预测会不准确。因此，不能机械照搬，以免造成失误。

【本章小结】

本章主要阐述了相关分析与回归分析涉及的基本概念和基本原理、方法及在统计分析中的地位和广泛作用。通过对本章的学习，明确相关与回归的概念、种类，相关与回归分析的作用，掌握直线相关与简单直线回归分析的原理和计算方法。

通过学习，应能够运用相关分析和回归分析的基本原理和方法，对实际问题灵活熟练地加以分析和解决。

【学习重点和难点】

1. 重点：相关分析的内容、相关关系的判定方法、相关系数的计算、一元线性回归方程的建立、估计标准误差的计算。

2. 难点：相关系数的计算、一元线性回归方程的建立、估计标准误差的计算。

【本章主要概念】

相关关系　相关系数　回归分析　相关分析

【本章主要思考题与简答题】

1. 什么是相关分析？相关分析有什么特点？

2. 一元线性回归分析应注意哪些问题?

3. 什么是相关系数?什么是回归系数?二者有什么关系?

4. 相关系数与估计标准误差有什么关系?

【习题与实践训练】

一、判断题

1. 正相关指的是两个相关变量的数量变动方向都是上升的。(　　)

2. 相关系数越小,两变量之间相关的密切程度越低。(　　)

3. 若变量 x 的值减小时 y 的值也减小,说明变量 x 与 y 之间存在正相关关系。(　　)

4. 若直线回归方程为 $y_c = 80 - 9.6x$,则变量 x 与 y 之间存在负相关关系。(　　)

5. 估计标准误差越大,表明线性回归效果越好。(　　)

二、单项选择题

1. 如果相关系数 $r = -0.8566$,说明两个变量之间(　　)。

　　A. 完全相关　　　　　　B. 完全不相关

　　C. 高度相关　　　　　　D. 显著相关

2. 相关系数取值范围是(　　)。

　　A. $0 \leq r \leq 1$　　　　　　B. $-1 \leq r \leq 1$

　　C. $-1 \leq r \leq 0$　　　　　D. $-1 \leq r < 1$

3. 变量之间的相关程度越低,则相关系数的数值(　　)。

　　A. 越接近于 -1　　　　　B. 越接近于 $+1$

　　C. 越接近于 0　　　　　　D. 越小

4. 单位成本(元)与产量(千件)变动的回归方程式为:$y_c = 77.37 - 1.82x$,这意味着(　　)。

　　A. 产量每增加 1 千件,单位成本增加 75.52 元

　　B. 产量每增加 1 千件,单位成本减少 1.82 千元

　　C. 产量每增加 1 千件,单位成本平均减少 1.82 元

　　D. 产量每增加 1 千件,单位成本为 77.37 元

5. 如果判定系数为 1,则表明两个变量之间(　　)。

　　A. 估计标准误差很大,回归直线拟合的数据很差

B. 相关系数必为1，估计标准误差必为0
C. 有高度相关关系，估计标准误差必为0
D. 估计标准误差较大，回归直线拟合的数据很好

三、多项选择题

1. 直线回归方程中，两个变量 x 和 y 中（　　）。

   A. x 是自变量，y 是因变量
   B. x 是给定的变量，y 是随机变量
   C. 两个都是给定的变量
   D. 两个都是随机变量
   E. 两个变量完全不相同

2. 在直线回归方程中（　　）。

   A. 一个回归方程只能做一种推算
   B. 两个变量中必须确定自变量和因变量
   C. 回归系数只能取正值
   D. 回归系数与相关系数的符号是一致的
   E. 同一方程中，给定 x 的值可以推测 y，给定 y 的值可以反过来推测 x

3. 下列哪种情况下，回归直线代表性较好（　　）。

   A. 估计标准误差为0
   B. 相关系数的绝对值接近于1
   C. 判定系数为0
   D. 判定系数为1
   E. 相关系数为0

4. 进行回归分析时要注意的问题有（　　）。

   A. 先进行定量分析然后进行定性分析
   B. 要注意现象质的界限及相关关系作用的范围
   C. 将相关系数、直线回归方程、估计标准误差等各种分析指标结合应用
   D. 为计算方便，尽量选择小样本资料
   E. 利用回归方程进行预测时，不能无限制地向外推测

5. 估计标准误差、判定系数及相关系数三者的关系是（　　）。

   A. 估计标准误差越大，判定系数越大
   B. 估计标准误差越小，判定系数越小
   C. 判定系数为0时，估计标准误差最大

D. 判定系数为1时，相关系数最大

E. 相关系数为1时，判定系数最大

四、填空题

1. 完全相关即为_____关系，其相关系数为_____。

2. 用来说明回归方程代表性大小的统计分析指标有_____。

3. 相关分析是回归分析的_____，而回归分析是相关分析的_____。

4. 估计标准误差是反映_____的代表性大小的。

5. 相关系数的四个相关密切程度等级划分是_____、_____、_____和_____。

五、应用能力训练题

1. 2012年有10个品牌啤酒的广告费用和销售量的数据如下表所示。

表8-15

广告费用（万元）	120	68.7	100.1	76.6	8.7	1.0	21.5	1.4	5.3	1.7
销售量（万箱）	36.3	20.7	15.9	13.2	8.1	7.1	5.6	4.4	4.4	4.3

根据上述资料：

(1) 用广告费用支出作为自变量，销售量作为因变量，求出估计的回归方程。

(2) 广告费用每增加10000元，销售量将如何变化？

2. 航空公司经过统计调查得知，波音737飞机500英里飞行成本与乘客数量之间存在相关关系，调查数据资料如下表所示。

表8-16

乘客数（人）	61	63	67	69	70	74	76	81	86	91	95	97
成本（千美元）	4.28	4.08	4.42	4.17	4.48	4.30	4.82	4.70	5.11	5.13	5.64	5.56

要求：

(1) 建立飞行成本 y 与乘客数量 x 的直线回归方程。

(2) 飞行每增加一名乘客，飞行成本将增加或减少多少美元？

(3) 在此案例中，即使飞行时不搭载乘客，飞行500英里的飞行成本为多少美元？

3. 科新公司科研经费支出与公司利润资料如下表所示。

表 8-17

科研支出（万元）	50	110	40	50	30	20
利润（万元）	310	400	300	340	250	200

根据上述资料，进行如下计算：

(1) 计算科研经费支出与公司利润之间的相关系数。
(2) 确定利润 y 与科研经费支出 x 的直线回归方程。
(3) 当科研经费支出为 120 万元时，利润估计为多少？
(4) 计算估计标准误差。

附 录

正态分布概率表

t	$F(t)$	t	$F(t)$	t	$F(t)$	t	$F(t)$
0.00	0.0000	0.23	0.1819	0.46	0.3545	0.69	0.5098
0.01	0.0080	0.24	0.1897	0.47	0.3616	0.70	0.5161
0.02	0.0160	0.25	0.1974	0.48	0.3688	0.71	0.5223
0.03	0.0239	0.26	0.2051	0.49	0.3759	0.72	0.5285
0.04	0.0319	0.27	0.2128	0.50	0.3829	0.73	0.5346
0.05	0.0399	0.28	0.2205	0.51	0.3899	0.74	0.5407
0.06	0.0478	0.29	0.2282	0.52	0.3969	0.75	0.5467
0.07	0.0558	0.30	0.2358	0.53	0.4039	0.76	0.5527
0.08	0.0638	0.31	0.2434	0.54	0.4108	0.77	0.5587
0.09	0.0717	0.32	0.2510	0.55	0.4177	0.78	0.5646
0.10	0.0797	0.33	0.2586	0.56	0.4245	0.79	0.5705
0.11	0.0876	0.34	0.2661	0.57	0.4313	0.80	0.5763
0.12	0.0955	0.35	0.2737	0.58	0.4381	0.81	0.5821
0.13	0.1034	0.36	0.2812	0.59	0.4448	0.82	0.5878
0.14	0.1113	0.37	0.2886	0.60	0.4515	0.83	0.5935
0.15	0.1192	0.38	0.2961	0.61	0.4581	0.84	0.5991
0.16	0.1271	0.39	0.3035	0.62	0.4647	0.85	0.6047
0.17	0.1350	0.40	0.3108	0.63	0.4713	0.86	0.6102
0.18	0.1428	0.41	0.3182	0.64	0.4778	0.87	0.6157
0.19	0.1507	0.42	0.3255	0.65	0.4843	0.88	0.6211
0.20	0.1585	0.43	0.3328	0.66	0.4907	0.89	0.6265
0.21	0.1663	0.44	0.3401	0.67	0.4971	0.90	0.6319
0.22	0.1741	0.45	0.3473	0.68	0.5035	0.91	0.6372

续表

t	$F(t)$	t	$F(t)$	t	$F(t)$	t	$F(t)$
0.92	0.6424	1.25	0.7887	1.58	0.8859	1.91	0.9439
0.93	0.6476	1.26	0.7923	1.59	0.8882	1.92	0.9451
0.94	0.6528	1.27	0.7959	1.60	0.8904	1.93	0.9464
0.95	0.6579	1.28	0.7995	1.61	0.8926	1.94	0.9476
0.96	0.6629	1.29	0.8030	1.62	0.8948	1.95	0.9488
0.97	0.6680	1.30	0.8064	1.63	0.8969	1.96	0.9500
0.98	0.6729	1.31	0.8098	1.64	0.8990	1.97	0.9512
0.99	0.6778	1.32	0.8132	1.65	0.9011	1.98	0.9523
1.00	0.6827	1.33	0.8165	1.66	0.9031	1.99	0.9534
1.01	0.6875	1.34	0.8198	1.67	0.9051	2.00	0.9545
1.02	0.6923	1.35	0.8230	1.68	0.9070	2.02	0.9566
1.03	0.6970	1.36	0.8262	1.69	0.9099	2.04	0.9587
1.04	0.7017	1.37	0.8293	1.70	0.9109	2.06	0.9606
1.05	0.7063	1.38	0.8234	1.71	0.9127	2.08	0.9625
1.06	0.7109	1.39	0.8355	1.72	0.9146	2.10	0.9643
1.07	0.7154	1.40	0.8385	1.73	0.9164	2.12	0.9660
1.08	0.7199	1.41	0.8415	1.74	0.9181	2.14	0.9676
1.09	0.7243	1.42	0.8444	1.75	0.9199	2.16	0.9692
1.10	0.7287	1.43	0.8473	1.76	0.9216	2.18	0.9707
1.11	0.7330	1.44	0.8501	1.77	0.9233	2.20	0.9722
1.12	0.7373	1.45	0.8529	1.78	0.9249	2.22	0.9736
1.13	0.7415	1.46	0.8557	1.79	0.9265	2.24	0.9749
1.14	0.7457	1.47	0.8584	1.80	0.9281	2.26	0.9762
1.15	0.7499	1.48	0.8611	1.81	0.9297	2.28	0.9774
1.16	0.7540	1.49	0.8638	1.82	0.9312	2.30	0.9786
1.17	0.7580	1.50	0.8664	1.83	0.9328	2.32	0.9797
1.18	0.7620	1.51	0.8690	1.84	0.9342	2.34	0.9807
1.19	0.7660	1.52	0.8715	1.85	0.9357	2.36	0.9817
1.20	0.7699	1.53	0.8740	1.86	0.9371	2.38	0.9827
1.21	0.7737	1.54	0.8764	1.87	0.9385	2.40	0.9836
1.22	0.7775	1.55	0.8789	1.88	0.9399	2.42	0.9845
1.23	0.7813	1.56	0.8812	1.89	0.9412	2.44	0.9853
1.24	0.7850	1.57	0.8836	1.90	0.9426	2.46	0.9861

续表

t	$F(t)$	t	$F(t)$	t	$F(t)$	t	$F(t)$
2.48	0.9869	2.66	0.9922	2.84	0.9955	3.20	0.9986
2.50	0.9876	2.68	0.9926	2.86	0.9958	3.40	0.9993
2.52	0.9883	2.70	0.9931	2.88	0.9960	3.60	0.99968
2.54	0.9889	2.72	0.9935	2.90	0.9962	3.80	0.99986
2.56	0.9895	2.74	0.9939	2.92	0.9965	4.00	0.99994
2.58	0.9901	2.76	0.9942	2.94	0.9967	4.50	0.999993
2.60	0.9907	2.78	0.9946	2.96	0.9969	5.00	0.999999
2.62	0.9912	2.80	0.9949	2.98	0.9971		
2.64	0.9917	2.82	0.9952	3.00	0.9973		